本书系教育部人文社会科学研究青年项目"《仪礼》经文文例研究"（19YJC751006）、中国博士后科学基金面上资助项目"魏晋南北朝正史礼志研究"（2019M652460）成果。

本书由山东师范大学中国语言文学山东省一流学科资助出版。

《仪礼》文献探研录

郭超颖 / 著

人民出版社

序

　　郭超颖以《〈仪礼〉文献探研录》见示，望我为之作序。回想超颖来金陵求学，当时我正着手《十三经注疏》的文本校勘工作，念及古典文献当以经学文献为重，而研究之途径当从元典开始，而三《礼》文献又是经学之基，于是带领硕士生攻读《仪礼》数篇，逐句研读，讨论疑难。诸生中唯有超颖最为投入，质疑甚多，读书札记有数万言。读硕期间，其已细读张尔岐《仪礼郑注句读》十七篇，又将文渊阁《四库全书》中《仪礼》类提要圈点一遍，进而两度圈点《礼记注疏》，其基础已夯实。

　　超颖家居山东，孔孟之乡，儒家文化底蕴深厚。为学当转益多师，她硕士毕业后，我推荐她到山东大学攻读博士学位，冀有所成。超颖果然不负所望，读博期间即获山东大学校长奖学金和全国高等院校古籍整理研究工作委员会"中国古文献学奖学金"双奖。虽然毕业已有数年，但时有问题见告，或面谈，或微信，或邮件，切磋不断。时有文章发表，启示颇多，使人得教学相长之乐。

　　观本书所收，以《仪礼》元典为核心，根植古经古注，就礼学与经学研究的根本问题进行探讨，涉及经义、经文文例、注经体例、名物训诂、制度考究、学术史梳理等经典问题，大体分为四端：

　　其一，对郑玄《仪礼注》的礼例进行探究。"礼不必"发微，从谒问、为人示范、尊君三个层面阐释了行礼过程中的一些"毋必"原则，深入挖掘了郑玄"礼不必"的礼义，并通过分析汉代灌婴与田蚡在礼仪上处理失当来阐发其现实意义，会使读者加深对此礼例的理解。"礼不参"发微，不仅分析了内容和含义，而且对历史研究状况及存在问题进行了揭示，并结合《易经》损卦六三爻辞"三人行，则损一人；一人行，则得其友"阐述了与"礼不参"的关系，使读者对礼学文献与其他文献关系的认识进一步加深。"礼渎则亵"发微，则是对郑玄总结的礼义理论的深度阐释。

其二，对《仪礼》中涉及的方位进行探讨。对司正兼为司马，两者正位不同，何时就其正位，因经文与郑玄注文皆未给出直接阐述，所以历来对此问题存在争议。"《仪礼·乡射礼》司马就位考"一节，从《仪礼》研究史的角度进行了叙述和解答。"《仪礼·燕礼》小卿席之位置"一节，则通过与《大射仪》的比较，探讨经之本意，表明郑注互见之法。"先秦宫室户牖布局猜想"一节，基于《仪礼》《礼记》《仪礼图》等礼学文献，结合出土的洛阳偃师商城遗址八号建筑基址材料，对先秦宫室户牖的布局进行推论，虽未能得出结论，然思路可观，方法可取，能启示读者。

其三，对后人《仪礼》研究的批判。《仪礼》的内容因历史久远，仪制难以施行，礼义湮没，难免滋生曲解，甚至妄说。"元敖继公《仪礼集说》"一节，即是对敖继公所著《仪礼集说》存在改疑经文、隐窃注疏、自逞私臆三大问题进行的确定性批判，对《仪礼》研究起到了正本清源的作用。不仅《仪礼》研究如此，其他古代文献研究亦应如此。

其四，对《仪礼》经注疏中微观问题的分析。这些内容涉及《仪礼》的各种问题，罗列经、注、疏，比较后人的解说，揭示疑义，提出己见，如串串珠玑，新人耳目。非广读深思，实难为之。

礼学文献中，《仪礼》最为古奥，唐代韩愈已苦难读。何以如此？因形成久远而复杂。蛮荒进入文明，由礼俗生礼仪，由礼仪生礼制，由礼制生礼义，由礼义生礼典。礼仪因失传而误解，礼典因传抄而致讹。今之视昔，难免雾中看花。诸多问题，仍值得深究。如"《左传》与礼有关的'先'义考释"一节,《左传》中四处涉及"先"的记载,超颖认为:"'先'的准确含义是一次献遗礼仪中礼物进呈的前后,'先'不能称为是一种礼仪,且先后礼物间不存在序引与正式的关系。"值得讨论的是,礼物进呈的先后,本身就存在"礼"的问题。《庄子》中楚庄王欲聘庄子为相,为何使楚大夫二人往先?《老子》中为何说"拱璧以先驷马"?人类行为产生礼俗,礼俗又生出礼义。"礼"与行为密不可分,行为义未必等同于礼义,但必定隐含礼义。文献记载,或是行为义,或隐含礼义,不可混而视之。

清人彭端淑有言:"天下事有难易乎?为之,则难者亦易矣;不为,则易者亦难矣。人之为学有难易乎?学之,则难者亦易矣;不学,则易者亦难矣。"《仪礼》虽难,超颖已能发疑解难,实属可喜。望竿头日进,借此勉之。

方向东
于南京龙江白云园
2019 年 1 月 13 日

目　　录

第一章 经文例与注经体例举隅

第一节 《仪礼》"宾进东北面辞洗"释疑

乡饮是我国古代社会生活中一项重要的礼仪活动。《仪礼·乡饮酒礼》与《仪礼·乡射礼》对先秦乡饮礼的程式仪节有详细的记载。其中宾、主一献之礼,主人降堂为宾洗爵仪节,经文皆曰"宾进东北面辞洗",郑玄于此两处分别注之。贾公彦疏(以下简称"贾疏")在悉取郑氏两注的前提下,最终得出与郑玄相矛盾的结论。此后关于《仪礼·乡饮酒礼》与《仪礼·乡射礼》中"宾进东北面辞洗"的一系列问题,一直为前代学者所争论不休。目前学术界对此句经文的句读依然不能形成较为统一的意见,相关疑问也没有得到彻底解决。有鉴于此,如果不对它进行全面彻底的清理,则郑玄观点的准确性与否,以及前代学者的解读是否具有可参考性等问题都将继续存在。更为重要的是,由于《仪礼》经文多重复伦类的特点,以及建立在这之上的郑氏注经方式的存在,此问题实际上是《仪礼》学同类问题中的典型代表。所以无论是从《仪礼》文本解读的层面上,还是从如何认识郑注的层面上,它都有继续思考的价值和必要。

一、问题由来

《仪礼·乡饮酒礼》与《仪礼·乡射礼》中宾、主一献之礼的仪节相

同,且皆有"宾进东北面辞洗"句经文,故此处仅列《乡饮酒礼》经文于下:

> 主人坐取爵,兴,适洗,南面坐,奠爵于篚下,盥,洗。宾进东北面辞洗。主人坐奠爵于篚,兴,对。宾复位,当西序,东面。

郑玄于两篇分别加以注解,依次如下:

> 必"进",东行,示情。①
> 必"进"者,方辞洗,宜违位也。言"东北面",则位南于洗矣。②

对以上问题,贾公彦仅于《乡饮酒礼》有疏文,云:

> 案《乡射》"宾进东北面辞洗",彼注云:"必'进'者,方辞洗,宜违其位也。言'东北面',则位南于洗矣。"是其宾初降立至于序南东乡,至于主人洗爵乃东行,故此得北面辞洗也。③

由上可见,贾氏悉取郑氏两注,即宾位"南于洗",进为"东行",辞洗时"东北面",而其最终的结论却为"得北面辞洗也"。按贾疏最终意见,经文应断句为:宾进东,北面辞洗。

但是这样却产生了两个问题。第一,贾氏"北面辞洗"的结论与其所援引的郑氏《乡射礼》注中的"东北面"明显相违。第二,贾疏的结论

---

① （汉）郑玄注,（唐）贾公彦疏:《仪礼注疏》,载《十三经注疏》,中华书局1980年影印清阮元校刻本,第981页。
② （汉）郑玄注,（唐）贾公彦疏:《仪礼注疏》,第994页。
③ （汉）郑玄注,（唐）贾公彦疏:《仪礼注疏》,第981页。

使郑氏两注有了前后抵牾的嫌疑。也就是说,若以贾氏"北面"之解,则郑氏《乡饮酒礼》"东行"之注,应为明经文"进东"二字是为属读。如此,宾辞洗面向即应为"北面",然郑氏在其《乡射礼》注是言之"东北面",这便呈现出郑氏两注前后相绞的情况。且贾疏自身前后的矛盾,恐即是其以郑氏两注存在互绞的情况,便曲为周旋,以图弥合所致。

对以上贾疏中的这些问题,后世学者的态度主要分为三种:第一,继续沿袭疏文之意。第二,据注疏各取所需,另出新解。第三,意见较为模糊。取贾疏说的代表学者有:李光坡①、姜兆锡②、褚寅亮③、孔广林④、张惠言⑤、黄以周⑥。此诸学者沿袭贾氏结论,即:宾之降位为洗南,东行以进,北面辞洗,但对贾疏中存在的前后不一问题不予言及。意见模糊的情况,主要是方苞、黄侃的观点。方苞《仪礼析疑》言"宾在洗南","东北面"辞洗,方在宾辞洗降位和辞洗面向上都取郑注之意。然对于宾如何"进"的问题,则仅言"少进",并未直言"东行"⑦。所以,方苞对此问题还没有全部坐实。黄侃精勤经传注疏,对《十三经》的圈点批校当有数稿之多,从上海古籍出版社 2008 年出版的《黄侃手批白文十三经》来看,《乡饮酒礼》篇断为"宾进东,北面辞洗"⑧,《乡射礼》

---

① (清)李光坡撰:《仪礼述注》,载文渊阁《四库全书》第 108 册,上海古籍出版社 1987 年影印版,第 343—344 页。

② (清)姜兆锡撰:《仪礼经传》,载《续修四库全书》第 87 册,上海古籍出版社 2002 年影印清乾隆元年寅清楼刻本,第 228 页。

③ (清)褚寅亮撰:《仪礼管见》,载《续修四库全书》第 88 册,上海古籍出版社 2002 年影印清乾隆刻本,第 393 页。

④ (清)孔广林撰:《仪礼臆测》,载《续修四库全书》第 89 册,上海古籍出版社 2002 年影印清光绪十六年山东书局刻孔丛伯说经五稿本,第 231 页。

⑤ (清)张惠言撰:《仪礼图》,载《续修四库全书》第 90 册,上海古籍出版社 2002 年影印清嘉庆十年刻本,第 528 页。

⑥ (清)黄以周撰,王文锦点校:《礼书通故》,中华书局 2007 年版,第 1021 页。

⑦ (清)方苞撰:《仪礼析疑》,载文渊阁《四库全书》第 109 册,上海古籍出版社 1987 年版,第 45 页。

⑧ 《黄侃手批白文十三经》,上海古籍出版社 2008 年版,第 15 页。

篇点为"宾进,东北面辞洗"①。

另出新说者的观点,具体又可分为以下几种情况。

其一,宾南行,而东北面辞洗。杨复②、敖继公③、盛世佐④、王士让⑤、刘沅⑥观点一致。此诸学者,皆以宾之降位为西阶西,当西序之处。他们认为郑氏所注"位南于洗"是宾具体进行辞洗这个仪节时方到达的位置,而非宾为辞洗降时,开始即应就立的堂下之正位。所以其意:宾由西阶西,当西序之位,南行至洗西南处则止,东北面辞洗。

其二,宾南行,复东行,东北面辞洗。郝敬⑦、张尔岐⑧曹元弼⑨观点一致。此二学者亦以西阶西,当西序之位为宾之辞洗降位,原因同上。其意:宾由西阶西之位,南行至洗西南处,再东行,东北面辞洗。

其三,宾东南行,东北面辞洗。杨天宇也认为宾的位置在西阶西,见主人将为己洗爵,便向东南行至洗的西南边,然后面朝东北,向主人辞洗。⑩

其四,宾南行,复东行,而北面辞洗。胡培翚《仪礼正义》载有吴廷华与程瑶田之论,吴氏与程氏之观点为:宾之降位在西阶下当西序,辞

---

① 《黄侃手批白文十三经》,第 22 页。

② (宋)杨复撰:《仪礼图》,载文渊阁《四库全书》第 104 册,上海古籍出版社 1987 年版,第 48 页。

③ (元)敖继公撰,曹建墩校点:《仪礼集说》,载《儒藏》精华编第 45 册,北京大学出版社 2012 年版,第 107 页。

④ (清)盛世佐撰:《仪礼集编》,载文渊阁《四库全书》第 110 册,上海古籍出版社 1987 年版,第 249 页。

⑤ (清)王士让撰:《仪礼纠解》,载《续修四库全书》第 88 册,上海古籍出版社 2002 年影印清乾隆三十五年张源义刻本,第 64 页。

⑥ (清)刘沅撰:《仪礼恒解》,载《续修四库全书》第 91 册,上海古籍出版社 2002 年影印民国十五年致福楼重刊本,第 355 页。

⑦ (明)郝敬撰:《仪礼节解》,载《续修四库全书》第 85 册,上海古籍出版社 2002 年影印明万历郝千秋郝千石刻九部经解本,第 586 页。

⑧ (清)张尔岐撰,郎文行校点:《仪礼郑注句读》,上海古籍出版社 2016 年版,第 59 页。

⑨ 曹元弼撰:《礼经校释》,载《续修四库全书》第 94 册,上海古籍出版社 2002 年影印清光绪十八年刻本,第 159 页。

⑩ 杨天宇撰:《仪礼译注》,上海古籍出版社 1994 年版,第 108 页。

洗时先南行至洗西南,再东行至洗南,北面辞洗。如是,二者全破郑注。① 吴廷华《仪礼章句》则存两说,除上述观点外,另一观点即是上面交代的第一种意见。②

约言之,自贾公彦《仪礼疏》起,在对"宾进东北面辞洗"句经文的理解上,历代学者存在较大分歧。

二、"宾进,东北面辞洗"为是

笔者认为,贾疏的矛盾源于其对郑氏两注的误读。郑氏之本意为"宾进,东北面辞洗",而贾疏误解为"宾进东,北面辞洗"。分析如下:

(一)同类句式之句读

与"宾进东北面辞洗"一致的句式,在《仪礼》经注文中各有一处,皆出现在《乡射礼》一篇,分别为经文"进东南面",注文"进西南面"。对此两句句读的解答如下。

1. 经文"进东南面"

《仪礼·乡射礼》曰:

宾不祭,卒觯,不拜,洗,实之,进东南面。③

此出射讫行旅酬时,宾献酬于主人之事。对此处宾献酬主人时的面向,可以从两个方面推知。其一,《乡饮酒礼》此处宾献酬主人时的面向。按《乡饮酒礼》:"宾坐奠觯,遂拜,执觯兴。主人答拜。不祭,立饮,不拜,卒觯,不洗,实觯,东南面授主人。"④由是《乡饮酒礼》

---

① (清)胡培翚撰,段熙仲点校:《仪礼正义》,江苏古籍出版社1993年版,第303页。
② (清)吴廷华撰,徐到稳校点:《仪礼章句》,载《儒藏》精华编第46册,北京大学出版社2014年版,第456页。
③ (汉)郑玄注,(唐)贾公彦疏:《仪礼注疏》,第1005页。
④ (汉)郑玄注,(唐)贾公彦疏:《仪礼注疏》,第988页。

宾献酬于主人时,东南面授。其二,《乡饮酒礼》《乡射礼》中宾、主一献之礼时,宾酢主人的面向。按《乡饮酒礼》:"宾实爵主人之席前,东南面酢主人。"①按《乡射礼》:"宾升,实爵主人之席前,东南面酢主人。"②此两处宾酢主人时皆是东南面。虽然宾酢主人和旅酬时宾献主人属于不同的礼仪范畴,但是其具体的礼仪向位是没有差别的。综合两方面,则可得《乡射礼》经文"进东南面"之句读为:"进,东南面"。

2. 注文"进西南面"

《仪礼·乡射礼》曰:

> 主人以觯适西阶上酬大夫。大夫降席,立于主人之西,如宾酬主人之礼。
> 郑注云:"其既实觯,进西南面,立乡所酬。"③

此主人酬大夫。因《乡饮酒礼》曰:"大夫如介礼",所以可从《乡饮酒礼》的主人酬介和主人献介两方面论述。其一,主人酬介。按《乡饮酒礼》曰:"主人西阶上酬介。介降席自南方,立于主人之西,如宾酬主人之礼。主人揖,复席。"郑注云:"其酌,实觯,西南面授介。"④根据郑注,则主人授介时为西南面。其二,主人献介。按《乡饮酒礼》曰:"主人实爵介之席前,西南面献介。"⑤由经文可得,主人献介亦为西南面。综合两方面,则可得郑注"进西南面"之句读为:"进,西南面"。

总之,与"宾进东北面辞洗"句式句法相近之"进东南面"和"进西

---

① (汉)郑玄注,(唐)贾公彦疏:《仪礼注疏》,第983页。
② (汉)郑玄注,(唐)贾公彦疏:《仪礼注疏》,第994页。
③ (汉)郑玄注,(唐)贾公彦疏:《仪礼注疏》,第1005页。
④ (汉)郑玄注,(唐)贾公彦疏:《仪礼注疏》,第988页。
⑤ (汉)郑玄注,(唐)贾公彦疏:《仪礼注疏》,第984页。

南面",其句读分别为:"进,东南面"和"进,西南面"。

（二）郑注本意

郑氏此两注属于其注经方式中的互见法。所谓互见,即对不同篇章间相同问题从不同角度切入予以阐释的注经方法。此类注文非合而观之,不能尽其全貌,知其全意。

若合观郑氏对"宾进东北面辞洗"句经文所作的两注,则其一共揭示出了宾辞洗时四个方面的内容:1.宾为辞洗而降时,降位为"南于洗"。2.宾辞洗时,宜违位,即"东行"以进。3.宾东行以进违位的意义在于"示情"。4.宾辞洗时的面向为"东北面"。综合以上四点内容,可以看出在郑玄的理解中,"宾进东北面辞洗"句经文的断句应为"宾进,东北面辞洗"。

在悉取郑注的前提下,贾氏的"北面辞洗",从何而来呢? 究其原因,则是贾公彦错会了郑玄《乡饮酒礼》"必'进',东行"注文的原意。郑玄以"东行",注解经文中的"进"字,是为言明宾应如何"进"的问题。郑氏为注,"文义自解,故不言之。凡说不解者耳"。① 在《仪礼》经文中,"进"作为一个礼仪动作常有出现,而经文少有直接言明如何"进"者,所以在郑氏《仪礼注》中,对经文涉及"进"的问题亦多有注解,全部列表如下:

表1-1　郑玄《仪礼注》中对如何"进"所作的注释

篇名	经文	注文
《士冠礼》	筮人执筴……进受命于主人。	"进",前也,自西方而前。②
《士昏礼》	妇执笲枣栗……进拜,奠于席。	"进拜"者,进东面乃拜。③

① （汉）毛亨传,（汉）郑玄笺,（唐）孔颖达疏:《毛诗正义》,载《十三经注疏》,中华书局1980年影印清阮元校刻本,第279页。
② （汉）郑玄注,（唐）贾公彦疏:《仪礼注疏》,第946页。
③ （汉）郑玄注,（唐）贾公彦疏:《仪礼注疏》,第967页。

篇名	经文	注文
《乡射礼》	宾厌众宾,众宾皆入门左,东面北上。宾少进。	"少进",差在前也。①
	司射犹挟一个以进,作上射如初。	"进",前也。②
《燕礼》	媵爵者洗象觯,升实之,序进。	"序进",往来由尊北,交于东楹之北。③
《大射仪》	卒,正坐,左右抚之,进束,反位。	"进",前也。④
《聘礼》	摈者进。	"进"阼阶西,释辞于宾,相公拜也。⑤
	宰夫内拂几三,奉两端以进。	"以进",自东箱来授君。⑥
	介振币,自皮西进,北面授币。	"进"者,北行,参分庭一而东行,当君乃复北行也。⑦
	公东南乡……中摄之,进,西乡。	"进",就宾也。⑧
	摈者进。	就公所也。⑨
《士丧礼》	诸公门东,少进。他国之异爵者门西,少进。	"少进",前于列。⑩

由上可知,郑玄对经文中所牵扯之"进"的问题,据其需要会有注解,使人明白如何而"进"。如是,"宾进,东北面辞洗"一处之"必

---

① (汉)郑玄注,(唐)贾公彦疏:《仪礼注疏》,第 994 页。
② (汉)郑玄注,(唐)贾公彦疏:《仪礼注疏》,第 1004 页。
③ (汉)郑玄注,(唐)贾公彦疏:《仪礼注疏》,第 1017 页。
④ (汉)郑玄注,(唐)贾公彦疏:《仪礼注疏》,第 1039 页。
⑤ (汉)郑玄注,(唐)贾公彦疏:《仪礼注疏》,第 1054 页。
⑥ (汉)郑玄注,(唐)贾公彦疏:《仪礼注疏》,第 1057 页。
⑦ (汉)郑玄注,(唐)贾公彦疏:《仪礼注疏》,第 1058 页。
⑧ (汉)郑玄注,(唐)贾公彦疏:《仪礼注疏》,第 1057 页。
⑨ (汉)郑玄注,(唐)贾公彦疏:《仪礼注疏》,第 1059 页。
⑩ (汉)郑玄注,(唐)贾公彦疏:《仪礼注疏》,第 1142 页。

'进',东行",和其他关于"进"的注文一样,不过是言明此"进"为"东行"而已。然而,由于"宾进东北面辞洗"句经文中"进"字与"东"字相连,且此"进"恰是"东行",贾疏便误以为"必'进',东行",是用以注解经文中"进东"一词的。如此,则经文断句就必然变为了"宾进东,北面辞洗",这也就是贾疏中"北面辞洗"的由来。倘果是如此,则经文自明为"东行",又何用注之。

总之,贾疏没有意识到郑氏此两注为互见之法,因而未能将其合而观之,而在就一论一的割裂思维下错会了郑注。郑氏之本意却为"宾进,东北面辞洗"。

(三)语法角度

贾疏的"宾进东,北面辞洗",在《仪礼》一书的语法系统中并不成立。"宾进东北面辞洗"句经文从语法角度分析,也是郑氏的"宾进,东北面辞洗"为是。

1. 方位词角度分析

在《仪礼》一书中,单方位名词"东""西""南""北"与动词直接组合的情况有两种。一是放在动词之前,做状语,修饰动词中心语,以表示动作行为的趋向。一是跟在动词之后,做宾语,表示处所和方位。

（1）做状语

①设篚于禁南,东肆,加二勺于两壶。① （《乡饮酒礼》）
②篚在洗西,南顺。② （《特牲馈食礼》）

①肆,即陈。言"东肆",是以头首为记,从西向东陈设,大头在西。
②顺,即纵,即篚首朝北而其尾顺纵向南。

---

① （汉）郑玄注,（唐）贾公彦疏:《仪礼注疏》,第980页。
② （汉）郑玄注,（唐）贾公彦疏:《仪礼注疏》,第1158页。

由此可见，单方位名词"东""西""南""北"做状语，修饰动词中心语，以表示"向东""向西""向南"的意思。如此，若需要表示向南进或南行，则应用"南进"，而事实上经文确然，见下：

袒，执弓，由其位南进……命取矢。①（《乡射礼》）

"由其位"是介宾短语，"南"是方位名词，此二者皆做动词中心语"进"的状语，分别交代了动作发生的处所和趋向。

（2）做宾语

单方位名词"东""南""西""北"做动词的直接宾语，在《仪礼》经中只有一种情况，即用以动词"在"之后，如下：

①蒲筵二，在南。②（《士冠礼》）
②酒在北。③（《大射仪》）

这里的"在南""在北"都是表示主语所处的位置和方位。"在"，是行为动词中唯一的及物居止动词。居止动词主要表示停留、存在及限定在某处的定点活动。这类动词绝大多数是不及物动词。当然不及物动词中的准自动居止动词，亦可以带表示处所方位的宾语，如"居"，例下：

周公居东二年，则罪人斯得。④（《尚书》）

---

① （汉）郑玄注，（唐）贾公彦疏：《仪礼注疏》，第 1000 页。
② （汉）郑玄注，（唐）贾公彦疏：《仪礼注疏》，第 951 页。
③ （汉）郑玄注，（唐）贾公彦疏：《仪礼注疏》，第 1029 页。
④ （汉）孔安国传，（唐）孔颖达疏：《尚书正义》，载《十三经注疏》，中华书局 1980 年影印清阮元校刻本，第 197 页。

除此之外,存现动词"有"之后,亦存在用单方位名词做其直接宾语的情况,见下:

豺虎不食,投畀有北。① (《诗经·小雅·巷伯》)

以上是单方位名词"东""南""西""北"做动词宾语的一些情况。无论是居止动词"在""居",还是存在动词"有",它们的一个共同特点:动词和宾语之间没有动作指向关系,即动词不对宾语发生动作行为,而宾语实际上是对动词所表示动作状态的补充说明。所以,这也是单方位名词"东""南""西""北"能够给它们做宾语的原因。如此,一般的行为动词,是不能够直接跟在动词之后做宾语的,而要用在介词"于""自"之后,与之组成介宾短语,整体上充当行为动词的补语。如下:

①服不之尊,俟时而陈于南,统于侯,皆东面。② (郑玄《大射仪》注)
②工迁于东,则东面。③ (郑玄《大射仪》注)

"于南",意向南,"陈于南",即南陈。"于东",意向东,"迁于东",即东迁。由此,可知单方位名词"东""南""西""北"和"于""自"组成介宾短语而充当动词补语的表述和其直接用在动词之前,做状语的表述是互为转化的关系。

2. 从动词角度分析

若从动词"进"来分析,当"进"字以动作的往来或趋向意讲时,属

---

① (汉)毛亨传,(汉)郑玄笺,(唐)孔颖达疏:《毛诗正义》,载《十三经注疏》,中华书局 1980 年影印清阮元校刻本,第 456 页。
② (汉)郑玄注,(唐)贾公彦疏:《仪礼注疏》,第 1029 页。
③ (汉)郑玄注,(唐)贾公彦疏:《仪礼注疏》,第 1043 页。

于不及物动词,不带或极少带处所补语和处所宾语。以《仪礼》一书为例,其带处所宾语和处所补语各两处,见下:

①宾不降,壹拜,进筵前受醴,复位。① (《聘礼》)
②主人进中庭,吊者致命。② (《士丧礼》)
③司射遂适西阶西……袭,进由中东。③ (《乡射礼》)
④司射适阶西……进由中东。④(《大射仪》)

正是因为"进"字的不及物动词属性,郑玄《仪礼注》才会对"进"的经文每有出注,是以明其如何进的问题。"宾进,东北面辞洗"之"进"亦属不及物动词,即使其后需要带处所宾语和处所补语,也非单方位名词"东"。关于这个,我们上面分析方位词时也已经得出结论,即单方位名词"东""南""西""北"不会直接跟在行为动词之后做宾语,而应该用在介词之后,与介词一起充当行为动词的补语。

其实"宾进,东北面辞洗"之"宾进",是典型的主谓短语,"东北"由单方位词组成,做动词"面"的状语,属于状中成分的偏正短语。这种类似的语法架构在《仪礼》一书中还有:

宾升,实爵主人之席前,东南面酢主人。⑤ (《乡射礼》)
主人盥,洗象觚,升实之,东北面献于公。⑥ (《燕礼》)

综上所述,"宾进东北面辞洗"句经文的断句,应取郑玄之说。近

---

① (汉)郑玄注,(唐)贾公彦疏:《仪礼注疏》,第 1057 页。
② (汉)郑玄注,(唐)贾公彦疏:《仪礼注疏》,第 1129 页。
③ (汉)郑玄注,(唐)贾公彦疏:《仪礼注疏》,第 1003 页。
④ (汉)郑玄注,(唐)贾公彦疏:《仪礼注疏》,第 1037 页。
⑤ (汉)郑玄注,(唐)贾公彦疏:《仪礼注疏》,第 994 页。
⑥ (汉)郑玄注,(唐)贾公彦疏:《仪礼注疏》,第 1017 页。

些年出版的《仪礼注疏》整理本大都遵循了郑注原意,标点为"宾进,东北面辞洗"①。但也有不同理解的存在,而且在有关《乡饮礼》和《乡射礼》的研究中,此问题往往与其他存在争议的问题一起被研究者跳略而过。而且对于宾、主一献之礼中,宾、主辞洗降位及如何进的问题一直以来仍然较少受到关注,所以对该问题的认识依然模糊不清。再次证明郑氏句读的正确性,是解决该问题的基础。下文尝试对此问题做出进一步解答。

三、宾主辞洗降之降位及其如何"进"

既然"宾进,东北面辞洗"的句读已可确定,则宾辞洗时所立之位必在洗之西南,如此才能"东北面"辞洗。然而,此洗之西南之位,即郑氏所言的"位南于洗",是宾的辞洗降位,还是宾的辞洗位?所谓"辞洗降位",是指为辞洗而降时,所立堂下的正位。所谓"辞洗位",则指为完成辞洗这一动作时,所暂立之位。此二者的区别在于,如"位南于洗"是辞洗降位,则宾违位示意,完成辞洗这一具体仪节后,其仍复位于此,而继续立于洗之西南。若"位南于洗"仅是"辞洗位",则宾完成辞洗这一具体仪节后,就要离开此位,而就其他堂下原立之正位,不必在洗之西南。对于宾的降位,经文仅言主人降洗,宾从降于西阶下,主人在阼阶下辞宾之降。此西阶下是宾下堂后第一个所立之位,在此宾主要完成辞降与答礼的仪节。但至于宾在主人辞其降后,即立于此还是继续前行,经文没有言及。假设宾行止于此,则西阶下之辞降位将同时也是宾的辞洗降位的南北之节。若宾行不止于此,则此西阶下只是主人辞宾从降时,宾的降立位。在宾辞洗仪节完成后,经文言宾"复

---

① 稽核的著作有:杨天宇撰:《仪礼译注》,上海古籍出版社1994年版,第107、146页。彭林整理,王文锦审定:《仪礼注疏》,载《十三经注疏》,北京大学出版社2000年版,第134、178页。邱德明整理:《仪礼注疏》,载《十三经注疏》,台湾新文丰出版公司2001年版,第232、310页。杨天宇撰:《仪礼译注》,上海古籍出版社2004年版,第67、91页。王辉整理:《仪礼注疏》,上海古籍出版社2011年版,第203、273页。

位,当西序,东面",接下来是主人为其洗爵。但经文的"当西序"只是宾位的东西之节,最为关键的南北之节依然空缺未言。

从第一节所列的后世学者观点中可知,自出新解的后世学者皆以西阶西,即主人辞其降级时,宾所立之位为宾辞洗降位的南北之节,如此也就认定了宾在主人辞降后未再继续前行。所以接下来无论宾有无东行,都必将先有南行,方能如他们所认为的北面或东北面辞洗。按照这个逻辑,则宾为辞洗降其降位本在西阶西,辞洗时进至南于洗的位置。与此相反的是郑玄及其支持者的观点,郑玄以"位南于洗"即宾辞洗降位。因为在郑氏两注中其只言宾东行,东北面辞洗,如此则宾的辞洗降位不可能在西阶西。按照郑氏的理解,则西阶下只是宾为主人辞其降时暂立之位,其后宾继续前行至洗之西南。除此之外,郑注未言明主人之辞洗降位,而经文所言的"阼阶东"又是一个非常宽泛的概念,后世学者多以阼阶下当东序之处。此之正确与否亦待考证。

要真正解决这一问题,就不能仅限于《乡饮酒礼》《乡射礼》二篇,而需要把这个问题放在《仪礼》一书中考察。在《仪礼》中,除去《乡饮酒礼》《乡射礼》以外,能较为详细记述宾、主相饮仪节的篇章只有《燕礼》《大射仪》《有司彻》三篇。经过对礼仪精神的整体把握,以及此《乡饮酒礼》《乡射礼》《燕礼》《大射仪》《有司彻》五篇的细致爬梳,笔者认为宾的辞洗降位应在"南于洗",当西序之处,其辞洗时"东行"。主人的辞洗降位为洗的东北,主人辞洗时,则需西行。具体阐述见下:

首先简要介绍《燕礼》《大射仪》《有司彻》三篇的情况。《燕礼》《大射仪》为诸侯礼,因君尊不为献主,故以宰夫为主人,宾则使大夫,此二人代行宾、主之礼。这样一来,君为礼之大尊,其席阼阶,宾与主人则皆为臣,相饮仪节随之发生了很大的变化,宾、主的辞洗、辞降即在其中。《燕礼》《大射仪》中,宾、主皆由西阶降,而不似《乡饮酒礼》《乡射礼》宾降西阶、主人降阼阶。所以,当主人献宾降洗的时候,主人先适洗南,西北面;宾从主人降,立西阶西东面,而此即是宾的辞洗降位。当

宾酢主人降洗的时候，宾先适洗南，主人从降西阶西，此西阶西也是主
人辞洗降位。以上是《燕礼》《大射仪》的情况，接下来是《有司彻》的
情况。《有司彻》是《少牢馈食礼》的下篇，主要记述了傧尸之事，即以
宾客之礼款待尸。在傧尸的仪节中，有尸酢主妇一节，此处经文较为细
致地记述了主人、侑的降位，按《有司彻》曰："主人降，侑降，主妇入于
房，主人立于洗东北，西面。侑东面于西阶西南。"①尸酢主妇而为其
洗，主人和侑皆为俟洗而降，主人所立之位为"洗东北"，侑为"西阶西
南"。此是为宾的尸、主人、侑三人同时立于堂下的情况。

　　虽然《燕礼》《大射仪》《有司彻》三篇与《乡饮酒礼》《乡射礼》宾、
主盥洗一事有着诸多的差异。但这三篇却集中反映出一个最为重要的
共同点，即：宾、主盥洗时，一方的盥洗行为都必将出现在另一方的视野
之中。若从洗爵一方言，其不背人而洗。若从辞洗一方言，则宜面向为
己盥洗者。而这一点极其重要。双方执礼以相向为敬，而行事不背人，
是礼的一个基本精神。② 所以，《燕礼》《大射仪》《有司彻》三篇的宾、
主洗爵不背人透露出礼仪规范的一个基本行事原则。礼以敬为本，宾、
主执敬为一献之礼，一方为献己而降洗，故己从降，辞其洗，至其亲盥洗
爵时，己岂能不视而待之？顾炎武言"礼者，本于人心之节文"（《仪礼
郑注句读序》），礼的精神虽不一定明言成文，但却无不蕴含在礼仪行
为活动之中。

　　对于以上所论不背洗的认识，方苞在论述《乡饮酒礼》宾的辞洗降
位时，已经有言：

----

① 　（汉）郑玄注，（唐）贾公彦疏：《仪礼注疏》，第1210页。
② 　礼以相向为敬。《礼记·曲礼》曰："上于东阶，则先右足。于西阶，则先左足。"郑
玄注云："近于相向敬。"又《曲礼》曰："御国君，则进右手，后左手而俯。"孔颖达云："礼以
相向为敬。"关于礼不背人，《仪礼》注疏皆有阐述，其中在《燕礼》《大射仪》篇体现最明显，
因此为君礼，故特显。如司正还不背君，媵爵者酌酒不得背君，射者拾取矢，入次即位，皆
毋周，等等。此外，贾疏在《士丧礼》中亦发礼不背事之义，又在《既夕礼》中阐发"朝事当不
背父母"之义。

　　"宾复位当西序,东面",但云"当西序,东面",犹未见南北之节也。上言"宾进,东北面辞洗",下言"主人坐取爵,沃洗者西北面",则知宾阶下之位在洗之南矣。盖主人南面而洗,宾宜面向之,不宜退立其后也。①

　　现在来看,方苞的说法显然是非常正确的。在确定了此基本精神之后,我们可以首先得出宾的辞洗降位。若宾的辞洗降位在西阶下当西序处,则其辞洗复位以后即位西阶西,东面。此时主人在洗北,南面洗。洗的位置在阼阶东南,南北以堂深。如此,主人全背宾而洗,宾亦不能见主人为之洗。这显然与上述所言礼的基本精神相违背。其次是主人的辞洗降位问题。相同的道理,主人的辞洗降位亦不宜背宾之洗。《乡饮酒礼》曰:

　　　　主人阼阶东,南面辞洗。宾坐奠爵于篚,兴,对。主人复阼阶东,西面。宾东北面盥,坐取爵,卒洗,揖让如初,升。②

　　"主人复阼阶东",即明主人堂下降位为"阼阶东"。宾盥洗时,主人复位"阼阶东",西面,此时宾于洗南,北面洗。若主人辞洗降位在宾的西北方,则宾全背主人洗爵,主人亦不能见宾为之洗。所以,主人之降位应在宾的靠东北方向。如此,主人"阼阶东"的降位,实指当东荣之稍东,洗之东北方。在此基础上,主人要进行"南面辞洗"时,就隐含着一个必要动作:西行。这也顺带回答了郑氏《乡射礼》注"主人辞洗,进",为如何进的问题了。

　　论述及此,再重新细致梳理经文,足可看出其中的滋味,而这种内

---

① (清)方苞撰:《仪礼析疑》,载文渊阁《四库全书》,上海古籍出版社 1987 年版,第44页。

② (汉)郑玄注,(唐)贾公彦疏:《仪礼注疏》,第983页。

在体系的和谐性亦是对上述结论的一个佐证。主人为宾洗,主人在洗北,面朝南,沃洗者西北面,宾在洗之西南,东面。如此,则主人与沃洗者创造的视区,正与宾的视野重合。宾为主人洗,宾在洗南,东北面盥,北面洗;此时主人在洗之东北,西面。如此宾的盥洗亦在主人的视野之中。另外,宾东进,东北面辞洗;主人西进,南面辞洗。盖主人离洗近,宾离洗远,故宾稍东进示情,不及正北,而东北面辞洗。

除去内在体系的合理,这个结论也暗合了《燕礼》《大射仪》《有司彻》三篇中透露出的一些线索。在《燕礼》《大射仪》中,君席于阼阶,主人之位在何处呢? 郑玄根据胥荐主人之位,得出主人之位在洗北,西面。① 此《燕礼》《大射仪》所言的主人洗北之位,与我们得出的主人辞洗降位恰为一致。这说明君席主人阼阶位后,主人之位便迁至了其堂下的辞洗降位。而在《有司彻》中,主人俟尸洗,所立的"洗东北"和侑所立的"西阶西南",与我们得出的宾、主辞洗降位亦能相互吻合。清人孔广林在论及宾辞洗降位时,实际上已经发现了这一线索,其在《仪礼臆测》中言:

> 至宾降立之位,经但云"当西序,东面",东西节也。南北节无文。以仪节寻之,为辞洗降自当立于主人少南……《有司》云"侑东面于西阶西南",盖亦其比矣。②

《有司彻》篇的这一线索极容易被人忽视,因为它的情况比较特殊,《有司彻》是尸、主人、侑三人同时立于堂下,但这一独特的场景却奇妙地呈现出了宾、主同时立于其辞洗降位的场景。而此场景在正常的宾、主盥洗中是见不到的。

---

① (汉)郑玄注,(唐)贾公彦疏:《仪礼注疏》,第 1016 页。
② (清)孔广林撰:《仪礼臆测》,第 231 页。

最后需要补充说明的是,既然宾在主人辞其降后,又南行,经文为何不予言及?笔者以为这可能与《仪礼》经文的行文体例有关。在《仪礼》经文的叙述中,当甲的行止位处需以乙为参照系来表述时,而乙又暂未即其位处,此时甲之行止位处则不再直接先行言及。例如《仪礼·乡射礼》中的司马就位一事。《乡饮酒礼》《乡射礼》此宾之即位,主人辞宾从降,宾对,然后经接言主人适洗北之位,再次言及宾时即宾辞洗。经文不在"宾对"以后接言其南行,或因为此是主人为宾洗,故需由主人领起行文,不宜不先言主人而径直先言宾就洗之西南位,故待主人之事叙述完毕后,才言及宾之事,而行文至此已经是辞洗一节了。《仪礼》记载程式仪节,所以它的行文叙述有着自己的特点,其经文必须照顾行事连贯及前后次序,也因此导致行文与具体情况并不完全重合的情况。有鉴于此,在研习经文的时候并不能以其未明言而以为无有。

综合以上分析可得,郑玄对宾"位南于洗"及"东行"以进的解释是正确的。后世学者所持的阶下当西序之位与南进的说法皆非。其产生错误的原因,或在以经文不言即没有的前提下,又未将其放置《仪礼》一书中对辞洗降做整体考察而造成的。如程瑶田据《士冠礼》而得出宾位不必在南便是错误的①,张惠言《仪礼图》对于宾位的处理是正确的,而在处理主人的降位时,使宾背主人洗,亦出现了错误②。

第二节　郑玄《仪礼注》注经体例及相关问题

《三礼注》是郑玄笺注群经的核心③,郑玄《诗谱序》云"举一纲而

---

① （清）胡培翚撰,段熙仲点校:《仪礼正义》,第303页。
② （清）张惠言撰:《仪礼图》,第528页。
③ 按黄以周考证,郑氏注经的顺序为:先注《周官》,次《礼记》,次《礼经》,次《古文尚书》,次《论语》,次《毛诗》,最后乃注《易》。(《儆季杂著·文钞》卷四《答郑康成学业次第问》)王鸣盛《蛾术篇·郑氏著述》言"康成注经,《三礼》居首,阅十四年而成,用力最深也"。

万目张,解一卷而众篇明"即可视为郑氏注书的大旨所在。郑氏既欲以一持万,纲举目张,则其为注风格必然简约,而方式也必然灵活。如此才不致漫言无绪,而又可达到触类旁通的效果。郑注简约与文法简妙,古今学者多有论及①,此不再赘述。

《仪礼》经文的特色多重复伦类,郑氏缘经作注,与《周礼注》与《礼记注》相比,《仪礼注》所运用的方式方法则更为明显。这些注经方式的运用,不但达到了简约的风格和触类旁通的效果,而且也实现了其注经之大旨,全面认识和掌握这些注经方式,对正确理解"三礼"文献和郑学都有比较重要的意义和价值。

郑玄《仪礼注》对同篇之中、不同篇章之间的相关问题会有其基本的处理方式。下文将主要介绍郑玄《仪礼注》中值得注意的几种注经方式。

一、注经体例

(一)举下明上

举下明上,是指在同篇之中,若有据下经可推知上经所不具的内容,郑氏则自于下经是处注明借此可晓上之意,而不直接言于上经注中。

> 经:主人坐奠爵于篚,兴,对。宾复位,当西序,东面。(《乡饮酒礼》)

---

①　郑注简约,最显著的特征是《注》的字数少于经的字数,清陈澧《东塾读书记》于此有论。清皮锡瑞亦言,"郑注《书》笺《诗》,间有过繁之处,而注《礼》文简意明,实不见其过繁"。此外,皮氏对郑注文法之妙,也有论述[(清)皮锡瑞:《经学通论》,中华书局1954年版,第198—199页]。张舜徽《郑学丛著·郑氏注经释例》有"注语详赡例"一节,其以陈澧、皮锡瑞所言郑注简约特《仪礼》《礼记》而言,张氏又据郑玄《周礼》注说明郑注并非全以简约擅长的情况,提出了"昔人注书,可略者略之,宜详者详之"的结论(张舜徽:《郑学丛著》,华中师范大学出版社2005年版,第97—98页)。

注：言"复位"者，明始降时位在此。①

　　此是《乡饮酒礼》主人献宾，宾辞洗事。按上经，宾降阶，主人辞降于阶前。又主人适洗，南面坐，奠爵，盥洗。宾进，东北面辞洗。对于宾为辞洗而降时，堂下所立之正位，经注皆未言及，至此宾辞洗毕复位，经曰"当西序，东面"，郑氏遂注，由"复位"明始降位即在"当西序"处。郑氏未于上经"宾进，东北面辞洗"注辞洗降位，只注"必'进'，东行，示情"，是专明辞洗如何进及违位的意义何在。而于下经此复位时明始降之位，如是缘经顺势，每注各有所重且又省文。读者自可举下以明上。

　　经：洗，献众兄弟，如众宾仪。（《特牲馈食礼》）
　　注：此言如众宾仪，则如献众宾，洗明矣。②

　　此是诸侯之士祭祖祢，主人献众兄弟事。按上经，献众宾，众宾升，拜受爵，坐祭，立饮，郑氏只对"立饮"作释，注"众宾立饮，贱不备礼"，对洗之与否，经注皆未涉及。至此献众兄弟，经明曰主人为众兄弟洗，且其与众宾仪同。郑氏遂得众宾之献，主人亦为之洗，故而注之。此亦是举下以明上，不于上经明之，为省文。

　　以上两例都是在各自篇章中的举下以明上。除此还有其他的情况。如《有司彻》与《少牢馈食礼》虽为两篇，然因前后有所关联，所以也有举下明上的运用。

　　经：有司彻。（《有司彻》）

---

① （汉）郑玄注，（唐）贾公彦疏：《仪礼注疏》，第981页。
② （汉）郑玄注，（唐）贾公彦疏：《仪礼注疏》，第1186页。

注：彻室中之馈及祝佐食之俎。卿大夫既祭而宾尸，礼崇也。宾尸则不设馔西北隅，以此荐俎之陈有祭象，而亦足以厌饫神。①

郑氏于《有司彻》篇章首句注因其将宾尸，故不改设"西北隅"，是之以对《少牢馈食礼》无阳厌事而讲。按《少牢》，尸出后，无阳厌事，异于《特牲》，郑氏对此未释。至此将宾尸则释之，以卿大夫祭后为宾尸事，故不阳厌。如是，则是举下以明上。

（二）互见

互见，是指在不同篇章中，注文间的相互参见。郑氏《仪礼注》对同一问题或采用从不同角度切入阐释的注经方式，段玉裁《周礼汉读考》言郑注云："全书体例不必画一，要使互见，学者心知其意可也。"所以，只有综合而观才能全面完整地认识此问题。

经：主人坐祭，遂饮，宾辞。（《燕礼》）
注：辞者，辞其代君行酒，不立饮也。此降于正主酬也。②
经：主人坐祭，遂饮，宾辞。（《大射仪》）
注：比于正主酬也。③

这是主人向宾进献酬酒的礼仪。《燕礼注》的"此降于正主酬也"是针对宾推辞这件事来说的，即从宾的角度讲，宾不敢当主人依照宾、主匹敌时行坐饮的正礼，彼时不辞，此处推辞，所以是降于宾、主献酬酒礼的正礼，故郑注用"降"字。而《大射注》的"比于"是针对主人而言，即主人在此依旧像正主酬宾的礼节一样，坐着饮酒，是"比于正主酬"。

---

① （汉）郑玄注，（唐）贾公彦疏：《仪礼注疏》，第 1206 页。
② （汉）郑玄注，（唐）贾公彦疏：《仪礼注疏》，第 1017 页。
③ （汉）郑玄注，（唐）贾公彦疏：《仪礼注疏》，第 1032 页。

经：小臣请致者。(《燕礼》)

注：请使一人与？二人与？优君也。①

经：小臣请致者。(《大射仪》)

注：请君使一人与？二人与？不必君命。②

此皆为宾举旅，使二大夫媵爵之事。《燕礼》"优君"注，从主君的角度讲，意使一人或两人，悉君夺之，命由尊者出，是尊君优之也。《大射仪》"不必君命"注，是从将媵爵之二大夫的角度讲，意媵爵之二大夫谦，不敢君必命己，是谦不必己。此两注分别从君与媵爵大夫的角度进行了礼义阐释。

（三）参补

参补，是指在不同篇章之间，此条注文在阐明此处经文的同时亦是与彼处相关，但经注未及情况的补充说明。这种情况，多出现在关联篇章。由于礼仪等级和礼仪性质的相关，所以十七篇中某些篇章之间存在着强关联性。如《乡饮酒礼》与《乡射礼》、《燕礼》与《大射仪》、《乡饮酒礼》与《燕礼》、《乡射礼》与《大射仪》、《特牲馈食礼》与《少牢馈食礼》。

经：嗣举奠，盥，入，北面再拜稽首。(《特牲馈食礼》)

注："嗣"，主人将为后者。举犹饮也。使嗣子饮奠者，将传重累之者。大夫之嗣子不举奠，辟诸侯。③

此为嗣子饮奠事。郑氏于《特牲馈食礼》经文处，又连言"大夫之嗣子不举奠，辟诸侯"，非独明《特牲馈食礼》士礼无嫌诸侯，亦是对《少

---

① （汉）郑玄注，(唐)贾公彦疏：《仪礼注疏》，第1017页。

② （汉）郑玄注，(唐)贾公彦疏：《仪礼注疏》，第1032页。

③ （汉）郑玄注，(唐)贾公彦疏：《仪礼注疏》，第1189页。

牢馈食礼》言之。按《少牢馈食礼》经文不具此事，郑氏亦不言之。然由此，则知《少牢馈食礼》无嗣子饮奠事，因士卑，得与君同，而大夫位尊，有嫌，故无之。

经：主人门东南面。宗人朝服北面，曰："请祭期。"主人曰："比于子。"（《少牢馈食礼》）

注：为期，亦唯尸不来也。①

此诸侯之卿大夫祭祖祢，请祭期之事。按《少牢馈食礼》经文，请期无尸在之文，郑氏由是注《少牢馈食礼》请期无尸。其注文用"亦"字，是兼为明《特牲馈食礼》尸亦不来也。按《特牲馈食礼》经文，请期无有尸来之事，郑氏亦未有言，而据此《少牢馈食礼》郑注，则二者兼明。

（四）解一明众

解一明众，是指郑注仅言之于一处，而可解众篇之理的情况。之所以如此，或礼莫不如此，注一而足发明众多者。

经：请期，曰"羹饪"。（《特牲馈食礼》）

注：肉谓之羹。"饪"，孰也。谓明日质明时，而曰肉孰，重豫劳宾。②

此是祭前一日之夕，主人等视濯视牲之事。宗人请明日当来之时，主人以肉熟为限，而不言质明，郑氏注以"重豫劳宾"，即不意过于烦劳宾。《少牢馈食礼》请期，宗人直言"旦明行事"，因大夫尊，有君道，可

---

① （汉）郑玄注，（唐）贾公彦疏：《仪礼注疏》，第1197页。
② （汉）郑玄注，（唐）贾公彦疏：《仪礼注疏》，第1180页。

以豫劳。郑氏明二者之异,亦明其他。按《乡饮酒礼》《乡射礼》,"羹定",主人乃速宾,此意即为重豫劳宾也。《士冠礼》因无"羹饪"事,故云"质明行事",且下经"宿"时,宾言"某敢不夙兴",知"夙兴"是重事义,即如是,则若重豫劳宾时,则不直言之。故郑氏此注足以阐明此劳宾一理。

经:凡适堂西,皆出入于司马之南。唯宾与大夫降阶,遂西取弓矢。(《乡射礼》)

注:尊者宜逸,由便也。①

按《乡射礼》经文,若有事于堂西,皆行至司马之南,再折而向北,适堂西。宾与大夫则无须如此,可直接降阶西取弓矢。郑氏以"尊者宜逸,由便也"解,意宾与大夫为尊,宜逸,不宜劳烦,故可取便。此"尊者宜逸"于郑氏《仪礼注》中虽仅有一条,然却为礼的基本原则,故郑氏借此足可阐明众多。

(五)释有疑

释有疑,是指郑氏对某些重要问题,会以解嫌疑的方式来达到明普遍的目的。陈澧言:"《郑志》云'文义自解,故不言之,凡说不解者耳',此诸经郑注之所以简约也。"这种情况出现在问题蕴含于基本的礼仪规范之中,如不以释嫌有疑的方法,很难找到合适的方式予以揭示。

经:主人揖入,宾执雁从。至于庙门,揖入。三揖,至于阶,三让。主人升,西面。宾升,北面,奠雁,再拜稽首,降,出。妇从,降自西阶。主人不降送。(《士昏礼》)

---

① (汉)郑玄注,(唐)贾公彦疏:《仪礼注疏》,第1010页。

注："主人不降送"，礼不参。①

经：射人纳宾。宾入，及庭，公降一等揖之。公升就席。(《燕礼》)

注：以其将与主人为礼，不参之也。②

经：摈者纳宾，宾及庭，公降一等揖宾，宾辞。公升即席。(《大射仪》)

注：以宾将与主人为礼，不参之。③

此《士昏礼》《燕礼》《大射仪》三篇，郑氏注"礼不参"或"不参之"，其可统称为"礼不参"。这是指在具体行礼中不可三人或三方同时执礼。郑氏独于三处注之者，决其疑而众象明。《士昏礼》中亲迎一事，宾主最终出现了变化，始来时，女父为主，婿为宾；女从婿降后，婿当主之礼，女当宾之礼。《燕礼》《大射仪》当所命为宾之大夫以宾礼入，君揖之，然后宾、主将为一献之礼，君虽特尊，亦不当三之，故公升即席，宾、主正礼行。如此，则此三条中，宾、主一事，极易产生错乱模糊，故郑氏特注之"礼不参"以明。此即为解有疑而明普遍。

注经方式关系着经注的理解，在此就"互见"例的"比于正主酬"与"降于正主酬"的典型问题展开论述。

《燕礼》曰："主人坐祭，遂饮，宾辞。"郑玄注云："辞者，辞其代君行酒，不立饮也。此降于正主酬也。"贾公彦疏云："案《乡饮酒》《乡射》主人酬宾，皆坐卒觯，此主人酬宾亦坐饮，宾辞之者，上文献君，君立卒爵，此主人代君酬宾，亦宜立饮。今主人坐祭，遂饮，故郑云'辞者，辞其代君行酒，不立饮'。云'此降于正主酬也'者，

---

① (汉)郑玄注，(唐)贾公彦疏：《仪礼注疏》，第966页。

② (汉)郑玄注，(唐)贾公彦疏：《仪礼注疏》，第1016页。

③ (汉)郑玄注，(唐)贾公彦疏：《仪礼注疏》，第1030页。

正主谓《乡射》饮酒正主酬处。"①

《大射》曰："主人坐祭,遂饮,宾辞。"郑玄注云:"辞者,辞其代君行酒不立饮也,比于正主酬也。"贾公彦疏云:"上文公饮立卒爵,此则坐饮,故以公决之。云'比于正主酬也'者,谓于《乡饮酒》《乡射》,是正主酬宾之节也。"②

以上记主人酬宾。《燕礼》宾、主一献之礼,主人献宾、宾回敬主人后,因为国君的尊贵,在此插进了主人献君一节。主人献君,君站着饮干觯中的酒,又由于君为至尊,不亲自回敬主人,所以主人代君自酢。主人与君行完此献酢礼,则即接续前面献宾的礼仪,进而完成酬宾的环节。大致过程是,主人执酒来到西阶上坐下,把觯放在地上行拜礼,宾也下席来到西阶上答拜;主人坐下,用酒祭先人,而后坐饮,宾对此推辞一番,主人饮毕行拜礼。

郑玄对于经文"宾辞"之仪的解释分为两层,直译过来是,宾推辞主人代君行酒还坐下饮用,而不是站着饮酒。此时的礼仪与正主行酬酒相比是降低的。把注文两层内容结合起来,郑玄的意思是:在主人酬宾的正常礼节中,主人坐饮,宾无推辞之仪节。但燕礼的主人并非真正的主人,此外更为重要的是,这时的主人酬宾是承接在主人刚刚向君献酒之后,特别凸显有主人代君行酒之意,君与主人的献酢,君尊站着饮酒,所以主人酬宾,则亦当如君一样,站立饮干觯中之酒,然而现在主人仍依宾、主间进献酬酒的正礼坐着饮酒,故宾推辞主人坐饮,以尊君之礼,来尊代君行礼的主人,以示不敢当此正礼。

以上实际主要解释了经文的"宾辞",即宾到底推辞的是什么?郑玄的答案是宾推辞的是主人不站着饮酒,而仍旧依正礼坐饮。那还有

① （汉）郑玄注,（唐）贾公彦疏:《仪礼注疏》,第 1017 页。
② （汉）郑玄注,（唐）贾公彦疏:《仪礼注疏》,第 1032 页。

一个极其重要的问题,注文"此降于正主酬也"具体之意究竟如何? 对郑玄这句话,前人没有理解透彻,故产生了一系列的误读。简单讲,"此降于正主酬也"是针对宾推辞这件事来说的,也就是从宾的角度讲,此处自己不敢当主人行宾、主匹敌时坐饮的正礼,彼时宾不推辞,此处推辞,所以是降于宾主献酬酒礼的正礼。总之,宾推辞不敢当就是这里所谓"降"的内容。宾、主匹敌时,主人献酬酒坐饮是常礼,宾不辞,燕礼此处宾推辞不敢当主人坐饮之礼,宾的推辞就是一种自降而尊主人。

在明白这两点以后,再看《大射仪》注,《燕礼》《大射仪》两篇此处经文相同,《大射仪》注"辞者,辞其代君行酒不立饮也"与《燕礼》注内容一样,不必重复,那《大射仪》的"比于正主酬也"和《燕礼》"此降于正主酬也"却不一样,对同一问题和内容,怎么会一个是"比于",一个是"降于"? 显然,《燕礼》《大射仪》此处的注文便是互见,《燕礼》的"降于"已经交代,《大射仪》的"比于"是针对主人而言,即主人在此依旧像正主酬宾的礼节一样,坐着饮酒。整体上《大射仪》注"辞者,辞其代君行酒不立饮也,比于正主酬也"的意思是,宾推辞主人代君行酒不站立饮酒,却仍旧如同宾主酬酒礼的正礼行坐饮。由此可以看出,郑玄《燕礼》注和《大射仪》注并不相矛盾,而仅是一种互见的表述方式。

在此基础上,再看诸家之说的问题。

　　朱熹云:"正主之酬皆坐卒爵,此代君酬,当降礼而立饮,今不立而坐,则是不降,故辞不敢当也。"①

首先,朱熹的观点在诸家之说中比较特殊,前后逻辑不易理顺。朱

---

① （宋）朱熹撰,王贻樑校点:《仪礼经传通解》,载朱杰人等主编:《朱子全书》（修订本）第 2 册,上海古籍出版社、安徽教育出版社 2010 年版,第 632 页。

熹说正主进献酬酒当坐饮,燕礼主人代君行酒,不是真正的主人,当降于正主酬,应站着饮酒。若此,朱熹与郑玄首要的一个不同便是:燕礼主人在此当立饮,不是因为代君行酒应当依从君行立饮之仪,而是自己代人行酒地位反而降低了,所以当降成立饮。而且由于燕礼主人当降低自己规格,却没有降低,依旧坐着饮酒,故宾推辞不敢当。若此,主人当降低身份却不自降,宾推辞不敢承受,那宾在推辞什么? 如果说主人当降不降是为了尊敬宾,但主人这样做却相当于自当正主,这显然与燕礼的精神不相符合。

> 敖继公云:"宾见主人将饮,故辞之,盖欲即受此觯,不敢复烦主人之更酌己,且远辟媵爵于公之礼也,媵爵于公者,亦皆先自饮乃更酌之。"①
>
> 盛士佐云:"宾辞之意,敖盖得之。如注说,则主人之代君久矣,向受宾酢亦不立饮,宾何以不辞邪?"②

其次,敖继公的观点是明显错误的,盛士佐赞同敖说亦错。敖继公认为宾知道主人自饮以后将又酌酒献己,因不敢烦劳主人给自己酌酒,所以推辞。但这却根本不符合《仪礼》正主酬宾的礼仪。在《仪礼》中,正主酬宾,宾皆不辞,如《乡饮酒礼》《乡射礼》即是。若如敖说,则《乡饮酒礼》《乡射礼》宾亦需推辞主人给自己酌酒,而《燕礼》经文也就不需要在此特别说明宾要有"辞"。所以敖继公宾辞酌酒的臆想说法,不足为辩。在此补充解释盛世佐的疑问,他认为若按郑注所言,燕礼的主人从宾、主开始为礼起,就是代君行礼,如果因为代君就尊贵,当从君立饮,那此前主人受宾酢酒时也当立饮,但是主人却是坐饮,亦无宾推辞

---

① (元)敖继公撰,曹建墩校点:《仪礼集说》卷六,第219页。
② (清)盛世佐撰:《仪礼集编》卷十一,第424页。

主人不立饮，所以郑说不成立。盛世佐的疑虑仍然是对燕礼仪节的一种理解偏差。《燕礼》篇的一个核心精义是燕礼真正的主人是国君，但具体仪节的推动要靠宾、主来实行，如何平衡二者关系是燕礼的关键所在。《燕礼》程序的委曲很好地展现了礼仪程序的张弛损益，单就宾、主一献之礼而言，主人献宾，宾回敬主人，宾、主间的执礼还是依从宾、主正礼，但在插入主人献君之后，宾面对主人的酬酒，就要远辟于君，而有愈发谦敬的表现，所以经文才会有如此细微的展现，郑玄注文的精妙之处也便在此。清褚寅亮云："注谓'辞其代君饮酒不立饮'，盖君臣酬酢，君立饮而臣坐饮，宾以尊君之礼尊代君饮者，故辞其坐饮也。敖说殊牵强，岂有酬而不先自饮者乎？下经云酬宾亦立饮，可见君当立饮。"[1]清焦以恕云："郑氏此解甚当，敖说非礼意甚明，不可从也。"[2]

　　吴廷华云："正主当指公，公立饮，主人坐，故曰降于正主。若《乡饮酒礼》《乡射礼》正主本坐饮，与此同，何得谓之降？"[3]

　　再次，吴廷华认为郑注所言"正主"在此指公，主人献公，公站着饮酒；主人向宾进献酬酒，自己坐着饮酒，所以主人降于"正主"公。吴氏明显是为解释"降"而强行进行对比，这样该问题就完全变成了《燕礼》篇内公与主人礼节的区别，但按此思路，宾推辞主人自降的行为又作何种解释？吴氏实质上是抛开了宾、主匹敌情况下献酬正礼的这个参照系，其结果带来的就是完全的思维混乱。在燕礼中正是由于公的至尊，所以才相应使宾、主之礼发生了很多变化，那么这些变化自然要与宾、

---

　　①　（清）褚寅亮撰：《仪礼管见》卷上之六，第406页。

　　②　（清）焦以恕撰：《仪礼汇说》卷六，载《续修四库全书》第89册，上海古籍出版社2002年影印清乾隆三十七年研雨斋刻本，第40页。

　　③　（清）胡培翚撰，段熙仲点校：《仪礼正义》卷十一，第697页。

主正礼本身去比对，而不能脱离其对应的体系，去和国君的礼仪比较。吴氏知道《乡饮酒礼》《乡射礼》宾、主献酬的正礼，但是他认为这样就不能解释"降"字，因为燕礼也是坐饮，乡饮、乡射也是坐饮，那"降"如何体现？其实他未能明白郑玄这里是针对宾说的，是指宾推辞主人行正礼是一种降于宾、主献酬礼的行为，所以最根本上，吴廷华应该是没有理解"降于正主酬"的所指，而为了疏通这句话，就变换"正主"的概念，认为"正主酬"不再是一个基本稳定的宾主献酬仪制，而是指每篇各自的正主行礼时的种种。然后落到燕礼上，就是主人降于国君。这貌似疏通了郑注的"降于正主酬"，实际是全盘的混乱。

> 张惠言云："《大射仪》注则云'比于正主酬也'，疏各为之说。案正主酬宾，坐祭遂饮，卒觯兴，坐奠觯拜，无立饮之礼。此以公卒爵立饮，决主人代君行酒亦宜立饮，今坐卒爵，故辞之。注又言所以坐饮之故，乃比于正主酬也，《大射注》为是，此注写误耳。"①
> 黄以周云："辞谓辞坐饮，从郑。注'降于正主酬'，张皋文说，当依《大射注》作'比于正主酬'"。②

最后，张惠言的观点已经在疏通前面郑注时给予了阐释，郑玄两注就是注文的互见，注释角度不同而已，并无相绞。需要说明的是，正是因为意识不到郑玄注经方式这个问题，所以也就不可能真正明白郑注之意，如此，或如吴廷华一样直接进行错解，或如张惠言一样认为二注之中必有一错。

不能认识郑注互见体例造成的误读以上已经举例说明。但尤其需要注意的是，正是由于这种篇章间注文互备的注经方式，也会使人出于

---

① （清）张惠言撰：《读仪礼记二卷》卷上，载《续修四库全书》第90册，上海古籍出版社2002年影印清刻本，第414页。
② （清）黄以周撰，王文锦点校：《礼书通故》，第1057页。

惯性把一些注文理解错误,如下:

劳礼无介

《乡射礼》曰:"无介。"郑玄注云:"劳礼略,贬于饮酒也。"贾公彦疏云:"谓'贬于《乡饮酒》',《乡饮酒》礼有介,此上司正饮酒及此劳礼皆无介,是贬于《乡饮酒礼》也。"①

这是说《乡射礼》劳息司正活动,以司正为宾,没有介。郑注云这是因为"贬于饮酒",贾疏言贬于《乡饮酒》则非。《乡饮酒礼》曰:"乃息司正。无介。"贾疏出现这样的错误很可能是惯性使然。

《乡饮酒礼》宾、介皆设,《乡射礼》则仅有宾,而"无介",郑注云:"虽先饮酒,主于射也,其序宾之礼略。"此明《乡饮酒礼》《乡射礼》因所主不同,礼仪亦有所变。但《乡射礼》劳礼"无介",却并非与《乡饮酒礼》有介相比。《乡饮酒礼》劳礼亦无介,郑玄注:"劳礼略也。"郑氏此意,劳赐司正等赞执事者之礼,略于昨日乡饮之饮酒礼,故不设介。如此,是劳礼本身略于饮酒之正礼。故《乡射礼》劳息司正无介,亦是劳礼比正式饮酒礼略。非如贾疏所云与《乡射礼》无介一同异于《乡饮酒礼》。

劳礼与饮酒正礼所异的情况:无介。此番为礼,所征唯欲,若其亲友亦可,饮酒之正礼则不可。主人迎宾,不拜入,亦不拜至。献时,亦不拜洗。宾酢主人,主人不崇酒。劳礼,不杀,无俎。羞唯所有,时在有何物,即用之,饮酒正礼则用狗裁醢。不设司正,饮酒正礼则设,以监为礼之懈惰。用乐,《周南》《召南》六篇之中,唯所欲,不从次,且不歌《小雅》之篇,以避君。不拜众宾,前饮酒正礼,主人西南面,三拜众宾,献

① (汉)郑玄注,(唐)贾公彦疏:《仪礼注疏》,第1009页。笔者按:曹元弼《礼经校释》云:"'此上司正饮酒','司'字衍。"

毕,则众宾一人举觯,遂为无算爵,等等。

《乡饮酒礼》《乡射礼》是强关联的篇目,郑注也经常运用互见、参补的方式揭示二礼的差异,贾疏在理解郑注的"贬于饮酒"时,就把劳礼与饮酒正礼的比较,当成了《乡射礼》与《乡饮酒礼》的比较。

《燕礼》无加席

《燕礼》曰:"司宫筵宾于户西,东上,无加席也。"郑玄注云:"'无加席',燕私礼,臣屈也。"贾公彦疏云:"对《公食大夫礼》异国之宾有加席,礼得申。"①

《燕礼》宾无加席,郑氏言燕礼私,臣屈无加席,贾疏认为这是对《公食大夫礼》异国之宾有加席而言。然《大射仪》宾则亦有加席,疏以此注对《公食大夫礼》似错。

一种席,称重席;加席,是席上设异席。但经亦有异席称重的情况,《乡饮酒礼》《乡射礼》大夫所辞加席,其实也仅是重席,一种席,而非异席。这一点贾公彦、孔颖达观点相同。孙诒让认为《仪礼》筵席陈设之例,凡同席而重累设之曰重,不重曰单,异席而增设则曰加,所以郑玄《乡饮酒礼》《乡射礼》注与《燕礼》注相抵牾。②《礼记·礼器》云:"诸侯之席三重,大夫再重。"又《礼记·郊特牲》云:"大飨,君三重席而酢焉。"《乡饮酒礼》曰:"席于宾东,公三重,大夫再重。"是君席三重,大夫再重为正礼。然燕乃私乐之礼,崇恩尚欢,而杀敬。故若燕,则君席两重。由是,卿大夫咸辞重席,以辟君。且宾亦不设加席。若《大射仪》辨尊卑,则宾有加席,为申之,而卿大夫不重席,亦是屈之者。若《公食大夫礼》,食礼,"有饭有殽,虽设酒而不饮,其礼以饭为主,故曰食也"。

---

① (汉)郑玄注,(唐)贾公彦疏:《仪礼注疏》,第 1015 页。
② (清)孙诒让撰,王文锦、陈玉霞点校:《周礼正义》,中华书局 2013 年版,第 1550 页。

食礼虽轻,而亦重于燕私,故宾有加席。若公燕之,则"上介为宾,宾为苟敬",按《礼记·郊特牲》,"三献之介,君专席而酢焉。此降尊以就卑也",诸侯使卿来聘,主君燕之,君受为宾之上介酢时,为降尊就卑,彻重席单席而受酢酒,故亦明此为宾之介无加席,而"宾为苟敬",故从诸公之席。按《燕礼》,诸公亦无加席。是故,即异国之臣,燕则亦无加席事。且按孔疏,若天子燕之,诸侯、诸侯之孤及卿大夫,亦为单席。若诸侯于己臣子飨礼,则卿大夫亦重席。

简言之,《燕礼》私昵,宾是己臣子,不加异席。《大射仪》宾有加席,也就是异席,因辨尊卑。《公食大夫礼》异国之宾,有异席。此《燕礼》郑氏所言宾无加席,是燕礼私而臣屈,谓燕序欢心,敬有杀。非如贾疏所言特对《公食大夫礼》宾加席事。

整体来看,郑玄《仪礼注》注经方式的运用富于思考。当然,郑注的简明并非都能把问题交代清楚,如《乡饮酒礼》《乡射礼》中"凡举爵,三作而不徒爵"一句经文,郑氏皆注为"谓献宾、献大夫、献工,皆有荐"。《乡饮酒礼》与《乡射礼》诸多仪节相同,经文也多重复。此即是两篇经文对献酒之事的发凡,郑氏在这里既没有采取全一略余的方式,也没有采用互见的方式,而是重复了注文,其注又极简。由此,自贾疏起就不能清楚郑氏所言之意了。

综上所述,郑氏《仪礼注》灵活地采用了多种注经方式,使得注文简明,又可辗转参照,实现了注经的大旨。这也说明《仪礼注》是郑氏在熟谙文本后缘经顺体,有的放矢地将其学说予以出示的。郑玄始全注《仪礼》十七篇,更加容易形成自己的注经体系,有其创造性,但这些注经方式同样是汉代经师解经的基本思路,也有其传承性。总之,在"经有数家,家有数说,章句多者乃百余万言,学徒劳而少功,后生疑而莫正"的时代背景下,郑玄举帜简约是学术发展的必然趋势和结果。所以"学者苦其时家法繁杂,见郑君闳通博大,无所不包,众论翕然归之,不复舍此趋彼"。

第三节 《仪礼·燕礼》小卿席之位置

《燕礼》小卿席的位置虽是一个小的问题，但它牵涉《燕礼》主旨的理解与定位，而郑玄在该问题上对于《礼记·燕义》的阐发有所取舍。《礼记》有《冠义》《昏义》《乡饮酒义》《射义》《燕义》《聘义》等篇目，专门阐发《仪礼》十七篇诸礼背后的礼义，放置于这样的背景下，《仪礼》小卿席位问题不仅有趣，而且对于丰富认识郑玄《仪礼》注解的思路，以及《仪礼》经文文法都有益处。

一、小卿席在《仪礼》经中的存在情况

在《仪礼》中，《燕礼》《大射仪》两篇记载了燕饮活动时卿大夫席位的问题。具体见下：

（一）小卿席独明言于《大射仪》

《燕礼》经文没有"小卿"的直接记载，对于卿大夫席位问题的交代出现在他们受献酒之后。

> 主人洗，升，实散，献卿于西阶上。司宫兼卷重席，设于宾左，东上……辩献卿，主人以虚爵降，奠于篚。射人乃升卿，卿皆升就席……辩献大夫，遂荐之，继宾以西，东上。①

如此，《燕礼》对卿大夫席位仅描述为：卿席在宾席的左边，也就是东边；大夫席在宾席的右边，也就是西边。

《大射仪》对卿大夫席位的交代实则有两次，"小卿席"的记载出现

----

① （汉）郑玄注，（唐）贾公彦疏：《仪礼注疏》，第76页。

（西←———→东）

在活动开始前具馔之时，此仅是树之于位后，非布席。

> 司宫设宾席于户西，南面，有加席。卿席宾东，东上。小卿宾西，东上。大夫继而东上。①

如此，《大射仪》对卿大夫席位的描述为：卿宾东，小卿宾西，大夫接续在小卿席的西边。

| 大夫席 | — | 小卿席 | — | 宾席 | — | 卿席 |

（西←———→东）

对比二礼对卿大夫席位的描述，《大射仪》有言小卿席，《燕礼》未直接言明小卿席之事。且《燕礼》大夫席与宾席相次，《大射仪》大夫席与小卿席相次。

（二）由《大射仪》小卿席看《燕礼》小卿席之存在

《大射仪》对卿大夫席位的第二次交代则是与《燕礼》经一致，即活动进行至主人献卿，主人献大夫时，正式布席。见下：

> 主人洗觚，升实散，献卿于西阶上。司宫兼卷重席，设于宾左，东上……辩献卿。主人以虚爵降，奠于篚。摈者升卿，卿皆升，就席……辩献大夫，遂荐之，继宾以西，东上。②

此处经文与《燕礼》经对卿大夫席位的描述相同，亦无小卿席。

---

① （汉）郑玄注，（唐）贾公彦疏：《仪礼注疏》，第85页。
② （汉）郑玄注，（唐）贾公彦疏：《仪礼注疏》，第89页。

《大射仪》前对卿大夫席位的总体描述已经明确言"小卿宾西",然而正式布席,经则不言。

究其原因,应是燕饮活动中无单献小卿一事,小卿或同卿一起献,或同大夫一起献。如此,其席或同卿一起,或同大夫一起,故经文于此不特言小卿席之事,而卿大夫席位仍如前面所述,无有差别。且这里《大射仪》小卿应与大夫一同献,一起席,故经言大夫"继宾以西",此大夫中包含小卿。

《燕礼》经对卿大夫席位的交代仅为一次,且为正式布席之时,如此,其不言小卿席事的原因,应与上面《大射仪》相同,即小卿或与卿一起献,一起席;或与大夫一起献,一起席,故不特言小卿席,而非是无小卿席。

二、郑玄对《燕礼》小卿席的认识

对《燕礼》小卿席的认识,郑玄已在《大射仪》中注明,此属郑氏注经方式中的参补之法。郑注云:

> 小卿,命于其君者也。席于宾西,射礼辨贵贱也。①

郑氏此注,一共描述出三个方面的内容:

首先,小卿为"命于其君者"②。

其次,《大射仪》小卿席于宾西的原因为——射礼辨贵贱。

最后,燕礼活动亦有小卿,因燕礼不辨贵贱,故小卿亦席宾左。

---

① (汉)郑玄注,(唐)贾公彦疏:《仪礼注疏》,第85页。

② 贾公彦疏:按《王制》云"大国三卿,皆命于天子。次国三卿,二卿命于天子。一卿命于其君。""小国亦三卿,一卿命于天子,二卿命于其君。若言小卿,据次国已下有之。"此外,清胡匡衷《仪礼释官》认为,"小卿"乃大夫,即三卿下五大夫是也,诸侯之其余大夫则不称小卿。载《续修四库全书》第89册,上海古籍出版社影印清嘉庆二十一年研六阁刻本,第353页。

由上三条即知,郑玄已对小卿席在《燕礼》与《大射仪》中各自的问题做了清楚的解释,贾公彦明郑氏以上之意,亦于《燕礼》疏对其进行了补充阐述。

总之,在郑玄的理解中,与《大射仪》不同,小卿之席在《燕礼》中应继卿席以西,亦席宾左,换言之,小卿席继卿席,也在宾席东边。

三、《礼记·燕义》对《燕礼》小卿席的认识

《礼记·燕义》对《仪礼·燕礼》进行了礼义阐发。其中,《燕义》提及了燕礼活动中卿大夫席位的问题,曰:

席。小卿次上卿,大夫次小卿,士庶子以次就位于下。

不同于《仪礼·燕礼》经文,《燕义》经文直言小卿席,这说明《燕义》认同燕礼活动中有小卿的参加。若按照从东到西的排序,依次是:上卿,小卿,大夫。需要特别注意的是,《燕义》在这里没有提及宾席的位置。

四、孔颖达对《燕礼》小卿席的认识

孔颖达对《燕礼》席位认识的情况,如下。

“席小卿次上卿”者,案《燕礼》上卿在宾席之东,小卿在宾席之西,隔越于宾席。而云“次上卿”者,以俱南面东上遥相次耳。“大夫次小卿”者,案《燕礼》大夫在小卿之西,故《燕礼》云“辩献大夫,遂荐之,继宾以西,东上”。①

——————————

① (汉)郑玄注,(唐)孔颖达疏:《礼记正义》,第462页。

孔氏观点为:《燕礼》的席位应是卿席宾东,小卿宾西,大夫继小卿以西。如此,则孔氏以《燕礼》与《大射仪》席位相同,这样一来,对《燕礼》卿大夫席位的解释就出现了两种。

五、注疏之后的观点

后世治《礼记》者,基本上沿用了孔疏之解;治《仪礼》者,则自直接沿袭注疏之意。二《礼》都有著述的,则据书取意。如李光坡《仪礼述注》、刘沅《仪礼恒解》取郑氏、贾疏之说,而李氏《礼记述注》、刘氏《礼记恒解》沿取孔疏。这些著述对小卿席在孔颖达《燕义》疏与郑玄《燕礼》注中并不统一的问题极少言及。除此之外,又有如下两种情况。

（一）赞同郑氏之意

郭嵩焘《礼记质疑》言:"(宾席)户西而大夫继宾以西,明宾之亦为大夫也。安得有小卿介乎其间?孔氏乃以(小卿)隔越宾席而云'次上卿',释之徒为迁曲而已。"①姚际恒指出孔疏是借用《大射仪》,"按《燕礼》无小卿宾西之文,乃《大射》耳故正之"②。褚寅亮《仪礼管见》在解说燕礼席位时,附带说明了《燕义》孔疏问题,即"孔颖达《燕义》疏谓小卿在宾西者,非"③。黄以周《礼书通故》指出了郑氏互见之法,即明《大射》与《燕礼》之异,其取郑氏意而以孔疏为误。④

（二）赞成孔氏之意

孙希旦《礼记集解》谓:"《燕礼》不言小卿之席,《大射仪》卿宾东,东上。小卿宾西,东上。则《燕礼》亦当然。"⑤盛世佐《仪礼集编》则直

---

① （清）郭嵩焘撰:《礼记质疑》,载《续修四库全书》第106册,上海古籍出版社2002年影印清光绪十六年思贤讲舍刻本,第589页。
② （清）杭世骏撰:《续礼记集说》,载《续修四库全书》第102册,上海古籍出版社2002年影印清光绪三十年浙江书局刻本,第759页。
③ （清）褚寅亮撰:《仪礼管见》,第407页。
④ （清）黄以周撰,王文锦点校:《礼书通故》,第1060页。
⑤ （清）孙希旦撰,沈啸寰、王星贤点校:《礼记集解》,中华书局1989年版,第1454页。

接以《燕礼》应同《大射仪》，而否定郑氏之论，即"宾东之席惟三卿，小卿亦在宾西。言大夫则兼之矣。疏云'小卿与大卿皆在宾东，此宾西无小卿位'非"①。

以上是前代学者对此问题的思考。目前有关《礼记正义》及《仪礼注疏》的整理本及相关著作，对该问题的关注亦不是十分明显。

六、郑注逻辑试解与其可能性

（一）郑氏对《礼记·燕义》小卿席位置的认识

1. "大夫次小卿"之"大夫"包括宾

《礼记·燕义》经文"小卿次上卿，大夫次小卿"的叙述有其独特风格，即《燕义》中未直接言宾席，若从东至西，其次序如下：

大夫←小卿←上卿

在《仪礼》经中，卿大夫席位都是以宾席进行定位表述的，即宾席为卿大夫席位得以确定的坐标系。见下：

> 献卿，司宫兼卷重席，设于宾左，东上。（《燕礼》）
> 辩献大夫，遂荐之，继宾以西，东上。（《燕礼》）
> 卿席宾东，东上；小卿宾西，东上，大夫继而东上。（《大射仪》）

对比可以发现，《礼记·燕义》的语言描述与《燕礼》《大射仪》明显不同。实质上，这也是《燕义》此句经文易生歧义的原因所在。所以确定宾席是否存在于《燕义》此句经文描述之中，恰是理解此句经文之关键。

反观孔疏之解，疏文应该是默认"小卿次上卿，大夫次小卿"句中

---

① （清）盛世佐撰：《仪礼集编》，第438页。

未有宾席的描述,其以小卿席宾西,大夫继小卿,是能合《燕义》"大夫次小卿",如此,解"小卿次上卿"时,则只能以"以俱南面,东上遥相次"调和。孔氏观点如下:

大夫 ← 小卿 ← 宾 ← 上卿

若依照郑玄的理解,则《燕义》"大夫次小卿"之"大夫"应该包括宾在内。换言之,宾乃这里"大夫"中的第一位。如此,《燕义》经文之意:小卿次于上卿,包含宾在内的大夫次小卿。

2.《礼记·燕义》言宾为"大夫"可能性

首先,宾本是大夫为之,且《仪礼·燕礼》有称宾为大夫的情况。

《大射仪》《燕礼》皆为君礼,君尊不为献主,使大夫执宾、主之礼,故宾本为大夫充任。而且在《燕礼》《大射仪》经文中,言"宾"为"大夫"是存在的,所以《燕义》言"大夫"以含"宾"的表述不足为怪。例下:

    《仪礼·燕礼》曰:"公有命彻幂,则卿大夫皆降,西阶下,北面,东上,再拜稽首。公命小臣辞。公答再拜,大夫皆辟。"
    郑注云:"不言宾,宾弥臣也。"
    《仪礼·大射仪》曰:"司射命射,唯欲。卿、大夫皆降,再拜稽首。公答拜。"

    郑注云:"不言宾,宾从群臣礼在上。"
此两处皆是活动进行至"论酒行乐作无次数"之时,盛礼已过,礼将见终,"宾"弥臣,故从其大夫之论。由此可见,在《燕礼》《大射仪》中,君尊,莫敢适,虽设宾、主以行礼,然终是臣,所以不言"宾",而使其从群臣之事是存在的。

其次,《燕义》整段主旨之要求。

> 席。小卿次上卿,大夫次小卿,士庶子以次就位于下。献君,君举旅行酬,而后献卿。卿举旅行酬,而后献大夫。大夫举旅行酬,而后献士。士举旅行酬,而后献庶子。俎豆、牲体、荐羞,皆有等差,所以明贵贱也。

《燕义》该段的核心主题在于"明贵贱",要体现的是尊卑贵贱之差。所以整段叙述思路都是如此,首先是席位上的贵贱,然后是仪式程序表现出来的贵贱,而且为达此效果,直接省略了主人献宾,宾酢主人,主人酬宾的一献之礼。由此,整段内容都没有突显宾的意图和必要。孙希旦言:"席有尊卑,献有先后,馔有隆杀,此皆所以明贵贱也。《吕氏·大临》曰'贵贵之义,不行乱之所由生也',《燕礼》于君臣贵贱之义,极其密察至于此者,所以防乱也。"[1]孙氏此言,即是对本段之文表达之贵贱严明的感叹。

最后,《燕义》整篇基调之要求。

按郑《目录》,《燕义》篇"以其记君臣燕饮之礼,上下相尊之义"。由郑氏总结即可看出"上下相尊"是《燕义》一篇的主题思想。《燕义》之主旨,确如《礼记·射义》所言,"故燕礼者,所以明君臣之义也"。分析如下:

> 诸侯燕礼之义,君立阼阶之东南,南乡,尔卿,大夫皆少进,定

---

[1] (清)孙希旦撰,沈啸寰、王星贤点校:《礼记集解》,第 1455 页。

位也。君席阼阶之上,居主位也。君独升立席上,西面特立,莫敢
适之义也。

　　设宾主,饮酒之礼也。使宰夫为献主,臣莫敢与君亢礼也。不
以公卿为宾,而以大夫为宾,为疑也,明嫌之义也。宾入中庭,君降
一等而揖之,礼之也。

　　君举旅于宾,及君所赐爵,皆降,再拜稽首,升成拜,明臣礼也。
君答拜之,礼无不答,明君上之礼也。臣下竭力尽能以立功于国,
君必报之以爵禄,故臣下皆务竭力尽能以立功,是以国安而君宁。
礼无不答,言上之不虚取于下也。上必明正道以道民,民道之而有
功,然后取其什一,故上用足而下不匮也。是以上下和亲而不相怨
也。和宁,礼之用也。此君臣上下之大义也。故曰:"燕礼者,所
以明君臣之义也。"

　　上述引文中,第一段即"诸侯燕礼之义"至"莫敢适之义也",是指
由燕礼之初,君独升立于阼阶之上,明君尊,臣"莫敢适之义"。第三段
即"君举旅于宾"至"明君臣之义也"是指由君臣相饮,而发君臣上下和
宁之大义。第四段,即《燕义》"席。小卿次上卿"至"所以明贵贱也"
是指发"明贵贱"之义。

　　四段之中,唯有第二段即从"设宾主"至"礼之也",专言宾、主问
题。我们可以把其分为四层:第一句言明宾、主存在的意义,即饮酒礼
仪式的需要。第二句言宰夫为献主之义在"臣莫敢与君亢礼"。第三
句大夫为宾"明嫌之义"。第四句公礼敬宾。四层之中,第二句与第三
句,明为言宾、主,实亦为发尊君之义。由此可见,礼宾在《燕义》一篇
中所占地位的轻重。而且第三段,叙君臣相饮之义,首以宾说,即"君
举旅于宾,及君所赐爵,皆降,再拜稽首,升成拜,明臣礼也",此特以宾
而言臣礼,亦是抑宾而尊君。

　　综上所述,《燕义》本意在于阐发上下大义,其表达形式也与此主

旨相应,即不凸显宾,以宾为臣,而独尊于君。具体在席位之表述上,便是"小卿次上卿,大夫次小卿",整体上描述出一个由东向西的席位贵贱态势,此用"大夫"含宾以言,甚至直接消解了宾席之尊。所以《燕义》经本身对小卿席之理解可能与郑玄同。从另一角度来说,郑氏最后注《仪礼》,在此之前注《礼记》,其在《仪礼·燕礼》未言《礼记·燕义》此处有他意,也可说明在郑氏看来,《燕义》与《燕礼》在卿大夫席位的问题上并不存在问题。

（二）《燕礼》与《大射仪》的差异

《礼记·乐记》曰:"乐者为同,礼者为异,同则相亲,异则相敬。"郑注云:"同谓协好恶也,异谓别贵贱也。"《燕礼》和《大射仪》多有差异,郑氏多有注明者。附表如下:

表1-2　《燕礼》和《大射仪》差异(一)

	《燕礼》	《大射仪》	差异及原因
主人献公	主人盥,洗象觚,升,实之,东北面献于公	主人盥,洗象觚,升,酌膳,东北面献于公	《大射注》云:"不言实之,变于燕。"
荐脯醢	宾使膳宰荐脯醢	宾使宰胥荐脯醢	《大射注》云:"不使膳宰荐,不主于饮酒,变于燕。"
俎	唯公与宾有俎	公卿皆有俎	《大射注》云:"卿有俎者,射礼尊。"
辞	小臣辞	小臣长辞	《大射仪》云:"小臣长辞变于燕。"
为卿举旅	公又行一爵,若宾若长,唯公所酬	公又行一爵,若宾若长,唯公所赐	《大射仪注》云:"于是言赐,射礼明尊卑。"
乐工	工四人	工六人	《燕礼注》云:"工四人者,燕礼轻,从大夫制也。"
	不分别工及相者贵贱	分工及相者贵贱	《大射仪注》云:"于是分别工及相者,射礼明贵贱。"

从经文来看,《大射仪》与《燕礼》的饮酒仪制确有差异。根据郑注

的意思：大射尊，燕礼轻；大射明尊卑贵贱，燕礼序欢心；大射主射，燕礼主饮共三层意思。贾公彦根据郑注之意，又指出《燕礼》与《大射仪》之十处不同，见下：

表1-3 《燕礼》和《大射仪》差异（二）

	《燕礼》	《大射仪》
戒	小臣戒与者	君有命戒射
设席	先设宾席，再设公席	先设公席，再设宾席
摈	射人为摈	大射正为摈
为宾举旅	皆言公答再拜	公答拜
告乐备	大乐正告备	小乐正告备
为大夫举	工歌之后，笙奏之前	笙歌之间至射
告正乐备	大乐正升堂告公	小乐正升堂告公
司射	至射时，大射正为司射	大射正为摈，又为司正，至射又亲其职
射	献士旅食后乃射	未为大夫举旅之前射
授弓	小臣授弓	大射正授弓

从以上所列《燕礼》《大射仪》的相异处，我们可以比较全面地认识到《燕礼》与《大射仪》虽皆为诸侯之礼，然而因为性质和内容之不同，则确实存在很大的差异。按这个思路，卿大夫席位不过是这一系列差异中的一个小方面而已，所以小卿席在《燕礼》与《大射仪》中的变化并不足为奇。

七、孔疏的逻辑及《礼记·燕义》篇相关问题

孔颖达《礼记·燕义》疏的理解似乎也有自身逻辑，这牵涉《燕义》篇是单独阐发《燕礼》之义，还是针对《燕礼》《大射仪》的燕饮礼而发。《礼记·燕义》篇次在《射义》之后，而《仪礼·燕礼》篇次在《大射仪》之前，郑玄《目录》云："《射义》者，以其记燕射、大射之礼，观德行取其士之义也。"那《燕义》是否也包含《大射仪》的燕饮礼呢？如果《燕义》也包含着《大射仪》，则"小卿次上卿，大夫次小卿"就是对《燕礼》《大射仪》卿大夫席位统一描述，如此，孔颖达认为二《礼》席位无异；但即如郑玄认为二《礼》有异，《燕义》该段经文也无大碍，无非是从高到低的大约次序。此外还有一个问题需要关注，《燕义》经文侧重强调上下之义，而郑玄诠释《燕礼》则反复渲染燕欢之义，郑玄很有可能就《仪礼》体系而言，切实依据《燕礼》《大射仪》诸多不同，来阐释其席位应有差别。

《仪礼·燕礼》，郑玄《目录》云："诸侯无事，若卿大夫有勤劳之功，与群臣燕饮以乐之。"贾公彦疏云："案上下经注，燕有四等。《目录》云诸侯无事而燕，一也；卿大夫有王事之劳，二也；卿大夫又有聘而来，还与之燕，三也；四方聘客与之燕，四也。"由其他史籍记载来看，燕饮的名目比较丰富，或天子燕诸侯，或诸侯相燕等。《周礼》则记有天子燕礼的规格，膳夫为献主，太仆左右相助王等。《诗经》中的宴饮诗，有天子诸侯燕饮之事，这些诗歌也普遍反映出燕欢之义，如《诗经·小雅·鹿鸣》小序云："燕群臣嘉宾也。既饮食之，又实币帛筐篚，以将其厚意，然后忠臣嘉宾得尽其心矣"。《诗集传》云："盖君臣之分，以严为主；朝廷之礼，以敬为主。然一于严敬，则情或不通，而无以尽其忠告之益，故先王因其饮食聚会，而制为燕飨之礼，以通上下之情；而其乐歌，又以《鹿鸣》起兴。"《诗经·小雅·湛露》小序云："天子燕诸侯也。"郑笺："燕，谓与之燕饮酒也。诸侯朝觐会同，天子与之燕，所以示慈惠。"《诗经·鲁颂·有駜》"鼓咽咽，醉言舞，于胥乐兮"，郑笺："君以礼乐与之饮酒，以鼓节之，咽咽然至于无算爵，则又舞燕乐以尽其欢。君臣于是则皆喜乐也。"祭祀燕饮，《诗经·大雅·既醉》是祭后燕饮，"醉酒饱德，人有士君子之行焉"。《诗经·大雅·凫鹥》："公尸燕饮，福禄来成。"笺云："祭祀既毕，明日又设礼而与尸燕。"

《国语》《左传》里亦有不少燕饮记载。如《国语·周语上》周襄王遣太宰赐晋文公命，"既毕，宾、飨、赠、饯如公命侯伯之礼，而加之以宴好"。《国语·周语下》曰："宴好享赐，不踰其上，让也。"韦昭注云："宴好，所以通情结好也。享赐，所以酬宾赐下也。"燕同宴，宾、飨、赠、饯各有所指，飨、食、燕相比，燕应最轻，且主欢，此清人已有讨论，然曹元弼《燕礼考》以燕无币，恐非是。①《左传·僖公二十九年》曰："冬，介葛卢来，以未见公故，复来朝。礼之，加燕好。"杜预注云："燕，燕礼也。好，好货也。"《左传·襄公三十一年》曰："晋侯见郑伯，有加礼，厚其宴好而归之。"《史记·齐悼惠王世家》曰："孝惠帝二年，齐王入朝。惠帝与齐王燕饮，亢礼如家人。"从以上材料来看，燕礼的基调偏向欢饮与亲昵。

《礼记·射义》曰："古者诸侯之射也，必先行燕礼。卿、大夫、士之射也，必先行乡饮酒之礼。故燕礼者，所以明君臣之义也。"《大戴·朝事》曰："飨、食、燕，所以明宾主君臣之义也。"②《大戴礼记·投壶》曰：

> 曾孙侯氏，今日泰射。干一张，侯参之。曰："今日泰射，四正具举，大夫君子，凡以庶士，小大莫处，御于君所，以燕以射，则燕则誉。质参既设，执旌既载，大侯既亢，中获既置。"③

虽然射礼之前先行燕礼，但郑玄对于《燕礼》的饮礼放置在大燕饮礼的范畴中，而《大射仪》的饮礼放置在大射范畴下的燕饮礼，《大射仪》中的燕饮基调倾向于大射的明辨尊卑。而《燕义》是否有这样的理解，则仍有待思考。至于孔颖达、贾公彦，二者都认同郑玄关于饮礼有不同等级与性质的观点，比如他们一致认为《燕礼》《曲礼》所记相关仪节是大燕饮礼法，《玉藻》《士相见》则是侍坐得赐饮礼法，前者为正式

---

① （清）曹元弼著，周洪校点：《礼经学》，北京大学出版社 2012 年版，第 307 页。
② 方向东译注：《大戴礼记》，江苏人民出版社 2019 年版，第 398 页。
③ 方向东译注：《大戴礼记》，第 412 页。

的大礼,规格高;后者相对规格低,更亲昵。但对于《燕礼》《大射仪》燕饮的区别,孔颖达疏的认识与《仪礼》注疏产生了不同。由此而言,孔颖达似在调和经文,而郑玄说义未必然全依《礼记》。

第四节　《仪礼·乡射礼》司马就位考

按《仪礼·乡射礼》举行射礼前先行饮酒礼。此番饮酒,待献成乐作后,留宾而燕,此时为有懈惰失礼,立司正监察仪法。司正,主人之吏,其正位在阶间中庭觯南处。《乡射礼》更有射事,射前不旅酬,待射后乃行。将行射礼,又需立司马主其事,且由司正兼之。郑玄解释,司正既为饮酒而设,将为射则无事,使兼任是不烦余官由便之意。司马的正位在司射之南,司射位在所设中之西南处,又中在南当楅、西当序的位置。如上所述,司正兼为司马,二者之正位不同,如此产生了一个问题,司马何时就其正位。经文与郑玄注文对此皆未给出直接阐述,历来对此问题一直存在争议。司马就位问题,其实质上属于对经注文文本的理解问题。此类问题在清代《仪礼》学的研究中具有一定的代表性。

一、问题由来

依照《仪礼·乡射礼》经文的叙述顺序,司正转为司马,其转化过程中的重要节点约有三节,分别如下:

> 司正实觯,降自西阶,中庭北面坐奠觯……兴,少退,北面立于觯南。①

---

① （汉）郑玄注,（唐）贾公彦疏:《仪礼注疏》,第996页。

　　饮酒为燕而设司正，其位在阶间中庭觯南处。因此将射，不举旅酬，故司正奠觯后，开始三番射事。如是，下经依次记述了司射选三耦、请射于宾、纳射器、比三耦四事。此后，经文首次言及司马。

　　　　司正为司马。司马命张侯，弟子说束，遂系左下纲。司马又命获者倚旌于侯中。①

　　上接司射所为选三耦等四事，经文在此又言司正，交代其兼为司马，并言司马命张侯倚旌。按《记》可知，司马命张侯、倚旌，在"阶前"，且与司射请射于宾为同时进行。如是，经文在这里实现了司正与司马的转换，且记司马开始为事。但仅就《记》中之"阶前"，并不能确定司正为司马后是否存在违位的情况，及其命张侯倚旌时的具体所处。

　　再后，经言乐工迁位及司射诱射。司射诱射完毕，开始三耦初射，经文此时首次明言司马之位所处。

　　　　司马命获者执旌以负侯……司马适堂西，不决、遂、袒，执弓。出于司射之南，升自西阶，钩楹，由上射之后，西南面立于物间……司马出于下射之南，还其后，降自西阶，反由司射之南，适堂西，释弓，袭，反位，立于司射之南。②

　　这是记第一番射，司马命执旌负侯，及升堂命去侯事。按《记》，司马命负侯"由其位"，但为何位，其亦未言。命去侯事毕，司马下堂，经文言"反位，立于司射之南"。由此，则经文首次明言司马正位，为"司射之南"。

　　由上可见，从司正立其阶间中庭觯南正位开始，到最后其为司马下

------

① （汉）郑玄注，（唐）贾公彦疏：《仪礼注疏》，第 997 页。
② （汉）郑玄注，（唐）贾公彦疏：《仪礼注疏》，第 1000 页。

堂反位即司射之南时，其间虽已经实现了司正、司马的身份及职事转化，但经文就何时就位则未直接给出。只是《记》中出现了"阶前"与"由其位"两次模糊的说法。郑玄注解经文时，对此问题亦未涉及。后世治礼者的观点主要分为三种：一是"司正为司马"时，司马即就位。二是命张侯以后。三是初射时，司马反位是始就位。具体如下。

第一，"司正为司马"即就位。清盛世佐、韦协梦持此论。此二人皆以司正为司马，即在司射位处之南。他们认为经不直言是司马之位据司射位取节，而司射此时并未即位，故待初射反位方言之。

第二，命张侯以后。清吴廷华持此论。吴氏以为《记》既然言明司马命负侯是"由其位"，则此时司马当已在其司射之南之位。然司马为司正时始在阶间中庭鞴南位，故司马在其命张侯以后则必有易位之事。

第三，初射时，司马反位始就位。元敖继公、清焦以恕、清褚寅亮持此论。敖氏以中庭为阼阶前南北之中，司马诱射之后，方易位司射之南。敖氏以中庭为阼阶前南北之中的看法极为错误，已被清代学者予以否定，此不赘言。焦氏、褚氏观点一致，即司马命张侯、依旌时在西阶前，西面。负侯时在阶间中庭。初射，始即司射之南。

二、"司正为司马"即就位

笔者认为司马就位司射之南，当在"司正为司马"时，它说为非。以下从经文与注文两个层面进行论证：

（一）经文情况

关于此问题，经文自身有三点可以为证。

第一，"反位"之意即复位就先前之位。《仪礼》中用以描述返回原来位置的表述，存在"反位"与"复位"两种。"复"，往来也（《说文》）。经文中凡言"复位"，即是就先前之位的意思。"反"，《说文》言"覆也"，段玉裁云"覆与复义相同"。如此，"反位"即"复位"意。郑玄注也有训"反"为"复"的情况。按《士丧礼》，"升自前东荣，中屋，北面招以衣,曰:'皋某复!'"郑玄注云:"复,反也。"由是,"反位"即"复位",经文言"反位,立于司射之南",即复位于司射之南。既是复原位,则司马初射前必已立司射之南。敖继公言"反位"是"复其故道",此说实乃穿凿,不足为据。

此外,通过同类情况的考察也可补充说明此结论。我们知道射有三番,上为第一番三耦射,此外第二番射及第三番射亦有司马升堂命去侯事,经文如下:

> 司马命去侯,获者许诺。司马降,释弓,反位。①
> 司马升,命去侯,获者许诺。司马降,释弓,反位。②

此时司马早已即位司射之南,这两处之"反位",表示反其正位是没有争议的。那么与此相同的第一番射"反位"则也应是如此,这是没有疑问的。所以,从第二番射与第三番射的情况也可以反向推之。

第二,司马反为司正时,即就司正之位。三番射事既毕,将行旅酬之事。此时司马无再存设的必要,而司正一职需重新完备,以行监礼。所以司马此时重为司正,经曰:"司马反为司正,退复觯南而立。"根据此经文,司马反为司正,即复司正之位,可知前司正为司马时,亦应即就司马之位。礼,贱者先就事,近其所为之事。既然礼仪项目发生了改变,其相关人等自然要转变角色,重其更端,以待新仪节的开始。同理,司正已为司射,则须就司射之事,没有仍处其司正之位的必要性。

第三,由礼仪仪节的对应性推知。经言司正为司马,及司马命张侯、倚旌之后,是乐工迁乐于堂下事,再是司射诱射即射事始。与之相

---

① (汉)郑玄注,(唐)贾公彦疏:《仪礼注疏》,第1002页。
② (汉)郑玄注,(唐)贾公彦疏:《仪礼注疏》,第1004页。

对应的是当第三番用乐射完毕后,射讫行旅酬前,经文曰:

> 司马命弟子说侯之左下纲而释之,命获者以旌退,命弟子退楅。司射命释获者退中与筭而俟。司马反为司正,退复觯南而立。乐正命弟子赞工即位。弟子相工,如其降也,升自西阶,反坐。①

由此则知司马命说侯、退旌、退楅后,反为司正,且退复司正觯南之位,而乐工等亦升堂即位。从此可以看出,司正复位在乐工迁位之前。这和前面将为射,司马命张侯、倚旌后,乐工迁乐于堂是对应的。所以,则司正为司马当即司马位,这样其即位亦在乐工迁位之前。

(二)郑注情况

郑玄《乡射礼》注文在司马何时就位问题上并未给出解释,但这并不代表郑氏在此问题上没有发表态度,郑玄的观点即司正为司马时即位。

其一,一般而言,郑氏不言即是其无可疑。郑氏在司马命去侯反位时,对经文中"反位"未有出注,即可以理解为其无可疑。在《仪礼》十七篇中,郑玄关于经文"反位"多有解释,此便是郑氏因经文不明恐人有疑而注。总计十条,因《大射仪》司马命去侯反位条,其经文与《乡射礼》并无多大差异,且其反映出郑氏为注另一特点,所以暂不讨论。见表1-4。

表1-4　郑玄《仪礼注》关于经文"反位"的注释

篇目	经文	注文
《乡射礼》	主人坐奠爵于篚,兴,对。宾反位。	反从降之位也。②
	宾坐奠爵于篚,兴,对。主人反位。	从降之位也。③

---

① (汉)郑玄注,(唐)贾公彦疏:《仪礼注疏》,第1005页。
② (汉)郑玄注,(唐)贾公彦疏:《仪礼注疏》,第994页。
③ (汉)郑玄注,(唐)贾公彦疏:《仪礼注疏》,第994页。

续表

篇目	经文	注文
《燕礼》	宾升成拜,公答再拜。宾反位。	反席也。①
《大射仪》	媵爵者皆退,反位。	反门右北面位。②
	宾升成拜,公答拜。宾反位。	反席也。③
《士丧礼》	主人袭,反位。	位在尸东。④
	既井椁,主人西面拜工,左还椁,反位。	拜位也。⑤
《既夕礼》	宰由主人之北,东面举之,反位。	反主人之后位。⑥
《有司彻》	主妇兴,反位。	反主人之北拜送爵位。⑦

此九条出注的情况都是有疑而释之。或所反之位非是正位。如《乡射礼》两条。其为主人献宾和宾酢主人。主人席在阼阶,宾席当户牖之间,若为辞洗而降,主人位在洗之东北,宾位在洗之西南。此处是堂下辞洗事,经言"反位",郑注"反从降位",是言反其堂下之位而非堂上之位。或是出现"反位"一语时,据前介绍之原位较远,此间辗转嫌有误读。或者还需要一定的推测。以《大射仪》第一条为例,媵爵者,下大夫二人为之,其初之位在门右北面。公揖之,其少进。其为媵爵时,位主要有洗南和阼阶下两处,此礼完备,则需注明就在何位。而《乡射礼》此处,经文直言"反位,立于司射之南",已甚明,故郑氏不言之。

其二,参补的注经方式。与《乡射礼》关联的《大射仪》,其司马正命去侯反位事的情况与《乡射礼》基本相同。《大射仪》曰:

---

① (汉)郑玄注,(唐)贾公彦疏:《仪礼注疏》,第 1023 页。
② (汉)郑玄注,(唐)贾公彦疏:《仪礼注疏》,第 1032 页。
③ (汉)郑玄注,(唐)贾公彦疏:《仪礼注疏》,第 1043 页。
④ (汉)郑玄注,(唐)贾公彦疏:《仪礼注疏》,第 1134 页。
⑤ (汉)郑玄注,(唐)贾公彦疏:《仪礼注疏》,第 1143 页。
⑥ (汉)郑玄注,(唐)贾公彦疏:《仪礼注疏》,第 1153 页。
⑦ (汉)郑玄注,(唐)贾公彦疏:《仪礼注疏》,第 1216 页。

司马正出于下射之南，还其后，降自西阶，遂适次，释弓，说决、拾，袭，反位。

郑玄注云：

《乡射礼》曰：司马"反位，立于司射之南"。①

郑玄此注援引《乡射礼》经文补《大射仪》此处经文不具的情况。在说明大射无异的同时，也是反向说明了其以《乡射礼》此处为复位事。所以，这同样说明郑氏不以此去侯反位为始即位时。

前代学者会得出司马就位当在初射之时的结论，如仅就此问题本身而言，或许是受到《记》言司马阶前命张侯、依旌一事的影响。其以为经既言"阶前"，自不是司射之南；且命负侯时，经又言"由其位"，所以司马需至初射方即正位。其实，这个认识是不正确的。经文在此言阶前，即西阶前，南北当司射之南，那为何不直接言司射之南呢？这是因为司射此时并未即位，其恰在堂上请射于宾，所以不能即刻言立司射之南，而权且言阶前及"由其位"而已。

三、《仪礼》经文叙事不相夺伦简说

既然司正为司马时即就其位，为何在经文此节中没有体现呢？这与《仪礼》经文的行文体例有关。曹元弼的《礼经学》明确提出《仪礼》经文比辞之例，即"《礼经》一字一句，亦皆名义所关"②。曹氏言："凡经文仪节并行者，叙事不相夺伦"，具体所举为"射礼司马、司正，事多并行，经叙一事毕，乃更及一事，不使相错"③。这一点在上文的叙述中

① （汉）郑玄注，（唐）贾公彦疏：《仪礼注疏》，1035 页。
② （清）曹元弼著，周洪校点：《礼经学》，第 30 页。
③ （清）曹元弼著，周洪校点：《礼经学》，第 32 页。

已然可见。《仪礼》的行文叙述有着自己的特点，即经文必须照顾行事连贯及前后次序，要根据事情主体脉络走向进行表述。这也就造成了行文与具体情况并不完全重合的产生。

以此司正为司马就位来看，在司正奠觯而立之时，因将行射而不旅，经文必须转而切入为射之事，所以下经接言司射选三耦、请射于宾、纳射器、比三耦。此四事是以司射为述的射事准备，而司正为司马接言其后，但实质上司马命张侯、倚旌则与司射请射于宾同时进行。经文为了保证叙述的内在条理，不得不叙事不相夺伦。同样的道理，这里司正为司马时的就位，并不是射事准备阶段的主要问题，而且其位还需要以司射为参照表述，所以经文不会在其奠觯而立时，插入其位置的移动和变化。也更不会在司射准备射事之中，其亦准备射事之中，突兀地介绍其位置的改变。所以司马就位一事就只能延搁在后来的经文中予以体现。这也就是经文为何未及时言之的原因所在。

这种情况不仅出现在《乡射礼》，其他篇章中也有存在，只不过不是关隘，所以没有对经文的理解造成困惑，而在某些特定情况下，它便成为问题之所在。

司马就位一事，并非是一个复杂的问题。然它作为此类问题的代表，却十分值得思考。自汉代以降，《仪礼》学在有清一代达到了前所未有的高度。《仪礼》由苦其难读，经清人之努力，而不复其难。但是否工作都由清人做尽了呢？事实绝非如此。清代《仪礼》学在取得巨大成就的同时，也还存在着一定的不足和遗憾。诸家之说，各执己意，众说纷纭，如堂上聚讼，陈而未决。这些问题中有些确实难以解决，但也有很多还是可以去尝试。这些疑问如果继续陈因，而不能够较为客观地予以梳理，或许它的存在对于经注的理解并不是有益的帮助。

此外，如果从总体上把握清人类似的纷争，还可以发现内在深层次的原因。这里面有不同分期、不同流派、不同治学理念的原因。更为重要的是，这对深刻地认识清代三《礼》学有较大的价值。目前对于清代

《仪礼》学的研究,在一些认识上过于笼统,也过于简单,总体上还是不足的。究其原因,一个很重要的方面就是在元典本身与清人礼学著述的研读上用力欠缺。重视本经内证一直是清人治经的方法。只不过这并不意味该原则总能得到好的贯彻。所以,重新提出注意这个问题仍有必要。整体而观,有两个方面,其一,对待《仪礼》经文要从整体上把握礼仪程序。其二,也要从整体上把握郑注。所以,全面认识和掌握经注的特性,对理解三《礼》文献和郑学都有极为重要的意义。

第二章　经义探求

第一节　"礼不必"笺解

礼节仪式之设,必有其义。《礼记·郊特牲》申明"礼之所尊,尊其义也。失其义,陈其数,祝史之事也。故其数可陈也,其义难知也"。黄侃以为,"自《传》《记》之后,师儒能言礼意者多矣,要以郑君为最精"[①]。郑玄注《仪礼》不仅训诂名物、考究制度,且尤能阐发大义。郑玄为《仪礼》作注时,特别注重阐发礼节仪式如此范式的情理依据。"礼不必"即是其中一例。礼的精神在于敬,在于自卑而尊人。而要做到这一点,在揖让周旋的礼仪活动中,明知客方会有尊重主人的言行表示,却不期待客方必定如此,而是坚持礼让客方,让客方优先、主动,自己根据客方的举止或示意做出即时应答。郑玄将这种做法称之为"礼不必"。

"礼不必"在郑玄《仪礼注》中虽具体表述不尽相同,但意义并无差别,所以统称为"礼不必"。贾疏认为,郑玄"礼不必"的理论来源在《论语》"子绝四"之"毋必"[②]。据唐写本《〈论语〉郑氏注》,郑氏注"必",

---

① 黄侃著,黄延祖重辑:《黄侃国学文集》,中华书局 2006 年版,第 361 页。
② 《论语·子罕》记"子绝四:毋意,毋必,毋固,毋我"。贾公彦三次指出郑玄"礼不必"来源于《论语》,分别见于《士昏礼》疏、《乡射礼》疏、《既夕礼》疏。

"谓成言未然之事"①。《礼记·儒行》曰"往者不悔,来者不豫",郑注云"其所未见,亦不豫备,平行自若也",《大戴礼记》曰"来者不豫",此两处"不豫",都是不提前猜度之义,也就是"毋必",故孔颖达《礼记·儒行》疏文解"预备"为"防备"欠安。"毋必"是指不拘泥于某种期待其必成而未成的事情。郑玄"礼不必"注文,大致可以划分为谒问之礼、为人示范之礼、尊君之礼三个类型,本书予以分析讨论,借此揭示郑玄"礼不必"原则所蕴含的礼义精神。

一、谒问之礼中的"礼不必"

《仪礼》记载的谒问之礼,无论施行于平等关系还是上下关系,无不贯彻着"礼不必"的原则,郑玄对此揭示得清清楚楚。主要有三种情况:

(一)主人明知客人必为某事而来,依然执礼叩问

如果客人不请自来,至大门外,主方会询问客人为何事而来,此是确不知客人来意。若客人来访目的,主方事先已经知晓,是否还有明知故问的必要呢? 郑玄在《士昏礼》《聘礼》的注中给出了相应答案。

> 《仪礼·士昏礼》曰:"使者玄端至。摈者出请事,入告。"郑玄注云:"'请',犹问也。礼不必事,虽知,犹问之,重慎也。"②
> 《仪礼·聘礼》曰:"宾至于近郊,张旜。君使下大夫请行,反。君使卿朝服,用束帛劳。"郑玄注云:"'请行',问所之也。虽知之,谦不必也。"③

昏礼的纳采礼,男方先请媒氏与女家沟通,女家许诺后,携带礼物来女家提亲;女家摈者出来迎接,问使者为何而来,然后进去向主人禀

---

① 王素编著:《唐写本论语郑氏注及其研究》,文物出版社1991年版,第104页。
② (汉)郑玄注,(唐)贾公彦疏:《仪礼注疏》,第961页。
③ (汉)郑玄注,(唐)贾公彦疏:《仪礼注疏》,第1049页。

报。郑玄对摈者"请事"之仪的解释是,女家接待使者,按照礼的精神,不期待使者一定会主动说起提亲之事,而是首先询问使者来意,以示慎重之意。

《聘礼》此条是记诸侯聘问中的郊劳之礼,大致过程是,使者至所聘国国境先向守关者通告来意,等主国派人前来问明情况后,得以入境;来到国都近郊,国君遣下大夫迎接,询问使者此行去往何处,然后下大夫返回向君汇报。郑玄对下大夫"请行"之仪的解释是,主国犒劳来聘使者,不期待使者一定会与自己行聘,而先请问宾客来意,以示谦己敬人之意。

以上是宾始来"请事"的情况。在此前提下,已经明确别人意图后,仍然出现"请事"的情况,郑注则不再用"不必"解。《聘礼》宾庙外即位将行朝聘时,"宾入于次。乃陈币。卿为上摈,大夫为承摈,士为绍摈。摈者出请事",郑注云:"既知其所为来之事,复请之者,宾来当与主君为礼,为其谦不敢斥尊者,启发以进之"。又"及庙门,公揖入,立于中庭。宾立接西塾。几筵既设,摈者出,请命"。郑注云:"至此言'命',事弥至,言弥信也。"

如此,宾客不请自来,主人即使已经知晓客人必为某事而来,也不期待宾客一定会如自己所预期,而是依然执礼叩问宾客来意,以示谦虚谨慎的态度。

(二)主人虽知宾客接下来必行某事,依然执礼请问

如果客人不请自来,此行兼有多重目的,当一事行礼完毕,对于其将行事宜,主人是以己意定夺,还是虽知犹请问于宾呢?郑玄注文也给出了回答。

　　《仪礼·士昏礼》曰:"宾降,出,主人降。授老雁。摈者出请。宾执雁,请问名,主人许。"郑注云:"不必宾之事有无。"①

---

① （汉）郑玄注,（唐）贾公彦疏:《仪礼注疏》,第962页。

《仪礼·聘礼》曰："宾出。公侧授宰玉。裼，降立。摈者出请。宾裼，奉束帛加璧享。摈者入告，出许。"郑注云："不必宾事之有无。"①

《士昏礼》此条是记婚礼的第二个环节——问名礼，大致过程是，男方使者行纳采礼以后降阶出门，女家摈者出来询问使者还有何事，使者回答还要问女方名字，摈者再进门向女家主人禀告。郑玄对摈者"出请"之仪的解释是，女家接待使者，虽知提亲之后将行问名礼，也不期待媒氏一定会主动提起行问名之事，而是先请问对方是否仍有别事。贾疏云："此主人不知宾有事，使摈出请者，亦是不必宾之事有无也。"贾疏言"不知"而请，不符郑意。

《聘礼》此条是记聘问大礼中的第二个环节——享礼，大致过程是，使者执圭升堂行聘事完毕，降阶走出庙门；主国摈者出来问使者还有何事，宾请求行享礼，摈者再进去向国君报告。郑玄对摈者"出请"之仪的解释是，主国接待来聘使者，虽知使者聘事以后将进献礼物，也不期待使者一定必行享礼，而是先请问宾客是否还有他事，以示谦逊之意。

如此，宾客不请自来，每一事完备，对于后续活动的开展，即使主方晓明其内容走向，也应先有请事的礼节，而不宜不问所以，径直按自己的预想，来期待宾客必行下节的礼事。

（三）主人虽知宾客已经行礼完毕，依然执礼请示

宾客不请自来，行事完毕，走出大门以后，主人是否能够因为自己心里明白事情已经完结就直接送走宾客呢？郑玄借助《既夕礼》经文的发凡给出了解答。

---

① 　（汉）郑玄注，（唐）贾公彦疏：《仪礼注疏》，第1056页。

《仪礼·既夕礼》曰:"凡将礼,必请而后拜送。"郑注云:"虽知事毕,犹请,君子不必人意。"①

《既夕礼》此条是记丧礼死者下葬前先迁柩于祖庙,其间,凡宾客前来赠送助葬、随葬财物等,宾礼毕出门以后,摈者先出来询问宾还有什么事情,当得到宾确已无事的回答后,主人方拜送宾客。郑玄对"必请而后拜送"的解释是,主人与宾执礼,虽知客人已行事完备,也不主观认定宾一定再无他事,而仍先向宾请示是否还有别事。按《聘礼》,私觌之礼备后,"摈者出请,宾告事毕","摈者入告,公出送宾";又宾问主国卿之礼备,"摈者出请事。宾出,大夫送于外门外,再拜"。此皆是请而后拜送的例子。

《礼记·杂记》记载诸侯相吊、含、赠、赗之礼,来吊使者门外西边就位,相者请事入告,吊者得到相者回禀后进去,升堂致命,礼毕,降堂,反位。郑玄注云:"降反位者,出反门外位。"接续是含者致辞,请行含礼,相者入告出许,含礼毕,含者返门外位,而后是襚者请行赠礼,仪节相同。再接续是来吊使者的上介请行赗礼,礼毕,经曰"赗者出,反位于门外",注云:"乃著言门外,明礼毕将更有事。"以上吊、含、赠、赗完毕,来吊使者请行临哭之礼,使者临哭礼毕,经曰"客出,送于门外,拜稽颡",注云:"不迎而送,丧无接宾之礼。"

《既夕礼》属经文发凡的情况,这就说明凡不请自来的宾客礼毕退去时,主方皆请而后拜送。只有一种情况下例外,即宾客虽是不请自来,但在事毕出门以后,主人又挽留为其举行慰劳活动,此番礼毕宾出,主方则无请事的仪节。如《士昏礼》使者问名后出门,摈者出请,宾告事毕,因主人又醴宾,故不拜送。且醴宾完毕,不见出请拜送之文。《仪礼》中涉及傧礼或劳使者之事,皆不见有请问拜送之仪。因为从慰

---

① (汉)郑玄注,(唐)贾公彦疏:《仪礼注疏》,第1153页。

劳活动开始,就转变成主人邀请客人为礼,邀请对方参与活动,自然再无请问宾是否行事完毕的道理。

在上文五条"礼不必"中,郑玄勾勒出"礼不必"在谒问之礼中的大体脉络,共有初来之始、行礼更端、礼事完毕等三个节点。郑玄对看似平易的仪节,进行了礼义揭示和理论提升。这些礼学理论平易而合于生活情理,把握其核心思想,有助于灵活地处理宾客迎送等相关问题。

以上是主人不期待宾客,此外还有宾不期待主人必然如何。

> 《仪礼·公食大夫礼》曰:"宾入门左,没霤,北面再拜稽首。公辞。揖让如初,升。宾再拜稽首,公答再拜。"
>
> 郑玄注云:"便退,则食礼未卒。不退则嫌,更入行拜,若欲从此退。"①

这是记宾受侑币再次入庙卒食的礼仪。主国君为小聘使者举行食礼,宾食正馔三饭后,有礼成告退之意;公意殷勤,用侑币劝宾继续食用,宾受币出庙门授给随行的介。宾从庙门的左侧门再次进入,走过门槛,面朝北向公行再拜稽首礼。公推辞。宾和君像刚入庙时那样行揖让之礼,然后升堂。宾在西阶上行再拜稽首礼答谢主国君的厚意。公回礼。

郑玄对宾"再拜稽首"之仪的解释是:食礼有常法,宾受侑币后当入,以完成食礼,不可直接退去。但若不退,则有贪食的嫌疑,故宾行再拜稽首礼,示将辞退之意,即再次进入行拜是想就此告退。公见如此,必有辞命留宾继续卒食成礼。简言之,宾虽然知道受侑币后须入庙卒食,但也不必然行事,而是行礼请退,以待主国指示再完成礼仪。

在这里,郑玄很好地探解了宾意,解释出宾客不期待主人的意思。

---

① (汉)郑玄注,(唐)贾公彦疏:《仪礼注疏》,第1083页。

《仪礼·聘礼》曰:"既将公事,宾请归。"

郑玄注云:"谓已问大夫,事毕请归,不敢自专,谦也。主国留之,飨食燕献无日数,尽殷勤也。"①

这是记使者来主国行聘请归的礼仪。使者向主国君和夫人行聘享礼后,请求慰问主国卿大夫,以及曾经出使过彼国的下大夫。使者的这些公事完成以后,便向主国君请求离去。郑玄对"宾请归"之仪的解释是:公事既完毕,使者不敢独断自用,向主国君请求归去,主国将会挽留使者一行,为其举行飨食燕献的主题活动,以尽殷勤款待礼敬的心意。

简言之,聘问之礼自有常法,使者携礼来聘,主国定然款待慰劳宾客。然使者行公事完毕,不必然主国如何接待,而是执谦请辞,根据主国的示意行事。

二、为人示范中的"礼不必"

《仪礼》中的《乡射礼》和《大射仪》两篇记载了为人示范之礼,在示范礼仪中同样贯穿着"礼不必"的原则,郑玄对此给予了精准的揭示。因《乡射礼》《大射仪》此间仪节相同,下面只以《乡射礼》为例具体阐述。

《仪礼·乡射礼》曰:"司射作射如初,一耦揖升如初。司马命去侯,获者许诺。司马降,释弓反位。司射犹挟一个,去扑,与司马交于阶前,升,请释获于宾。"郑注云:"'犹',有故之辞。司射既诱射,恒执弓挟矢以掌射事,备尚未知,当教之也。今三耦卒射,众足以知之矣。犹挟之者,君子不必也。"②

① （汉）郑玄注,（唐）贾公彦疏:《仪礼注疏》,第1075页。
② （汉）郑玄注,（唐）贾公彦疏:《仪礼注疏》,第1002页。

　　《仪礼·大射仪》曰:"司射作射如初。一耦揖升如初。司马命去侯,负侯许诺如初。司马降,释弓,反位。司射犹挟一个,去扑,与司马交于阶前,适阼阶下,北面请释获于公。"郑玄注云:"'犹',守故之辞,于此言之者,司射既诱射,恒执弓挟矢以掌射事,备尚未知,当教之也。今三耦卒射,众足以知之矣。犹挟之者,君子不必也。"①

　　《乡射礼》此条是记第二番射箭活动中司射"请释获"的仪节。第一番射箭活动是三耦的练习环节,由司射负责教三耦射仪,在三耦射之前,司射先在堂上作射仪示范,待司射按照射仪标准全部射完四支箭后,三耦开始习射。在整个习射环节中,司射无论是上堂向宾请求开始射箭活动,还是在诱射完毕以后,都要一直执弓挟矢。因为这是教授演示的环节,司射作为教习者须恒执弓矢来掌控整个射事,以保证教学环节的顺利进行。

　　第二番射是正式比赛,一耦堂上就位后,司射升堂向宾请求从此次射开始计算成绩。经文曰"司射犹挟一个",即司射在这个过程中依然要挟着一支矢。郑玄指出"犹"乃"有故之辞""守故之辞","有故""守故"都是保持原状之意。《穀梁传》"犹者,可以已之辞也"。郑玄对司射"犹挟一个"之仪的解释是,经过此前的习射环节,众人已经知晓射仪,相应礼仪中也不再安排司射射箭,但司射为人示范,按照礼的精神,不期待别人一定都已掌握射仪,而是依旧保持着预为示范的状态,以备他人需要时可以随时询问。

　　如此,"礼不必"在为人示范之礼中,其意是当担任教习他人的职事时,即使知道被教习者或许已经学会,也应依旧保持着预为教授的姿态,随时准备为不知者示范,而不是主观认定所有人都必然知晓,便不再想着为大家提供帮助。

———————————

① 　(汉)郑玄注,(唐)贾公彦疏:《仪礼注疏》,第1036页。

为人示范中的"礼不必"虽仅有两条,但却具有重要的礼学理论意义。在周代的礼仪活动中,司礼人员主要负责两方面事务:第一安排指导礼仪活动,第二则是为人做示范。关于安排指导礼事活动,《礼记·礼器》篇中记载了子路为季氏宰,季氏的祭祀烦琐冗长,人员疲惫倦怠,导致了对神灵的不敬,子路以"室事交乎户,堂事交乎阶"掌事,祭祀便得以顺利完成,这就是儒家的相礼活动。关于为人示范问题,《乡射礼》《大射仪》中司射诱教的礼节即是其例。相礼者在示范活动中,应该持有怎样的精神和原则是一个颇具价值的问题。在当时这些精神和原则应该具有稳定的共识性。然而,相礼者为人示范的礼学理论,并不多见于周代相关典籍之中。所以,《乡射礼》与《大射仪》中司射"不必人意"的行为,可为我们提供一些相关的合理思索和联想。虽然古礼的具体仪节已不能全面洞察,但其核心精神却可以传承和领会。

三、尊君中的"礼不必"

《仪礼》中《燕礼》与《大射仪》所记的燕饮和射箭活动都属于诸侯的仪制。由于国君地位的至为尊贵,所以无论是礼仪本身,还是经文的表述,都对尊君这一主旨有着特殊的凸显。

(一)臣虽知君必饮旅酬劝饮之酒,依然以君可不行示意

臣下侍奉国君为礼,能否因为君按礼当行某事,即认为事属应然,而情势在自己一方,就做出期待国君定要行此事的示意呢?郑玄借助《燕礼》《大射仪》中的相关仪节给出了回答。

> 《仪礼·燕礼》曰:"媵爵者洗象觯,升实之,序进,坐奠于荐南,北上,降,阼阶下皆再拜稽首,送觯。"郑玄注云:"'奠于荐南',不敢必君举也。"[1]

———————————

[1] (汉)郑玄注,(唐)贾公彦疏:《仪礼注疏》,第1017页。

《仪礼·大射仪》曰:"媵爵者洗象觯,升实之,序进,坐奠于荐南,北上,降,适阼阶下皆再拜稽首,送觯。"郑玄注云:"'奠于荐南',不敢必君举。"①

这两条是记媵爵者致酒于君的礼仪。大致过程是,媵爵者二人洗觯酌酒后,依次进到君席前(君席阼阶上,面朝西),面朝东坐下,把觯放在君席前脯醢的南边(即席前脯醢的左边),然后在阼阶下行拜送礼。按饮酒奠爵之礼,不饮的酒放在席前脯醢的左边,即人的左手旁,如此酒爵就不会碍事;将饮者则放在席前脯醢的右边,即人的右手旁,如此则便于人举杯。又按《士昏礼》郑注,"凡酬酒,皆奠于荐左不举,其燕则更使人举爵"②。意酬酒为不饮之酒,故应奠于左,但燕饮时,主于饮酒,则又将举,故奠于右。如《乡饮酒礼》一人举觯及二人举觯时,皆奠于荐右,是为举,即与所论相符合。燕礼中此媵爵者给君进献的酒是君的将饮酒,国君将要以此酒向宾劝酒,并开启由宾而始的卿大夫的递相劝饮。所以,媵爵者本当把酒爵放在君席前脯醢的北边(即席前脯醢的右边),但致酒者却把觯放在了君席前的左边,即文中所言的"荐南"。郑玄对把君将饮之酒按不饮者放置的解释是,臣下向君进酒劝饮,不敢期待君一定要饮酒,所以先按不饮之酒的位置摆放,如此是臣下不唐突尊者,意此酒饮与不饮全在君,不期待尊者必举此杯。

《仪礼·大射仪》曰:"司官尊侯于服不之东北,两献酒,东面,南上,皆加勺,设洗于尊西北,篚在南,东肆,实一散于篚。"郑玄注云:"为大侯获者设尊也。言'尊侯'者,获者之功由侯也。不于初设之者,不敢必君射也。君不射,则不献大侯之获者。"③

---

① (汉)郑玄注,(唐)贾公彦疏:《仪礼注疏》,第 1032 页。

② (汉)郑玄注,(唐)贾公彦疏:《仪礼注疏》,第 968 页。

③ (汉)郑玄注,(唐)贾公彦疏:《仪礼注疏》,第 1040 页。

　　《大射仪》此条是记司宫为服不氏设尊的礼仪，君、宾、诸公、卿大夫在大射的第二番射开始参与射箭，射毕，按流程有向报靶人献酒以示酬谢的仪节。其中，司马正向为国君、大侯报靶的服不氏献酒，此时由司宫为其现场设两壶酒。相比于此，给卿大夫、士报靶者的献酒早在活动前就已预先在相应位置设好。对于献服不氏的酒不一同预先设好，郑玄的解释是举行射箭活动，虽知君按礼当射箭，但也不敢期待君必须要参与射箭，所以不预设献给为其报靶者的酒，待君确实参加，再现场为服不氏设尊。如此射与不射，悉听君命。

（二）臣虽知君会接受自己的进献，依然佯装不知以请示

　　臣下按仪节的要求，或礼制惯例，来向国君行进献礼，此时能否因为自己是出于礼敬之心，或礼仪程序章法本就如此，就期待国君一定会接受，而去直言唐突尊者呢？

　　　　《仪礼·燕礼》曰："献公，曰：'臣敢奏爵以听命。'"郑玄注云："授公释此辞，不敢必受之。"①

　　《燕礼》此条是记主人向君献酒时的奏言，按燕礼的程序，主人向宾献酒，宾回敬主人之后，主人当向国君献酒，言"臣敢奏爵以听命"，"敢"为"昧冒之辞"（《士虞礼》郑注），贾公彦云"以卑触尊，不自明之意"。对于主人谨奉酒，以恭听君命，郑玄的解释是，臣向君敬酒，按礼的精神，不期待君一定会接受，而是以昧冒不敢自明的态度向君请命，以示尊君之意。

　　　　《仪礼·聘礼》曰：若有献，则曰："某君之赐也。君其以赐

━━━━━━━━━━━━━━━━

　　① （汉）郑玄注，（唐）贾公彦疏：《仪礼注疏》，第1025页。

乎?"郑玄注云:"不必其当君也。"①

《聘礼》此条是记使者返国后向君进献礼物的礼仪。使者行聘回国,会向国君进献一些礼物,言这是某君惠赐的礼物,不知主君可否用以赏赐臣下,对使者使用供君赏赐臣下的说辞,郑玄的解释是,臣向君进献财物,不期待所献是君所需要的,是符合君意的,而是以是否可供君赏赐臣下来致辞,以示自谦。

(三)臣虽知君要赏赐或任命自己,依然谦让表示君不必如此

面对国君的任命或赏赐,臣下在接受过程中,不应该显露出理所应当的姿态,来期待尊者必定会委任或礼遇自己。若如此,一是失敬于尊者,二是同侪中亦不够谦逊。

《仪礼·燕礼》曰:"君贶寡君多矣,又辱赐于使臣,臣敢拜赐命。"郑玄注云:"'敢拜赐命',从使者拜君之赐命,犹谦不必辞也。"②

这是记摈者奉命邀请异国使者赴宴的礼仪。大致过程是,国君派摈者前去使者处告请,摈者到达馆舍门外,先后两次传达君的邀请,使者让介两次转达推辞之意。摈者第三次邀请,介先出来传达使者恭敬听命之意,然后使者亲自出来与摈者相见。这时摈者又向使者亲致君命,使者则再次拜谢赐命。对于使者再三谦让的表示,郑玄的解释是,使者虽已应许赴宴,但此时亲见国君摈者,也应先谦虚地表示不必如此,然后再跟从使者前往,而不是对尊者的邀请显得自安所得。

---

① (汉)郑玄注,(唐)贾公彦疏:《仪礼注疏》,第1068页。
② (汉)郑玄注,(唐)贾公彦疏:《仪礼注疏》,第1024页。

《仪礼·大射仪》曰:"小臣请致者。"郑玄注云:"请君使一人与?二人与?不必君命。"①

这是记媵爵者为君致酒的礼仪。大致过程是,小臣宣布下大夫中的长者二人做媵爵者,两人拜谢君命,并自行饮酒一杯,然后拿着酒杯走到洗的南边待命。小臣请示君,是使其中一人向君致酒,还是二人都来致酒,君回答使二人致酒。郑玄对小臣"请致者"之仪的解释是,二位媵爵者向君献酒,按照礼的精神,不期待君一定会允准自己,而是先请君来指派,以示尊君之意。

《仪礼·聘礼》曰:"君朝服,南向。卿大夫西面,北上。君使卿进使者。"郑玄注云:"进之者,使者谦,不敢必君之终使己。"②

这是记使者临行前到朝中接受国君辞命的礼仪。使者先就位雉门外,等卿领君命前来召见时,再跟随卿进入雉门。郑玄对"卿进使者"的解释是,使者虽然此前在君与卿商讨聘事时就已经接受任命,但不敢期待国君最终一定任命自己,所以先在雉门外,等候君的召见,而不是径直入朝面君,以示谦谨之意。

(四)臣虽知君来视大敛为足恩惠,仍不敢期待君将久留待礼卒

《仪礼·士丧礼》曰:"君升自阼阶,西乡。祝负墉,南面,主人中庭。君哭,主人哭,拜稽颡,成踊,出。君命反行事,主人复位。"
郑玄注云:"出,不敢必君之卒敛事。"

君来视大敛,主人拜稽颡,成踊,小节礼成,辄出俟于门外,国君命

---

① (汉)郑玄注,(唐)贾公彦疏:《仪礼注疏》,第 1032 页。
② (汉)郑玄注,(唐)贾公彦疏:《仪礼注疏》,第 1047 页。

主人返回行大敛事,在这里主人之意为,君恩赐深重亲视大敛,臣不敢当君重礼,使国君必留此参与后续仪式,故而出门预备送君返归。

以上尊君中的"礼不必",虽是郑玄针对君礼而发,但它的精神也同样适用于日常礼仪之中。在与他人为礼时,不期待对方一定要做某事,一定要接受自己的心意,一定要以自己为当礼者,也都是应该持有的礼仪交往的精神。

四、相关仪节考辨

礼义贯彻在程序仪节之中,是礼仪设置的指导精神和原则,对它的把握关涉对具体礼节的理解。这些内容往往牵一发而动全身,礼家聚讼的背后常与此有关。《仪礼》大侯获者之尊预先设置与否,即是为礼"不期必"问题下的一个讨论。

《大射》第二番射完毕,向获者献酒。活动开始前预设尊洗时,经文曰司宫"尊于大侯之乏东北,两壶献酒";到第二番射射毕,献获者,经文又曰"司宫尊侯于服不之东北,两献酒"。对此,郑玄的意思是,前番仅为隶仆人、巾车、参侯干侯之获者设尊洗,为大侯获者设尊洗属于后者这一环节。之所以如此,是因为"礼不必"的原因。贾公彦疏云:"若然,此设大侯之获者,君不射则不设之,不豫设者,不敢必君射。案上张侯先设大侯,君射大侯,张之,必君射者。但圣人设法,一与一夺,以大射者为祭,择士所以助祭,人君不可不亲,故夺其尊,使之必射,故豫张大侯。至此设大侯之尊,君射讫乃设之者,许其自优暇,容有不射之理,是以不射则不设,射乃设之。"①

对于注疏之说,赞同者有黄以周,持异议者有敖继公等人。

　　元敖继公云:"为三侯之获者、及隶仆人、巾车设尊。不于初

---

① （汉）郑玄注,（唐）贾公彦疏:《仪礼注疏》,第1040页。

设之者,因事而献,故其尊亦俟时而设,所以别于正献者也。"①

清吴廷华云:"此献三获者,及隶仆人之属之尊也。时尚未设,因上设尊而类及之尔,下设洗同……下献服不之前亦设尊,与此同,似一地两尊,故注以此为二:获者等之尊、下为服不之尊。窃谓服不在大侯之乏,岂有舍之而反先尊不在乏之仆人等及两获者之理?且参于获者各有乏,何必尊于大侯之乏?又献不及隶仆人等,俱为侯而设,何必别为设尊。"②

清盛世佐云:"敖说当矣。注以此尊专为大侯获者设,非。注又云'君不射,则不献大侯之获者',尤属饰说。因燕而射,君或可以不与,未闻大射而君不与者也。君若不射,《射义》何以言诸侯君臣尽志射以习礼乐乎?"③

清韦协梦云:"此即前经司官尊于大侯之乏东北者,彼历言其地而已,至是乃陈之。犹卿大夫之席,前已言其地,至既献乃布之也。注以此尊与前为二尊,此洗与前为二洗,服不与获者仅六人耳,而必异尊与洗,有是理乎?"④

清朱大韶云:"篇首云'设洗于获者之尊西北',即此云'设洗于尊西北',尊即获者之尊。篇首目其事,此则当事而设也。"⑤

《钦定仪礼义疏》云:"此设尊洗之处近于侯乏之间,获者执旌时往来于此,若早设之亦虞窒碍,故俟时而设,非关君之射不射也。既张三侯,君虽不射,大侯之获者亦当献之。"⑥

清胡培翚《正义》取《义疏》意。⑦

---

① (元)敖继公撰,曹建墩校点:《仪礼集说》卷七,第285页。
② (清)吴廷华撰,徐到稳校点:《仪礼章句》卷七,第514页。
③ (清)盛世佐撰:《仪礼集编》卷十四,第528页。
④ (清)韦协梦撰:《仪礼蠡测》卷七,第602页。
⑤ (清)胡培翚撰,段熙仲点校:《仪礼正义》卷十五,第906页。
⑥ 《钦定仪礼义疏》卷十四,第490页。
⑦ (清)胡培翚撰,段熙仲点校:《仪礼正义》卷十五,第906页。

清黄以周云："前司宫尊于大侯之乏东北,为参干两侯获者而设;此尊侯于服不之东北,专为大侯获者而设,其设两番。后大侯获者,司马正献之;参干二侯获者,司马师献之,亦分两番。敖氏以来说者,皆混和之。宜从郑注。"①

敖继公的这个说法也被现代一些著述所吸收。敖继公弃注自说,指出活动初始设尊洗只是指明它们的位置在此,并非真正此时设置,待到第二番射毕献获者时,因事而设,是现场设置;且经文所言的设尊,是为三侯获者及隶仆人、巾车等一起所设之酒,并非仅是为大侯获者。此后,如吴廷华、盛世佐、韦协梦、朱大韶皆取敖说。总观理由大略有四点:第一,献获者之酒是"因事而献",所以不预设;第二,大射君不可不射;第三,卿大夫之席先言其地,献时再设;第四,三侯获者等仅六人,不必异尊洗。对于以上疑问,一一阐释如下:

首先,何为敖继公所言的"因事而献"?敖氏的意思是获者因为做了报靶这件事得到献酒,所以他们的尊洗也就等到获者做了这件事去设置。敖继公的解释表面看起来很有道理,实则是对礼仪规范概念的窃用和窜乱。在礼事活动中,尊者宜逸,不得动辄烦扰惊动;卑者任劳,且因其承担的事情而得酬报,所以贱者都是先就事后得献酒。例如《乡饮酒礼》《乡射礼》里的乐工演奏完以后得到献酒。但这不等同于他们的尊洗要等做了事后设置,仅是说得到献酒要先做事。纵观《仪礼》全文,没有敖继公所说的等到卑贱者做事后,献酒时再行设置尊洗的行为。

其次,盛世佐认为大射君不可不射,所以不敢期待君必须射箭的"毋必"注文为饰说亦非。郑玄在这里指出的"不必"是一种明知如此而示意谦敬的行为,而不是君不参与射箭的意思。单从"礼不必"的礼

①　(清)黄以周撰,王文锦点校:《礼书通故》,第 1142 页。

仪精神本身来说，它更多侧重于根据对方示意来行事，而不在事情还未发生的时候，就直接迫切先行呈现和坐实。此外，《燕礼》《大射仪》为诸侯礼，无论是礼仪本身，还是经文的行文的表述，都给予了特殊的显示，所以在这两篇中有诸多运用不定之辞的情况，如在《燕礼》的饮酒礼部分，当公为宾举旅劝饮时，小臣领君命使下大夫二人作为媵爵者，并向公请示使其中一人，还是二人来进奉酒，经文曰"若君命皆致"，在这里经文用的是"若"，实质上按下经的记述来看，君按礼即当命二人一起，然经文在表述中仍然用了不定之辞；同理，当公为卿举旅时，使一人媵爵，经文曰"若命长致"，也用了"若"来行文表述。《大射仪》这里的不必君射其义实际上与经文用不定之辞来表达一种尊敬之情是相同的。对于君必当参与大射，而不预设献获者之尊，贾公彦疏文已经给出了阐释，是"圣人设法，一与一夺"。

再次，设置尊洗不能简单比附设席之制。在《大射仪》的活动准备阶段，只君席与宾席先行布好，卿大夫之席仅树立在各自位置后面；活动开始，君升堂即位，其余皆以臣礼入，在接下来的宾、主一献之礼中，宾升堂即席；当活动进行至主人向卿大夫献酒时，再为卿大夫布席。所以韦协梦以此来类推献获者的尊洗也是如此，在最初预设阶段，经文只是标明他们的位置，待第二番射毕献获者时，再行设置。但是尊洗的设置应该与设席尚有不同。如果活动开始后不是立即使用，席子或确实不必预先布好，如燕礼、大射中，乐工升堂作乐时现场为他们在西阶上设席，但是活动中的尊洗一定是提前设置好的，在《仪礼》十七篇中，没有现场设置尊洗的情况。所以在此两件事并不可以直接用以互证比附。

最后，获者人少无须进行分类分等的观点也不能成立。《大射仪》重视威仪，注重辨贵贱分尊卑。例如，乐工六人，分别是大师、少师、上工四人，在作乐环节乐工出场时，经曰："乃席工于西阶上，少东。小臣纳工，工六人，四瑟。仆人正徒相大师，仆人师相少师，仆人士相上工。"郑玄注云:"于是分别工及相者,《射礼》明贵贱。"①与之相比,同为诸侯礼的《燕礼》则轻,主饮酒,序欢心,它在乐工方面的规格是四人,且经文在叙述时不分别工及相者的贵贱。当然《燕礼》与《大射仪》的差异还有很多,在此只是说明不能脱离经文本身和礼制的性质规格,而凭空认为因为获者等仅有六人就无须辨别贵贱。此外,《大射仪》的辨贵贱还体现在很多方面,服不氏作为负责为国君报靶者,得到的礼仪设置与其他获者不同是很正常的,何况在这里主要还牵涉是否期待君必然做要何事的问题。所以后世异议在这一点上同样得不到成立。

通过以上梳理,我们对行礼时的某些"毋必"原则有了更好的理解与体悟。郑玄在《仪礼注》中对"礼不必"思想的阐发较为丰富,涉及社会礼仪的诸多方面。总体来看,它的主体思想和精神实质为:君子在处理事情时,不期待别人一定会遵循自己的意愿行事。即使知道别人的言行或合于自己的预期,在事情还没有完全发生时,也不应先行确定未然之事,而是抱着人或不必如此的谦虚心态,把决定的主动性留给别人。

此外,关于郑玄"礼不必"理论来源问题,除去贾公彦指出得源于《论语》"毋必"之外,实际上,这种不期待必然的道理也见于其他典籍。《庄子·外物》开篇即云"外物不可必"②,《庄子·刻意》曰"不豫谋",注云:"理至而应。"疏云:"譬悬镜高堂,物来斯照,终不预前谋度而待机务者也。"③《庄子·天下》曰"在己无居,形物自著",注云:"物来则应,应而不臧,故功随物去;不自是而委万物,故物形各自彰著"。"无居",高亨谓"无成见也"。章太炎云:"就'众生缘起'言,不守'自性',

① (汉)郑玄注,(唐)贾公彦疏:《仪礼注疏》,第1033页。
② (清)郭庆藩撰,王孝鱼点校:《庄子集释》,中华书局2012年版,第913页。
③ (清)郭庆藩撰,王孝鱼点校:《庄子集释》,第542页。

故动,依动故'能见',依'能见'故境界妄起也;就'真如'自在用言,离于'见''相',自体显照一切妄法也。"马叙伦谓:"案:章说亦美。'在己无居'者,谓'真如'不守自性也。'形物自著'者,谓随缘成一切法也。"①《朱子语类》云:"'必有事焉而勿正心',此'正'字是期待其效之意。《公羊传》云'师出不正反,战不正胜',此'正'字与《孟子》说'正心'之'正'一般,言师出不可必期其反,战不可必期其胜也。"②朱熹指出《公羊传》"师出不正反,战不正胜",以及《孟子》"必有事焉而勿正"也反映着不期待一定如何的道理。

郑玄"礼不必"思想对日常礼仪具有切实的指导意义。如果违反"礼不必"的礼仪精神,不但有失谦敬谨慎,而且还会带来一些不必要的麻烦。如汉代灌夫期待田蚡必要访问窦婴一事。当时武安侯田蚡为丞相,早已失势的窦婴、灌夫二人互相援引依靠,交往亲密。尚在居丧期的灌夫去拜访田蚡,田蚡随口说本想一同去往窦婴家,只是碍于灌夫有丧服在身。灌夫则称由他来转告窦婴做好准备,并请田蚡明日光临,田蚡许诺。田蚡在此不过姑且一言。次日正午,丞相武安侯没来,灌夫心下不悦,竟自驾往迎,务必使田蚡一定要来。从礼仪规范角度讲,宾客来访,主人虽知来意,尚且不期待对方必然如何。此宾客不来,作为第三方的灌夫径直去客方家要求客人必来主方处,即使田蚡前面戏言失信,灌夫的行为也有鲁莽粗直的嫌疑。所以司马迁虽怜二贤,仍有"魏其诚不知时变,灌夫无术而不逊,两人相翼,乃成祸乱"之叹③。

---

① 马叙伦:《庄子天下篇述义》,载张丰乾编:《〈庄子·天下篇〉注疏四种》,华夏出版社 2009 年版,第 284 页。

② (宋)朱熹撰,郑明等校点:《朱子语类》,载朱杰人等主编:《朱子全书》(修订版)第 15 册,上海古籍出版社、安徽教育出版社 2010 年版,第 1737 页。

③ (汉)司马迁撰,赵生群等点校:《史记》卷一百七,中华书局 2013 年版,第 3424—3425 页。

第二节　"礼渎则亵"笺解

礼,"毋不敬"(《礼记·曲礼》)。相处热络是一种感情亲昵的表现,同时也可能造成礼的亵渎,郑玄给出"礼渎则亵"的阐释。《礼记·少仪》"毋渎神",注云:"'渎',谓数而不敬。"是"渎"乃屡次、再三、过分的意思。"礼渎则亵"在郑玄《仪礼注》中出现了4次,虽具体表述不尽相同,但实质意义并无差别,所以统称为"礼渎则亵"。《春秋左氏传》曰:"礼以行义,义以生利,利以平民,政之大节也。"①《礼仪》中蕴含着使万物各得其宜的道理,依礼而行便能合义,人事只有合乎其义才可以生利成民。郑玄4条"礼渎则亵"注文,大致可划分为三个类型,以下予以分析讨论,借此揭示郑玄"礼渎则亵"原则所蕴含的礼义精神。

一、劳赐赞者活动中的"礼渎则亵"

活动中邀请尊贵的宾客参加,除对事情本身重视外,同时也表达和传递了对贵宾的尊重之情。然而在正礼完备以后的接续事宜中,能否再次邀请至为尊贵的客人出席呢?《仪礼·乡饮酒礼》《仪礼·乡射礼》两篇记载有该问题的出现情境及处理办法。

> 《乡饮酒礼》曰:"宾、介不与。"郑玄注云:"礼渎则亵。"②
>
> 《乡射礼》曰:"宾不与。"郑玄注云:"昨日至尊,不可亵也。"③

---

① (汉)何休注,(唐)孔颖达疏:《春秋左传正义》,载《十三经注疏》,中华书局1980年影印清阮元校刻本,第1894页。

② (汉)郑玄注,(唐)贾公彦疏:《仪礼注疏》,第990页。

③ (汉)郑玄注,(唐)贾公彦疏:《仪礼注疏》,第1009页。

在乡饮酒礼和乡射礼活动结束后的第二天，主人将举行慰劳司正的酒宴，酬劳昨日活动中的相关服务人员。此番活动，以司正为正宾，且不再为他设副宾，对于其他参与人员，主人可以随意愿决定要邀请哪位亲友，也可根据意愿请乡中的先生和君子来参加。但昨日活动中的宾和介不再参加，因《乡射礼》无介，故独言"宾不与"。郑玄对此的解释是：宾和介是主人所邀请的尊贵客人，在昨天的活动中已成正礼，既然主礼已经完备，如果今天再次召来，则是太过频繁地惊扰对方，这对昨日活动的至尊是一种亵渎和不敬。所以经文在此特别说明宾和介不再出席宴请赏赐司正的活动。

为何礼事次日再行邀请至尊会失掉先前的敬畏之情，更是一种烦扰呢？该问题关键在于主宾在昨日已得盛礼，他与主人、以及其他客人的情绪渲染到达了极致，在这种已无情势可借的情况下，又行复召，对正宾来说不仅是扰乱个人生活事务安排，而且还是一种情感精神负担。这个道理在《列子》的"燕人返国"故事中演绎较好，长期生活在楚国的燕人老而返家，路过晋国时，同行人诓骗他说这即是燕国，在经过见城"愀然变容"、见社"喟然而叹"、见庐"涓然而泣"、见冢"哭不自禁"之后，等真到了燕国，真见燕之城社、先人庐冢时，燕人反而"悲心更微"矣。晋人张湛注："此章明情有一至，哀乐既过，则向之所感皆无欣戚也。"①所以礼在一场活动讲求节奏的前后协调，在活动的间隔上也注重频率的调节。

抽绎而言，在某一主题的礼仪活动中，若已行正礼，在接下来的酬劳服务人员等其他相关性的再次聚会中，对于前时活动中的至尊人员，则不宜再行延请，因为礼数则渎，对于至尊的轻易劳烦是一种礼的亵渎。

---

① 杨伯峻撰：《列子集释》，中华书局 1979 年版，第 113 页。

二、拜赐礼仪中的"礼渎则亵"

根据《仪礼·乡射礼》的记载,宾在为礼次日需要去主人处行拜谢之礼,主人在此之后又前往宾家拜谢宾的辱临,在这个过程中同样也贯彻着"礼渎则亵"的原则。

　　《乡射礼》曰:"明日,宾朝服,以拜赐于门外。主人不见,如宾服,遂从之,拜辱于门外,乃退。"郑玄注云:"不见,不亵礼也。"①

乡射礼活动结束的第二天,宾来到主人的家门外,拜谢主人昨日对自己的礼遇和恩惠。主人并不出门相见,宾行礼完毕即退去。接着主人又来到宾家门外,拜谢宾的屈驾光临。宾亦不见,主人退去。郑玄对宾、主不相见之仪的解释是:宾、主是昨日活动的正当礼者已行盛礼,宾、主交接的情意已尽备,今日若又相见,是为礼过于频繁,如此即是相亵,所以宾、主在此不相见。至于《乡饮酒礼》此处,经文不具,但郑玄注以《乡射礼》是处经文补之,则可知《乡饮酒礼》造门谢恩拜辱,宾、主亦不相见。

除《乡射礼》《乡饮酒礼》外,《聘礼》《公食大夫礼》宾次日谢恩,宾、主其实也并不相见。《聘礼·记》曰:"凡宾拜于朝,讶听之。"在《聘礼》中凡宾拜谢主国君的惠赐,都由负责宾客迎送一事的讶听取,报告给君,再出而报宾。例如,使者与主国君行聘享礼完毕,主国君会使卿来归饔饩。所谓饔饩,就是已经杀死的牲和活的牲,以及酏醢、米禾、刍薪、乘禽等物以供宾客等食用。卿来致饔饩的次日,宾要于朝拜谢主君恩惠。按照经注所言,宾在大门外行再拜稽首礼,由讶来听取宾的致谢,并汇报给君。又使者将归国离去时,经曰:"宾三拜乘禽于朝,讶听之。"乘禽是指成双而群居的禽鸟,如雉雁等,其于礼以双为数。乘禽

---

① （汉）郑玄注,（唐）贾公彦疏:《仪礼注疏》,第1009页。

是细小的礼物,臣礼,尽拜谢①,宾该举是为了表明主国赠送的大小之礼都有记住,也是由讶听之。在以上《聘礼》宾的拜赐中,宾与主国君不相见。按《公食大夫礼》,公以食礼款待大夫后,经曰:"明日,宾朝服拜赐于朝。拜食与侑币,皆再拜稽首。讶听之。"由此知《公食大夫礼》拜赐的情况同于《聘礼》。

对于《聘礼》《公食大夫礼》宾拜赐时的宾、主不面见,郑玄注文没有说此是由于"礼渎则亵"的缘故。《聘礼》《公食大夫礼》都是主国君与来聘使者为礼,君不见使者更掺杂了多种因素,诸如国君为大尊,且政事繁忙,诸侯国间交往亦有各自规格,所以不可能凡事一一接见。但以意推测,这里面应该也含有了"礼渎则亵"的意味。聘问属于国家事务,两方都极尽谨敬尊让,交接皆有相关礼仪程序与轨度,而且牵涉甚多,在这种情形下,若主国君、使者两方频相为礼也是一种对聘问大礼的亵渎和不敬。

虽然在今天的日常社交礼仪中,已经没有客人于为礼次日去主人处再行拜谢主人的礼仪,但是这种礼的精神对于认识问题还是有益的。例如,人们会在受他人宴请或者叨扰别人后,以电话、短信等形式致谢,这种不面谢的形式本身就含有了不频见以亵礼的意味在里面。既表达了相应的情感,又不至于在盛礼过后太频繁地打扰别人。

三、回访礼仪中的"礼渎则亵"

按《士相见礼》士与士相见,来访的宾在拜访主人之后,主人将要还礼于宾。在前时主人来还礼的过程中其实也蕴含着宾、主为礼不能亵渎的思想。只是它非常隐匿不易察觉,但郑玄注文给予了揭示。

《士相见礼》曰:"宾对曰:'某也非敢求见,请还挚于将命者。'"

---

① 笔者按:按《周礼》,两君相聘,宾之拜礼:拜饔饩,拜飨食。郑玄注云:"三礼,礼之重者也。"与此《聘礼》异,以其君,略小惠。

郑玄注云:"言不敢求见,嫌亵主人,不敢当也。"①

前时的主人通过宾的摈者向宾传话,云前时承蒙您屈驾光临,使我能够见到您。现在请允许我把挚还给您的摈者。宾回答经得到您的允许见到您了,不敢使您自屈辱而来。接下来,前时的主人言"非敢求见"来回答对宾的"既得见矣",说明本不敢求见,只是还挚而已。郑玄对前时主人称"非敢求见"之仪的解释是,宾与自己前时已执礼相见,今又即来见宾,是宾、主频繁相见,如此是一种渎亵,前时主人知道自己的请见有亵渎对方的嫌疑,所以称不敢又相见,只是把挚还给摈者。

对于前时主人的还挚之言,宾固辞,主人固请,宾应允请求,言我一再推辞得不到您的允许,敢不从命。郑玄注云:"异日则出迎,同日则否。"前时宾、主相见,礼已完备,若此处宾是在相见礼的同日还礼,有频见相亵的嫌疑,礼仪相应简省,主人不出迎。若宾还礼是在异日,礼以异为敬,礼得以申,主人则出迎。所以"异日则出迎,同日则否",其意之重点在于宾、主不当嫌亵,若确需再次交接,为礼也应有杀。

如此,宾昨日来访,宾、主已执礼相见,虽主人需还礼于宾,然礼不欲数,数则为亵,所以在宾推辞已相见时,主人称"非敢求见",不敢当相见礼示意。且若还礼是在次日,宾出迎,若是同日,宾则不出迎,是礼之有杀。《仪礼》中这种次日还礼的礼节在现实生活中已不再实行,然而这种宾、主正礼以后次日相见为礼的情境还会以各种形式出现,在这种情况下,宾、主的活动实质上就存有了降杀意味,故次日活动中的宾客宜心存礼不可频渎的意识,而能够表现出合理的言谈举止。

四、"礼渎则亵"的文化思考

通过以上分析可以看出,郑玄《仪礼注》中"礼渎则亵"的主要内容

① (汉)郑玄注,(唐)贾公彦疏:《仪礼注疏》,第976页。

在于呈现盛礼以后第二天的执礼行事规范问题。这种正礼次日的不相渎亵应该是"礼渎则亵"思想中最为重要的一方面,但同时也应该意识到郑玄"礼渎则亵"的思想内容远不止于此。"礼渎则亵"实质上是郑玄对于为礼频率问题做出的总体解答。它不仅包括一个事件中的为礼频率问题,而且更涵盖了一个时间段内事件发生的频率规范问题。上文探讨的三类"礼渎则亵"的情境,映照出的是礼事活动前后的一种陡然差异,这属于一个事件中的为礼频率规范问题。郑玄借助《仪礼》经文所具有的这种近似极致的内容来揭示出更为普遍的道理,只不过一段时间内事件发生的频率规范问题没能够在《仪礼》十七篇的经文直接反映出来而已。

《史记》记载陆贾归隐以后分给他的五个儿子每人两百金,让其各治生产,自己则乘车马、携歌舞侍从过往于诸子家中,每十天则换下一家。陆贾告诉他的儿子们"一岁中往来过他客,率不过再三过",一年之中加上还要往来其他宾客,每人一年也轮不过两三次,而且接着说"数见不鲜,无久慁公为也"①。"数见不鲜"一词即出于此,后来引申为对于常常见到的人事,便不再感到新奇。在陆贾过往其子的这个故事中,"数见不鲜"其实反映出的是一种人之常情。

《礼记·祭义》曰:"祭不欲数,数则烦,烦则不敬。"②祭祀活动本是人们为表达崇敬之情而举行的礼事,但这并不意味着它的频率越高越能显示出这种感情,如果为礼过于频繁反而是一种不敬。如《春秋》庄公八年"春正月己卯,烝",《公羊传》曰:"讥亟也。亟则黩,黩则不敬。君子之祭也,敬而不黩"③。亟是屡次的意思,《公羊传》认为经文记述春正月再次举行冬天的烝祭是讥讽祭祀的次数多了,次数多了就

---

① (汉)司马迁撰,赵生群等点校:《史记》卷九十九,第 3252 页。
② (汉)郑玄注,(唐)孔颖达疏:《礼记正义》第 1592 页。
③ (汉)何休注,(唐)徐彦疏:《春秋公羊传注疏》,载《十三经注疏》,中华书局 1980 年影印清阮元校刻本,第 2218 页。

滥,滥则不恭敬。而对《春秋》庄公八年"夏五月丁丑,烝",《公羊传》与《穀梁传》都认为这是讥讽屡次祭祀而滥用祭礼。其实不仅祭祀不可以过度频繁,凡事执礼都是如此。

《管子·心术》云:"礼者,因人之情,缘义之理,而为之节文者也。故礼者谓有理也,理也者,明分以谕义之意也。故礼出乎义,义出乎理,理因乎宜者也。"①人际交往中,随着彼此熟悉程度的加深,相互间的尊敬和谦谨就难免会为人们所逐渐忽视,而这种亲密下的不甚为意却往往造成了"始乎谅,常卒乎鄙"(《庄子·人世间》)的结果。所以,久而使人敬是非常不容易做到的,这也才有了孔子"晏平仲善与人交,久而敬之"(《论语·公冶长》)的慨然。正是有鉴于此,礼一方面要补救不及,另一方面更要防止过度,从而获取期间的平衡与和谐。"礼渎则亵"无疑是礼对人相交往的节制原则,减少不必要的相互往来,也就降低了造成不敬的概率,而这也反映出了古人对于君子立身处世的认识。

《庄子·山木》云:"君子之交淡若水,小人之交甘若醴;君子淡以亲,小人甘以绝。彼无故以合者,则无故以离。"②恭不近于礼的热络并非是中国古人所赞许的相处之道。而为礼频渎即属于恭不近于礼。因为这牵涉敬人与自重的问题。

首先,频繁打扰无疑会给他人造成困扰,而礼讲求的是适可而止。《礼记·曲礼》曰:"君子不尽人之欢,不竭人之忠,以全交也。"郑注云:"'欢'谓饮食,'忠'谓衣服之物。"孔疏云:"明与人交者,不宜事事悉受。若使彼罄尽,则交结之道不全,若不竭尽,交乃全也。"这里的"不尽人之欢,不竭人之忠"是礼的一个基本精神,如果只顾自己尽兴就接连打扰,而不考虑对方的承受能力,最终造成的只是他人的疲敝,这不但是一种非常失礼的行为,而且还会遭到别人的厌烦。

---

① 黎翔凤撰,梁运华整理:《管子校注》卷十三,中华书局2004年版,第770页。
② (清)郭庆藩撰,王孝鱼点校:《庄子集释》卷七上,第682页。

其次,频繁举事有损于自己的持重之道。《韩非子·诡使》云:"重厚自尊谓之长者。"①约己静事是君子沉敛的表现,相反在躁动喧嚣中洋洋自得则非常有损自身的修为,即不能持身谨严谦和,便会遭人非议。而且君子交接之道是相下相尊的,对别人不敬,使别人产生轻蔑之情,也就失掉了自己应有的尊严和分量。除此之外,还有一个层面,过于殷勤的背后往往于道义有亏,更带有一种攀附的嫌疑。《春秋》"成公四年夏"经文曰:"公如晋。"《左传》记载"晋侯见公,不敬",鲁大夫季文子由此认为晋侯必不能免于祸难。至于晋景公不敬鲁成公的原因,三《传》都没有相关记述。明代礼家春秋学代表学者湛若水在其《春秋正传》中认为,《春秋》于此书"公如晋"是讥讽成公违礼,鲁成公不得敬是因为违反"礼渎则亵"的精神,湛氏云:"书公如晋者,非礼也。夫礼不欲数,数则渎。《语》曰:'恭近于礼,远耻辱也。'成公频年如晋,岂为恭近于礼乎?愚谓晋侯不敬成公,非特其祸患之先兆,亦成公之卑屈,频渎有以致之也。"②

最后,湛若水认为成公三年夏刚刚去往晋国,四年夏又前往晋,频渎以致晋侯对其不敬,纵使晋侯不敬成公有祸患之兆,但成公本身也有自取其辱的嫌疑。晋景公不敬鲁成公的原因可能是多方面的,但湛若水的观点也算是看待这个问题的一种视角。《春秋穀梁传》曰:"礼人而不答,则反其敬。"③礼敬别人却没有得到别人的回敬,则要反省自己的敬意是否得当。如果说成公三年如晋是为了拜汾阳之田,那么四年夏若无切实之要事而再次去晋,在晋强鲁弱,景公为霸主,而成公年纪尚幼的情况下,晋国对成公数见不鲜的心情也或可以揣摩一二。

---

① (清)王先慎撰,钟哲点校:《韩非子集解》卷第十七,中华书局1998年版,第411页。

② (明)湛若水撰:《春秋正传》卷二十二,广西师范大学出版社2015年版,第1026—1027页。

③ (晋)范甯集解,(唐)杨士勋疏:《春秋穀梁传注疏》,载《十三经注疏》,中华书局1980年影印清阮元校刻本,第2400页。

《左传·僖公二十九年》："春,介葛卢来",杜预注:"虽不见公,国宾礼之,故书"。《传》曰:"春,介葛卢来朝,舍于昌衍之上。公在会,馈之刍米,礼也。"同年,《经》曰:"冬,介葛卢来。"《传》曰:"冬,介葛卢来,以未见公,故复来朝。礼之,加燕好。"杜预注云:"一岁再来,故加之。"这里一岁再来,燕饮馈赠都胜于常礼,是介葛卢春天来鲁国时,僖公在翟泉会诸侯围许,并未得见,故复来朝,对于介葛卢的殷勤礼数,加以宴好。

《礼记·儒行》曰:"儒有合志同方,营道同术,并立则乐,相下不厌,久不相见,闻流言不信。其行本方立义,同而进,不同而退。其交友有如此者。"《儒行》在此所言的儒者与人的相交之道,其实就是传统文化所最为推崇的人际关系交往的模式。它并不侧重于相见次数的多少,而讲求的是这一种建立在道义基础上的诚挚、信任和担当。与之相反,有失敬畏之心的频相为礼并不符合礼仪规范,也有违礼仪所倡议的精神。而郑玄"礼渎则亵"的礼学理论就是对此问题最精要的阐释与提炼。

第三节　"礼有终"笺解

任何活动有始即有终,主、客之间行礼,若往来反复不知终结,则必然陷于疲敝。郑玄《仪礼注》对仪节所蕴含的礼义进行了精准的阐释,揭示礼仪范式必须如此的情理依据,"礼有终"即是其中一例。礼的目的在谦己敬人,但当事情进展到将要结束或已经结束时,执礼双方却不宜再抱着礼无不答的心态争相礼敬,而是适时调整自己的言行情感,使礼仪顺利逐渐完备和结束。关于"礼有终"的内容,可划分为行事进入尾声与正式结束两个类型。此外礼将要完结由谁主动示意,以及礼毕退去时由谁率先结束礼仪,同样也属于"礼有终"的范畴,郑玄依据经文也给出了回答。笔者对这三方面内容予以分析讨论,借此略论为礼节度的原则和精神。

一、礼将完毕时的"礼有终"

《仪礼》记载的各项礼仪活动,在礼仪将要结束时,都贯彻着"礼有终"的原则,郑玄对此给予清楚地揭示。主要有两种情况:

（一）宾、主顺势接受对方施礼,不再另行推崇新的敬意

在活动开展中,如果礼仪已进行至将近末尾阶段,是否可以再行倡议新的主题名目,依旧推高活动气氛呢?

> 《仪礼·公食大夫礼》曰:"宾卒食会饭……北面坐取粱与酱以降,西面坐奠于阶西,东面再拜稽首。公降,再拜。"郑玄注云:"答之也,不辞之使升堂,明礼有终。"①

《公食大夫礼》是记主国君为小聘使者举行"食礼"的礼仪,核心内容分三个阶段,宾先后用正馔、加馔食物行祭礼,食正馔三饭,此时食礼初成;君用侑币劝宾继续用食,宾接受馈赠退出庙门交给上介;宾再次入庙升堂,就着加馔的庶羞吃黍稷饭,饭毕宾亲自撤馔,在堂下行再拜稽首礼,向君表示感谢。君下堂回再拜礼。郑玄对于"公降,再拜"之仪的解释是,国君不再像前时那样礼貌地推辞宾的致谢,也没有请宾升堂,而是径直降阶答礼,这是因为食礼已经完成,宾将退出离去,所以公直接回拜,以示礼有终结。

简言之,礼将完毕时,对于客人的最终致谢,主人虽然需要回应答礼,但也不再推辞宾客的致意,不邀请宾客继续重新为礼。

> 《仪礼·士虞礼》曰:"尸受,振祭,哜,反之,祭酒,卒爵,奠于

---

① （汉）郑玄注,（唐）贾公彦疏:《仪礼注疏》,第1083页。

南方。"郑玄注云："尸奠爵,礼有终。"①

尸,即祭礼时代表逝者享受的人。《士虞礼》此条是记卒哭祭后,为尸送行的礼仪。此前为虞祭。虞祭结束进入卒哭,自此唯朝夕哭,其间不再哭,卒哭祭之后将立神位祔祭祖庙,序昭穆之位。所以卒哭祭向尸献酒完毕,不等彻祭物,就开始为尸饯行。大致过程是,主人献酒于尸,尸饮干爵中的酒,把爵放在脯醢的南边,也就是其右手边,这对于神来说是不再举杯的意思,生人饮酒,不举的酒放在左手侧。郑玄对尸饮献酒"奠爵"之仪的解释是,饯行就意味着礼将终结,尸此刻不再如前时虞祭、卒哭祭那样接受献酒后必回敬主人,而顺应礼将完备的趋势,以明礼有终结。三次献酒完毕之后,尸即出门。

抽绎而言,礼将完毕时,对于主人的礼敬,客人虽然会如前时一样接受,但不须要再如盛礼时必定要回敬主人。

《仪礼·聘礼》曰："宾于馆堂楹间,释四皮、束帛。宾不致,主人不拜。"郑玄注云："宾将遂去是馆,留礼以礼主人,所以谢之也。不致,不拜,不以将别崇新敬也。"②

这是记使者即将归国离开时答谢所下榻馆舍主人的礼仪。使者在馆舍堂上两楹柱之间放四张兽皮和一束锦,不致辞,主人也不拜谢。郑玄对"不致,不拜"之仪的解释是:使者临行前向馆舍主人赠送礼物,双方不宜再推崇新的执礼敬意,所以使者和主人都相当简易地行礼,不隆盛地另行新的主题名目。

(二)客方不再自当盛礼,而依从本来的身份地位行事

在某些情况下,"礼有终"这个问题还包括礼将终结时,客方不应

---

① （汉）郑玄注,（唐）贾公彦疏:《仪礼注疏》,第 1175 页。
② （汉）郑玄注,（唐）贾公彦疏:《仪礼注疏》,第 1075 页。

自任己得,宜以谦逊的意思。以下两条注文虽无"礼有终"的字眼,但有"礼有终"之义,所以一体看待。

《仪礼·聘礼》曰:"君使卿皮弁,还玉于馆。宾皮弁,袭,迎于外门外,不拜,帅大夫以入。"郑玄注云:"迎之不拜,示将去,不纯为主也。"①

《仪礼·聘礼》曰:"上介出请,宾迎。大夫还璋,如初入。"郑玄注云:"出请,请事于外以入告也。宾虽将去,出入犹东,唯升堂由西阶。"②

来聘使者即将回国前,主国君会派卿向使者奉还圭璋以及赠送还报的礼物,以上两条是记使者接待主国卿的礼仪。使者在馆舍大门外迎接卿时,不行拜迎礼,郑玄对使者"不拜"之仪的解释是,使者在馆舍同于主人,前时卿来归饗饩,使者与卿行宾、主之礼。但目前礼将终结,使者便不再以主人自居,故不用宾、主之礼迎卿,以示自己即将离去。

卿还圭完毕走出庙门,再行还璋的礼事,礼仪如同还圭一样。郑玄在此补充,使者在临行离开前,已不全从主人之义,虽依然从门东出入,但与卿执礼时,不再自阼阶升堂,而依从卿改由西阶。实际经文在还圭一节已经明确说明宾"升自西阶",只不过注文在此揭示出来。

总体来看,使者在馆舍接待领命前来的卿,不再纯粹以主人自居,相迎不行拜礼,升堂由西阶,这都反映出礼将结束时,客方回归自己来访宾客的身份。

概括而言,下榻在主方处的宾客,在活动渐备将要离开时,不再以主人的礼仪招待前来探看的主方人员,否则即与"礼有终"所提倡的精

---

① (汉)郑玄注,(唐)贾公彦疏:《仪礼注疏》,第 1066 页。
② (汉)郑玄注,(唐)贾公彦疏:《仪礼注疏》,第 1067 页。

神不相符合。

　　　　《仪礼·燕礼》曰："公有命彻幂,则卿大夫皆降,西阶下,北
　　面,东上,再拜稽首。"郑玄注云:"不言宾,宾弥臣也。"①

　　这是燕礼末尾的"无算爵"仪节,燕礼是诸侯礼,君尊没有伉礼者,故不做献酒的主人,由宰夫代行主人之义,宾则使大夫充任。饮酒到了不限定爵数的环节,公意殷勤,必要饮完所陈设的酒,命彻去膳尊上的幂,卿大夫皆下堂,行再拜稽首礼。郑玄对这里设宾而不言宾,仅言以"卿大夫"的解释是,活动进行到即将完毕阶段,作为出于饮酒礼需要而充当宾的大夫,愈加依从臣礼,回归卿大夫行列,经文不再给予单独凸显,是礼有终结。概括而言,在某些场合下,尊者会以客礼对待一些与其地位本不相称的人,如果开始尚可以接受这种礼遇,随着活动的推进,卑者则不敢安享尊者的隆情,应懂得礼有终结,秉持虚心恭敬的姿态,使礼顺势渐备。

　　综合以上来看,郑玄这几条"礼有终"的意思是,礼仪活动将近终结时,主客双方都不应另外尊崇新的礼敬开端;作为客方来讲,如果本与主人身份不对等,或已在主人处叨扰日久,在活动即将完结时,尤其不宜以盛礼自恃。任何礼仪开始之初都是礼的渐盛,到达顶峰后就开始逐渐简省,顺势渐进走向礼的终点。所以,宾、主行事都要符合礼的节奏,既不能在礼盛时表现出感情的不及,也不能在礼仪简省与情感无以为继时仍旧不肯结束礼仪。

二、礼毕退去时的"礼有终"

　　上文阐述了礼将终结时的"礼有终",在礼仪完毕离开者退去时,

---

①　(汉)郑玄注,(唐)贾公彦疏:《仪礼注疏》,第1023页。

同样也都贯彻着"礼有终"的原则。郑玄主要在以下 4 处注文中对该问题给予了揭示。

  《仪礼·乡饮酒礼》曰："主人送于门外,再拜。"郑玄注云："宾、介不答拜,礼有终也。"①

  《仪礼·乡射礼》曰："宾降及阶,《陔》作。宾出,众宾皆出。主人送于门外,再拜。"郑玄注云："宾不答拜,礼有终。"②

  乡饮酒、乡射礼活动开始时,主人拜迎来访的宾客,宾客答主人之拜;活动结束时,经文仅言主人出门拜送宾客,却没有宾客回拜的文字,郑玄指出宾客在此不答拜,因为行礼当有终结。

  《仪礼·公食大夫礼》曰："公送于大门内,再拜。宾不顾。"郑玄注云："初来揖让,而退不顾,退礼略也,示难进易退之义。"③

  公为小聘使者举行的"食礼"结束,君在大门内相送,行再拜礼,宾趋避,经文直接言明宾退去"不顾"④,君命摈者送宾出门,摈者返回时报告宾已经离去,没有回头,所以去者在此也没有答礼,而且郑玄还阐释这种行为的礼义是"难进易退",此待下文详述。

  《仪礼·特牲馈食礼》曰："宾出,主人送于门外,再拜。"郑玄

---

① （汉）郑玄注,（唐）贾公彦疏:《礼仪注疏》,第 989 页。
② （汉）郑玄注,（唐）贾公彦疏:《仪礼注疏》,第 1009 页。
③ （汉）郑玄注,（唐）贾公彦疏:《仪礼注疏》,第 1083 页。
④ 《仪礼》经文中直接言明去者不顾的情况除此外还有 3 处,分别见于《聘礼》和《有司彻》,因该 3 处的注文并非就"礼有终"的内容展开,而本书是由注文来探讨郑玄的礼仪规范思想,故在此不罗列与阐述内容与此无关的经注。

注云：“凡去者不答拜。”①

《特牲》祭礼完毕，主人在庙门外拜送宾，郑玄此条注文与乡饮、乡射的仅是就本篇而论相比，直接发凡起例，既言“凡”，就意味着《仪礼》十七篇中所有礼毕退去的情况，离开者皆不回礼主人的拜送。②

　　《仪礼·聘礼》：“摈者出请，宾告事毕。摈者入告，公出送宾。及大门内，公问君，宾对，公再拜。公问大夫，宾对。公劳宾，宾再拜稽首，公答拜。公劳介，介皆再拜稽首，公答拜。宾出，公再拜送，宾不顾。”郑玄注云：“公既拜，客趋辟，君命上摈送宾出，反告宾不顾，于此君可以反路寝矣。”③

这是聘享大礼完毕，宾退去，主国君送宾的礼仪。公出庙至大门内，向宾问来聘国国君居处，前时行礼是公事，尚没有表达问候的情谊，宾对答，公拜其无恙。公又问大夫，对宾、介的道路辛苦表示慰劳，宾、介行礼致意，公回礼答拜，宾疾行回避走出大门，此时公再拜送宾，宾不回顾。

《周礼·司仪》记载诸侯相朝的礼仪，朝礼毕，傧宾，郑玄注云：“上于下曰礼，敌者曰傧。”《礼记·礼器》曰：“诸侯相朝，灌用郁鬯，无笾豆之荐。”傧宾结束，经曰：“及出，车送，三请三进，再拜，宾三还三辞，告辟。”郑玄注云：“三请三进，请宾就车也。主君每一请，车一进，欲远送之也。三还三辞者，主君一请者，宾亦一还一辞。”

---

① （汉）郑玄注，（唐）贾公彦疏：《仪礼注疏》，第1191页。
② 凌廷堪《礼经释例》进行再一次的阐明：“凡拜送之礼，送者拜，去者不答拜”。凌氏详细罗列《仪礼》十七篇中的相关内容来论证此条礼例，具体可参看，在此不再赘述。（凌廷堪撰，彭林校点：《礼经释例》，北京大学出版社2012年版，第27—29页。）
③ （汉）郑玄注，（唐）贾公彦疏：《仪礼注疏》，第1059页。

候宾讫,宾降出,主人送至门外,以车从,既请宾就车,又以己车前,进至所止之处,则再拜以送宾。宾亦不答拜。孙诒让云:"'告辟',告辟主君之拜也。宾但告辟遂去,不答拜者礼之通例,送者拜,去者不答拜。"方苞云:"三辞告辟,以主君将拜,驱而辟之,不预见主人之拜也。主君再拜当在宾告辞后,而序于前,见宾告辞时主君即拜,而宾已辟,然后主宾之敬皆曲尽而各得其安也。"①

以上诸公之臣作为国客相聘,行聘享礼毕,相送之仪,宾出庙走到中门之外,主君序殷勤之意,问对方国君居处无恙,宾行再拜礼回答。其后又问安大夫,以及劳问宾,宾依次回答完毕,主君行礼,这时客趋出辟之。

综合以上内容,郑玄对离去者不答拜之仪的解释是,行礼完毕,宾退出,主人相送于门外(或门内),无论之间是否有再序殷勤的仪节,一旦礼备,主人拜送(或揖送)宾客,宾不答复主人,而是迅速离去,不再扭头回顾,以示行礼有终。②

《礼记·礼器》曰:"礼之近人情者,非其至者也。"与人情相近似并不是最完善的礼,而可能是对礼的亵渎。离去的宾客面对主人亲自送别的盛情,总是觉得应该再次推辞,客人的心情是出于对主人的尊敬,然而在主人已经拜送的情况下再次扭头回礼,难免又使得主人重复执敬致意。所以,离开者容易退去虽看似失于亲昵,但可做到中和而不逾节度,故去者易退是明礼有终,尊人敬人的表现。

离去者的"易退",仅是事情的一端,与之相对的是"难进",指宾、主交接之初,行事执礼须有积渐。一个终点,一个开端,这两方面共同组成宾客之道中的"难进易退"思想。"难进"是慎始,有所择取不滥交,如此可避免生怨,终相疏离。"易退"是敬终,离去者知人有倦怠,

---

① (清)孙诒让撰,王文锦、陈玉霞点校:《周礼正义》,中华书局 2013 年版,第 3032 页。
② 笔者按:在具体的送宾仪节上,礼尚且存在诸多差异,又如"凡君与臣行礼,皆不送"(凌廷堪《礼经释例》),又《特牲馈食礼》中尸不送主人,又《少牢馈食礼》中尸虽送主人,但不拜送,仅揖送之。然无论哪种情况,去者皆不顾而去。

事有不继,克己以礼,不使人生厌。若《大戴礼记·保傅》"《易》曰:'正其本,万物理。失之毫厘,差之千里。'故君子慎始也。《春秋》之元,《诗》之《关雎》,《礼》之冠、昏,《易》之乾、巛,皆慎始敬终云尔"。故"礼有终"在宾客迎送层面的礼义即是难进易退,这点郑玄在《仪礼·特牲馈食礼》注中已经揭示。抛开具体的宾客礼仪,"难进易退"也是中国传统文化所倡议的一种君子品行,《礼记·儒行》曰儒者"其难进而易退也,粥粥若无能也"[1]。可见难进易退即被认为是儒者的容貌之一。宾客之道中的"难进易退"最终被抽绎赋予更深的哲学思想,《礼记·表记》曰:"子曰:'事君难进而易退,则位有序。易进而难退,则乱也。故君子三揖而进,一辞而退,以远乱也。'"[2]由具体的礼仪规范逐渐伸展开来,进而涵盖君子择友立身,乃至辅佐君主治世的深刻道理,它在传统文化中非常被看重。

例如,苏轼对"难进易退"的士君子气节就屡次提及。《东坡志林》记载:

> 旧读子美《六和寺诗》云"松桥待金鲫,竟日独迟留",初不喻此语,及倅钱塘乃知寺后池中有此鱼,如金色。昨日复游池上,投饼饵久之,乃略出,不食,复入,不可复见。自子美作诗至今四百余年,已有迟留之语,则此鱼自珍贵盖久矣,苟非难进易退而不妄食,安得如此寿耶?[3]

又有《鹤叹》诗篇以明己志。诗云:"园中有鹤驯可呼,我欲呼之立坐隅。鹤有难色侧睨予,岂欲臆对如鹏乎?我生如寄良畸孤,三尺长胫

---

① （汉）郑玄注,（唐）孔颖达疏:《礼记正义》,第 1668 页。
② （汉）郑玄注,（唐）孔颖达疏:《礼记正义》,第 1643 页。
③ （宋）苏东坡撰:《东坡志林》卷一,载文渊阁《四库全书》,上海古籍出版社 1987 年版,第 863 册。

阁瘦躯。俯啄少许便有余,何至以身为子娱。驱之上堂立斯须,投以饼饵视若无。戛然长鸣乃下趋,难进易退我不如。"①此苏轼元祐年间离开京城,前往定州后所作。句末点睛"难进易退",以抒作者感情。

又有建言朝廷当褒奖具"难进易退"古君子之风者。《乞录用郑侠王斿状》云:"今来朝廷赦侠之罪,复其旧官,经今踰年,而侠终不赴吏部参选。考其始终出处之大节,合于古之君子杀身成仁、难进易退之义,朝廷若不少加优异,则臣等恐侠浩然江湖,往而不返,若溘先朝露,则有识必为朝廷兴失士之叹。"②

三、礼仪将终的示意问题

行事为礼中贯穿着的"礼有终"原则,要求礼将完毕时,顺势而为不再推崇新敬;礼毕易于退去,不反复致意。如此在主、客双方的互相推进中,由哪一方示意礼将结束便成题中之义。因为有"礼有终"的意识,就要使事情最终落到这个终结的节点上,由谁主动示意是"礼有终"理论前后两方面的连接点。对该问题,《仪礼》《礼记》都有相关涉及,由于礼仪的性质、等级等诸多差异,它的情况也较为复杂。总体来看,可暂且简单地分为:宾客之礼和非宾客之礼两类情况。宾客之礼,重在宾客之道与地主之谊。非宾客之礼,是指为礼双方并非主人和客人的关系,它更突出一种尊卑从属的性质,如弟子侍从于先生、卑者侍奉于尊者等。笔者在此略做尝试,对其内容进行统筹整合。

(一)宾客为礼的情况

宾客之礼中,都是礼仪活动的发起者发出礼将完毕的信号。这在实际操作中又可分为两种情形,一是宾客不请自来,此时来访的宾客是活动发起者;二是宾客被邀请去为礼,此时主人是活动的发起者。

---

① (宋)苏轼撰,(清)王文诰辑注,孔凡礼点校:《苏轼诗集》,中华书局 1982 年版,第 2003 页。

② (宋)苏轼撰,孔凡礼点校:《苏轼文集》,中华书局 1986 年版,第 794 页。

第一,如果客人不请自来,按照礼的精神,主人不宜期待宾客必然已经行事完备,所以是由宾客来示意礼将终结。在《仪礼》中,凡不请自来的宾客,行事完毕出门后,主方都会向其询问是否还有事,若还有事,则继续进行。若宾确已无事,则主人送宾。故《仪礼·既夕礼》曰:"凡将礼,必请而后拜送。"①于此不再举例说明。

第二,如果客人应邀前来,行礼程序自然依照主方安排,由主方来示意礼将终结。在《仪礼》中,若主方执礼招请他人来行事,礼毕时无出请之事。因为主方请人来为礼,当然没有请宾客示意礼何时将要结束的道理。所以此种情况下皆是主方按礼仪规程示意礼完备与否,宾客或参与人员皆听从安排而已。

简而言之,当行事执礼将要完备时,活动的发起者主动示意礼将要终结的信号,此时主、客双方都不再另行推崇新的礼敬开端,所以《公食大夫礼》条,主国君面对使者的致谢,直接回礼,这即是活动发起者主动示意。

(二)非宾客礼的情况

非宾客之礼更为凸显执礼双方的尊卑差别,当然这并不意味着上述宾客之礼中宾、主身份地位一定是完全对等,但只要为礼的性质还归在宾客之礼,那就依照谁发起谁示意的原则。非宾客之礼主要强调一种从属关系,在这种性质下,礼终结与否由尊者示意。它具体又包含以下四种情况。

首先,尊卑之间,如君臣、父子、师生等,卑者不敢专擅,礼仪是否将要结束的信号是由尊者发出。

《礼记·少仪》曰:"请见不请退。"郑玄注云:"去止不敢

---

① （汉）郑玄注,（唐）贾公彦疏:《仪礼注疏》,第 1153 页。

自由。"①

　　这是指卑者见尊者的礼仪。卑者去尊者住所,有请求尊者接见的道理,但不敢自己请求退去,退必由尊者之命。如果卑者主动请退,难免有轻慢厌致贤者的嫌疑,由此可知礼的终结在于尊者一方。简单讲,如果卑者与尊者执礼,无论是卑者主动发起,还是尊者吩咐卑者,在事情完结后尊者会根据具体情况,由自己的意愿来表示礼仪是否将要继续,故卑者不宜冒昧唐突地不待尊者示意,先行要求结束。

　　其次,若尊者委婉示意,卑者可请退。有时尊者出于礼貌等原因,不方便直接结束礼仪,此时卑者可根据尊者流出的神情,来请求终结礼仪,然后听命于尊者的应允。

　　　　《礼记·曲礼》曰:"侍坐于君子,君子欠伸,撰杖屦,视日蚤莫,侍坐者请出矣。"郑玄注云:"以君子有倦意也。"②
　　　　《礼记·少仪》曰:"侍坐于君子,君子欠伸、运笏、泽剑首、还屦、问日之蚤莫,虽请退可也。"郑玄注云:"以此皆解倦之状。"③
　　　　《仪礼·士相见礼》曰:"凡侍坐于君子,君子欠伸,问日之早晏,以餐具告。改居,则请退可也。夜侍坐,问夜,膳荤,请退可也。"郑玄注云:"君子,谓卿大夫及国中贤者也。"④

　　这是讲在尊者身边陪坐,如果君子打呵欠,伸懒腰,拿手杖、鞋子,摇动笏板,舞动剑柄,转动鞋子,看天色早晚,问现在是什么时辰,夜间吃荤辛的东西来解除困倦,这就表明尊者倦怠有起身之意,此时陪坐的

---

①　(汉)郑玄注,(唐)孔颖达疏:《礼记正义》,第 1512 页。
②　(汉)郑玄注,(唐)孔颖达疏:《礼记正义》,第 1240 页。
③　(汉)郑玄注,(唐)孔颖达疏:《礼记正义》,第 1512 页。
④　(汉)郑玄注,(唐)贾公彦疏:《仪礼注疏》,第 977 页。

人就应该请求退出。总的来说，当尊者的神态、语气、动作流露出将要结束礼仪的意思时，卑者便可主动请求退去。

再次，某些情况下，若尊者有所疏忽，卑者可以善意提醒。因为《仪礼》是记载礼仪行事范式的书，不可能出现有违礼仪规范的事例，该问题需要借助其他资料来补充。《诗经·湛露》篇的笺注中引有敬仲止桓公夜饮事。按《左传·庄公二十二年》：

> 饮桓公酒，乐。公曰："以火继之。"辞曰："臣卜其昼，未卜其夜，不敢！"君子曰："酒以成礼，不继以淫，义也；以君成礼，弗纳于淫，仁也。"①

敬仲邀请桓公饮酒，天黑以后，桓公想继以火烛进行夜饮，按当时礼法，夜饮只能在宗室同姓诸侯，故敬仲以未卜其夜的理由制止桓公，此即敬仲知礼当有终结拂逆尊者的情况。简言之，若尊者有所疏忽，卑者可以委婉请示提醒尊者，然后等待尊者的命令。

最后，若尊者在卑者已行礼完成以后，又兴起新的礼敬事宜，卑者仍须要答礼，使礼成于尊者。

> 《仪礼·燕礼》曰："公坐，取大夫所媵觯，兴以酬宾。宾降，西阶下再拜稽首。公命小臣辞，宾升成拜。"郑玄注云："先时君辞之，于礼若未成然。"②

燕礼，君向宾进献酬酒，劝其饮酒，宾降堂下行再拜稽首礼答谢，君命小臣推辞。此时若宾已经在堂下行礼完毕，闻君之命，立即升堂，复再

---

① （晋）杜预注，（唐）孔颖达疏：《春秋左传正义》，第1774—1775页。
② （汉）郑玄注，（唐）贾公彦疏：《仪礼注疏》，第1018页。

拜稽首以成礼。郑玄对此的解释是,升堂再次行拜成礼,意在堂下的行礼尚未完成,如此不使君命虚发,让礼完备于尊者的意愿。反之,则相当于没有殷勤承应君命,是对尊者的不敬。抽绎而言,与尊者为礼,即使尊者已示意礼终,卑者也已回礼,但此时若尊者更有发端,则应如礼未成对待,须再次答礼,卑者不当认为行礼已经结束,而使尊者之命虚待。

以上就是礼将终结时由谁示意的基本情况,此后即是上文探讨的礼终退去问题,综合来看,在礼仪最终的完成环节上,都是礼仪行为终止于尊者一方,亦可称为"礼成于尊者"。所谓的"尊者"有两层含义,一是地位身份比主人尊贵;二是身份对等,但为主人所尊敬。前者指非宾客之礼,主方身份尊贵,不送离去者,此时是尊者示意礼仪结束,去者请退,如此是礼仪行为率先完成于尊者。后者多是宾客之礼,主人拜送,客人不回顾答拜,这实则是客人率先结束行礼,主人敬客,容稍加伺候再结束礼仪。

四、余论

两汉时期关于退去仪节精神的记述,不仅有郑玄的阐释,《史记·滑稽列传》记有一则离开者不迅速退去的故事,可从另一个角度补充"礼有终"所指。汉武帝乳母的子孙奴仆因在市横暴,皇帝准许有司奏请,令其家迁徙到边境。该乳母在面辞武帝前,先拜见郭舍人,郭舍人为她谋划"即入见辞去,疾步数还顾"的主意,乳母如其言,辞行退去时数次扭头回顾,果然使得武帝心生悲怜,放弃先前的处罚。在这个故事中,武帝乳母退去时的数次还顾,是要表现一种依依不舍之情,但这种依依之情却不合乎礼仪规范的精神。

郑玄《仪礼注》探讨的这些问题并不是孤例,而是汉末经师《仪礼》诠释大背景下的讨论,只不过汉魏六朝的《仪礼》学文献散佚严重,很多资料已不得见。邴原就对退去不顾发表过观点。邴原晚于郑玄,后为曹操征辟,据《邴原别传》记载,邴原曾以"人各有志,所规不同"谢绝

从学郑玄的意见。在曹氏的一些典政事件中,邴原发表有他的观点,对于退去不顾的记载,见于《邴吉别传》:

> 魏武皇帝初为司空,辟署议曹掾。请见礼毕,上送至门中,原辞,直去不顾。上还,语左右:"孤甚敬此人,与其辞,远送之,谓其尚顾而终不顾,此人诚高士也。"人谓曰:"君宜谢公,公望君一日,辞不顾揖。"原勃然曰:"夫何谢哉?夫揖让者,谓其敌耳。吾,人臣也;公,人君也。君尊臣卑,揖让何施?且孔子反命曰:'宾不顾矣。'吾何谢哉!"人以语上,上曰:"快乎斯言也! 夫有斯名,而岂徒哉!"①

邴原阐述了两个问题,第一,为礼双方是否对等,尊卑不敌,卑者不敢伉礼。第二,辞去之后,不再回顾揖谢。《仪礼·士相见礼》曰:"君为之兴,则曰:'君无为兴,臣不敢辞。'君若降送之,则不敢顾辞,遂出。大夫则辞,退下,比及门,三辞。"士不辞君降堂,大夫可辞,至门而独退。尊者相送,殷勤备至,若三请三辞之意,但退去不再回顾。曹操远送,邴原门中辞去,已叙情义,退下不再回顾,不卑不亢,表达不敢当主君之拜,且不劳主君之远送之意。

此后唐人也援引这些经典作为社会实际治理的指导精神。比如《文苑英华》收录的"请益不退判",如下:

> 戊侍先生视日早,暮不请退。乡大夫责之,词云:"方及请。"
>
> 《书》称教胄,礼贵来学,问一之道式昭,在三之仪斯著。戊行敦素履,行列青衿,惧扞格之无诚,诚挑达以自制。满籯不顾,方欲期於俯拾,重席拟登,何敢遽云请退? 然先生在位,侍坐有仪,自合

---

① （宋）李昉等撰:《太平御览》卷二〇九,中华书局1960年版,第1005页。

发问以条,使师逸功倍。何得请益无节,致视日欠伸?虽涉进德之端,其若伏膺之道。乡大夫之责,是谓知言;门弟子之礼,不应饰说。息焉有故,边生且放懒眠;惩之勿深,甯越岂宜鞭挞?请举坐觥之罚,式陈鼓箧之诚。①

此是一则拟判,以天干地支的"戊"作当事人,"戊侍先生,视日早暮不请退。乡大夫责之"。判文陈述戊敦厚质朴,真诚嗜学,因此不敢急迫匆忙地请求退去,但即使如此,作为学子当侍坐有仪,求教有法,使老师的教习事半功倍,不能请益没有节度,让先生疲倦。最后判定学子既要认识到此种行为的不妥,又不宜责罚过重,所以给予饮罚爵的惩戒。这虽是拟判,但也是另一种形式的致用,同时体现着对人立身处事的劝诫和教化。

郑玄"礼有终"的礼学思想对礼仪的节度规范进行阐述,一是礼将完毕,不再推崇新敬;二是礼仪终结,容易退去。在礼将终结时,尊卑为礼,尊者示意礼成;宾客之礼,则由活动发起者示意。这种仪节精神,同样被后世的典仪制作所关注到。《明集礼·宴会仪注》:"进食,奏大乐,如前。其西庑斟酒,进食,其次如殿上,但不作乐。宴毕,皇帝兴,皇太子、诸王侍从,还宫。引礼引蕃王出,引礼引文武百官以次出,蕃王还馆,乐作,乐止。"这里最后一番举爵饮酒,不再作乐,就是顺势见终的意思。在此需要补充的是,明代的礼学研究,特别是《仪礼》学研究值得关注,受当时治理需要以及复古思潮等因素影响,明代在典仪制作与社会基层礼仪实践中对于《仪礼》的吸收与推演实际上比较丰富,如湛若水等人都有过《仪礼》类研究著述,这些研究的特点即是对古注精神的明确吸收。

---

① (宋)李昉等编:《文苑英华》第四册,中华书局1966年版,第2609页。

第四节 "礼不参"笺解

一、"礼不参"在《仪礼注》中的内容和含义

"礼不参",在郑玄《仪礼注》中一共出现3次。"参",《说文解字》"商星也",心宿三星鼎立,借用以表示"三"。然三星者,并非仅有心宿,参宿亦是,所以《诗经·唐风·绸缪》"三星在天",毛传"三星,参也",郑笺"三星,心星也"。经传多借为三,《左传》"特相会,往来称地,让事也。自参以上,则往称地,来称会,成事也",杜预注云:"'特相会',公与一国会也。会必有主,二人独会,则莫肯为主,两让,会事不成,故但书地。"①《大戴礼记·哀公问五义》谓圣人"配乎天地,参乎日月",即与日月鼎足为三。《礼记·乡饮酒义》曰:"月者,三日则成魄,三月则成时。是以礼有三让,建国必立三卿。三宾者,政教之本,礼之大参也。"②又《庄子》"以参为验"亦是。

以下对郑氏"礼不参"的注文,按其所属经文的情境分为两类,具体予以阐述。

(一)昏,父不送婿、女

一般而言,宾客之礼,宾出,主人皆拜送。③ 在《仪礼·士昏礼》亲迎一节中,婿至女家,女父迎于门外,西面再拜,婿则东面答拜,此是主人迎宾之礼。然而当女从婿降出时,主人却并不降送婿、女。

《仪礼·士昏礼》曰:"主人揖入,宾执雁从。至于庙门,揖入。

---

① （晋）杜预注,（唐）孔颖达疏:《春秋传正义》,第1743页。

② （汉）郑玄注,（唐）孔颖达疏:《礼记正义》,第1684页。

③ 按《少牢馈食礼》,主人宿尸,尸送,揖,不拜。郑玄注云:"尸不拜者,尸尊。"且礼毕,主人送佐食不拜,郑玄云:"送佐食不拜,贱。"此外,凌廷堪《礼经释例》云:"凡君与臣行礼皆不送"。虽然此君与臣行礼不属于宾客之礼,因其亦牵扯降送问题,故列于此。

三揖，至于阶，三让。主人升，西面。宾升，北面，奠雁，再拜稽首，降，出。妇从，降自西阶。主人不降送。"

郑玄注云："'主人不降送'，礼不参。"

贾公彦疏云："云'主人不降送，礼不参'者，礼，宾、主宜各一人，今妇既送，主人不送者，以其'礼不参'也。"①

亲迎礼始，女父执主人之礼，婿当宾，女父主授女于婿一事。当婿与女父行礼备，婿由西阶降出，女则出房，从婿而降。此时，女父只于阼阶上西面诫女，并不降送。最后，是由庶母送女至门内。女父与婿前时既执宾、主之礼，今不降送，郑玄以"礼不参"解之。郑氏此注极为简省，根据上文所论，"礼不参"即"礼不三"。贾公彦疏云"礼，宾、主宜各一人"，如此，"不三"，是以行礼人员言，意为宾、主二人行礼，不当有三。此女父不降送，自是所言不当往三者，由是可推，婿与女乃执宾、主之礼。故贾疏云，"今妇既送，主人不送，以其'礼不参'也"。

结合贾疏解，问题至此似乎已无疑问，然事实并非如此。因为这个逻辑是主人不降送，因其不能往三。但问题的关键在于为何妇从降之后，是婿与女执宾、主之礼，而女父则不再执主人之礼？女父既为主人而主授女，为事应有始有终，如此似当降送。而且，礼，卑统于尊，婿迎女、女从婿，婿与女可作为一个整体。女父若送之，其与婿为礼，而女系属于婿，此亦不违宾、主二人行礼之规范。如《乡饮酒礼》，礼毕而出，主人送宾、介、众宾，此亦非宾、主各一人，而主人可送之。反之，为何此处主人却不能降送婿、女二人？所以，贾疏似明而非明，此问题并没有得到真正之解决，需要进一步思考。

按照《仪礼·士昏礼》记载，亲迎是婚礼"六礼"中最核心的环节，其包括有一系列的礼节仪式。婿往女家亲迎，至主人授女一事完毕，女

---

① （汉）郑玄注，（唐）贾公彦疏：《仪礼注疏》，第966页。

从婿降出,此婿与女执礼始,下面将继续亲迎其他环节的内容。换言之,在亲迎一礼中,女家授女于婿完成,并非是亲迎之礼的结束,而是婿与女执礼的开始。此时,婿始执夫礼,当主人;女始执妇礼,当宾,是新敬已生,下经即是婿御妇车之事。所以,女从婿降出时,女父则不再当正礼,若其再以主人身份降送,则是往三婿与女之新礼,是嫌有两主人,且显三方为礼之事。如此,则所敬不明、主次难分,行礼必然出现疑而不决的状况,故女父不往三婿、女新礼。

由上可得,问题的关隘在于看似礼仪的结束环节恰是新礼的开始,即随着仪式进行,宾、主最终发生了变化,女父既已不当主人,自然没有执主人礼送宾的道理。而上面提及的《仪礼·乡饮酒礼》,礼终主人送宾,宾、主皆当正礼,且介、众宾统于宾,故其亦是为礼者乃两方,无有他人三之事。所以,贾疏虽然提出了"礼,宾、主宜各一人",但没有明确说明婿、女、女父三者在此仪节到底是怎样的关系,此与之前、之后究竟有着怎样的变化与区别。疏文的表述过于简单,使人难以理解经注的意思。

简而言之,郑玄"礼不参"在此婚礼亲迎,父不降送一节,其意为:婿与女开始执正礼,各当主、宾,执礼宾、主宜各一人,女父虽尊,为前时执主人之礼者,而此即新礼将为,其不再主之,则亦不应往三之。

(二) 燕,公不三宾、主

礼宾待客,根据礼仪等级和性质,主人或出门而迎,或门内而迎,且导宾而升堂即位。在《燕礼》《大射仪》中,当为宾之大夫复以宾礼入时,其既至于庭,公降一等而揖之,宾辟。此后,公不请宾至位就席,而自遂升即席。

《仪礼·燕礼》曰:"射人纳宾。宾入,及庭,公降一等揖之。公升就席。"郑玄注云:"以其将与主人为礼,不参之也。"贾公彦疏云:"郑知'将与主人为礼,不参之'者,下经云宾升,主人亦升。是其宾与主人为礼，不得相参之也。"①

《仪礼·大射仪》曰："摈者纳宾，宾及庭，公降一等揖宾，宾辟。公升即席。"郑玄注云："以宾将与主人为礼，不参之。"贾公彦疏云："云'公降一等揖宾'，不言请宾至位就席者，亦是以宾与主人为礼，礼不参，故不请也。"②

《仪礼·燕礼》《仪礼·大射仪》为诸侯礼，礼仪开始，独君升立席上，余皆以臣礼入。君尊不为献主，使宰夫为燕礼的主人，宾则使大夫。设立宾、主是行饮酒礼的需要，为能"致欢也"③。如此，便产生了两个问题：一、君为大尊，是礼仪实质的主导者，而臣莫敢亢礼。二、所设立的宾、主需承担起各自角色的任务，完成礼仪活动的具体推进。而公不请宾升席即位，即是该问题的一个表现方面。

与《仪礼·士昏礼》条相比，郑玄这里的阐释容易理解。首先，注文直接指出所设之宾、主将为礼，既明宾、主所在，他人自无往参。其次，《仪礼·燕礼》《仪礼·大射仪》的情况发生在礼仪之中，仪节变化带来的宾、主转换容易理解，而《仪礼·士昏礼》条的难点在于需明仪节终始之变。在此，礼仪活动开始，君为行礼的核心，请卿大夫就位，又命宾。当所命之宾入至于庭，公降一等揖之，是礼待宾之意。礼仪活动至此，仍是君与臣为礼的环节。但此后却是所设立的宾、主开始来担任礼仪推进的执行者。此时主人之位在堂下洗北，下经即宾与主人升阶，始主人献宾。既然宾、主将行礼，是正当礼者，君虽大尊，但不再是当礼者，所以不请宾而即席，不三宾、主之正礼。若公请宾，往三之，则嫌三方同时行礼，亦主客不明，所敬不分。

通过分析，《仪礼·燕礼》《仪礼·大射仪》之"礼不参"，强调出公

---

① （汉）郑玄注，（唐）贾公彦疏：《仪礼注疏》，第1016页。
② （汉）郑玄注，（唐）贾公彦疏：《仪礼注疏》，第1030页。
③ （汉）郑玄注，（唐）孔颖达疏：《礼记正义》，第1690页。

与所设立之宾、主间的一种互为进退。例如,在宾、主一献之礼中,还加入了主人献公一节。所以,在公为至尊,又设宾、主的情况下,此间的协调将是《仪礼·燕礼》《仪礼·大射仪》贯彻始终的一个核心问题,也是最需要解决的问题。郑玄在此揭示的"礼不参"之意,对我们理解复杂礼仪活动中的行礼规范有着极好的帮助。

简而言之,郑玄"礼不参"在《仪礼·燕礼》《仪礼·大射仪》之公不往三宾、主之事中,其意为:宾、主既备,主人将与宾执宾主之礼,为礼宾、主宜各一人,虽公尊,则亦不三人之行礼。

结合上文两类三条"礼不参"的情况,我们认为郑玄的"礼不参"理论是谓礼不三之。当执正礼的宾、主为礼时,第三方,或尊或已不再当正礼,抑或无关之人,皆不三之。在《仪礼》中,任何一个具体的行礼行为,皆是宾、主两人或两方执之,绝无两方之外,又有他人往三的情况存在。"礼不参"作为一个基本的礼仪规范原则,郑玄独于以上三处注出,这并非表明其他地方有所例外,郑玄为注,"文义自解,故不言之,凡说不解者耳"①。既然《仪礼》是礼仪规范范式的呈现,其行礼问题自然呈现出为礼分明,无有往三的情况,经文既无疑问不解处,对此问题就无须也无从做出注解说明。而郑氏所注出的三处,情况则较为特殊:《仪礼·士昏礼》亲迎一事,宾、主最终出现了变化,至于《仪礼·燕礼》《仪礼·大射仪》君为特尊,又为行礼而设宾、主,敬之所系随着礼仪进程会有所浮动,如此这三条中,宾、主一事,极易产生错乱模糊,即不明主礼为谁而嫌有往三的可能,故郑氏特注"礼不参"以明。而且借注此释有疑的方法,可以达到决其疑而众象明的效果,对蕴含在基本礼仪规范之中的问题找到合适的方式予以揭示。所以,虽然郑玄仅于三处注出"礼不参",但"礼不参"实质上是礼仪行为规范的基本准则。

---

① (汉)郑玄笺,(唐)孔颖达疏:《毛诗正义》,第279页。

二、"礼不参"的礼义及其二者间互动

《孝经》曰："礼者，敬而已矣。"郑注云："敬者，礼之本也。"①故《礼记·曲礼》曰："毋不敬。"礼主于敬，敬之所在为尚异。《礼记·乐记》："乐者为同，礼者为异，同则相亲，异则相敬。"②礼用区别以为规范，在事物的层次区分中，使问题得以梳理而各得其宜。在礼仪活动中，尊者为敬，而参与的尊者若并非一人，则为礼必有如何主次及平衡的问题。《礼记·曾子问》载曾子问孔子，"丧有二孤，庙有二主，礼与?"孔子曰："天无二日，土无二王。尝、禘、郊、社，尊无二上，未知其为礼也。"③尝禘之时，虽众神并在，犹先尊后卑，一一祭之，此尚不可二，明丧主、庙主亦不可二。又《礼记·孔子闲居》曰"天无二日，土无二王，家无二主，尊无二上"④，此论亦在明礼之尊无二上之意。也就是说，所尊者众多，亦必有所尊卑，有所当礼与否，故仍须一一别之，是不并敬尊者，而使尊敬有所差异，这是礼的基本精神。如是，则礼仪之敬存，礼仪之本身亦随之而存。

"敬不能并"作为礼的基本精神，在礼仪的各个方面都有所体现，如所用之器物、所在之向位、为事之劳逸、致敬之方式等。而若体现在主、客二人行礼方面，即是"礼不参"。主、客行礼方面的敬不能并，就是要通过区别行礼的主次先后次序来达到不并敬的目的。从整体和根本层面讲，礼仪活动首先要确定宾、主两方，如此其他人员才能有所系属。在此基础上，随着礼仪活动的进行和推进，事情的主次矛盾也在随之发生变化，此时主、客双方成为近事得申的当礼者。既如此，"敬不能并"在主、客行礼方面之意为主敬前，不并敬他人，使有二尊同立之

---

① （唐）玄宗御注，（宋）邢昺疏：《孝经正义》，载《十三经注疏》，中华书局 1980 年影印清阮元校刻本，第 2556 页。
② （汉）郑玄注，（唐）孔颖达疏：《礼记正义》，第 1529 页。
③ （汉）郑玄注，（唐）孔颖达疏：《礼记正义》，第 1392 页。
④ （汉）郑玄注，（唐）孔颖达疏：《礼记正义》，第 1617 页。

嫌,所尊者众多,则次第礼敬,而这恰恰就是"礼不参"所要达到的效果。

"礼不参"的不可三人或三方同时执礼,其实质是礼指向唯一且确定。行礼对象指向的特定,即以区别敬之所系而达到礼敬他人的目的。两方行礼,礼之所当、事之所系、敬之所在皆在此二人,如此则可以达到主方欲礼敬客方的意图。若反之,无论是嫌有两主人,还是嫌有两宾,皆是二尊同立、敬有平敌,而使主次不明,上下不辨。"礼不参"作为礼仪活动中人员区分问题上的规范原则,就是在活动体系中不断地确定当礼主、客方,从而使得礼仪活动中的所敬者得到了有效的条理和平衡。如此,礼得以辨尊卑明亲疏,而人又各得其敬,各有所尊。所以,不并敬尊者,使其有所相异,即是"礼不参"的意义和目的所在。同时,主、客行礼方面的"敬不能并"也是通过"礼不参"具体实现的。

弄清"礼不参"的意义和目的,不仅为知其礼义之所在,而且更有助于在此基础上全面地理解"礼不参"的精神实质。前面提及由于"礼不参"的出注需要具备一定条件,经文绝大部分为礼分明、无有相疑的情况,使得郑氏最终只在三处注出。但这里面其实还有一个问题,即有些情况是嫌有相疑,确系"礼不参"的内容范畴,郑氏却仍未直接以"礼不参"出注。此集中出现于《仪礼·乡饮酒礼》《仪礼·乡射礼》两篇,总计共有四条。① 虽其具体表述不同,但却都体现着统一的思想,即主、客行礼,敬不能并。根据上文所论,此类注文与"礼不参"实可互为补充。至于郑玄为何如此安排,笔者将于下文给予解释。所以,明白了"礼不参"的礼义,就可以对郑氏所言之主、客行礼方面的"敬不能并"

---

① 此类注文集中出现于《仪礼》中《乡饮酒礼》《乡射礼》两篇,是与其为礼之尊者众多与或有特尊前来二点有关。若《士冠礼》等,宾为一人,赞冠者若中士之下士,位于宾,此赞宾为劳事,则主人所敬,自有等差,似易决之。而《乡饮酒礼》《乡射礼》,宾之外,又有介(《乡射礼》无)、众宾,且皆为乡人而贤能者,如是则如何敬之,则似显有辨之需要。此外,若有诸公、大夫等前来观礼,则即出现《燕礼》《大射仪》的情况,宾、主之外,又有大尊,所以此与前《燕礼》《大射仪》之公不三宾、主一样,其存在出注辨明的需要。

进行钩稽和疏通。如此,不但能够真正弄清"礼不参"及其礼义间的互动,而且可以补充上文"礼不参"不能言及的部分,从而有助于更好地理解郑玄《仪礼注》"礼不参"的内容和含义。以下笔者将《仪礼·乡饮酒礼》《仪礼·乡射礼》四条"敬不能并"的注文分为"不并敬人"与"不使人并敬"两类予以阐述。

(一)"不并敬人"

首先,我们以《仪礼·乡射礼》"敬不能并"注看宾非一人的情况,并探讨此"不并敬人"与"礼不参"的关系。

> 《仪礼·乡射礼》曰:"主人西南面三拜众宾,众宾皆答壹拜。"
> 郑玄注云:"献宾毕,乃与众宾拜,敬不能并。"①

按《仪礼·乡射礼》,宾与众宾从主人来,主人与宾再拜,与众宾揖之。其后主人与宾行宾、主一献之礼,献宾完毕,主人始与众宾拜,对此郑氏解之以"敬不能并"。宾为尊,众宾差之,而从属于宾。自其来,主礼在宾,宾、主相对而行礼,是礼在此二人。所以,主人不于期间礼众宾,不并敬。《仪礼·乡饮酒礼》参加活动的宾、介、众宾皆是礼之敬者,然宾得再拜,介得拜,众宾揖之。且宾、主一献之礼后,始献介,献介毕,方献众宾。此亦是敬不并者。

实际上,《仪礼·乡射礼》此处的"敬不能并"可直接理解为"礼不参"。众宾若与宾同时得再拜之礼,则尊无所差异,在宾、主当礼行事之过程中,如此并敬他人,则是嫌有两宾,而三方同时行礼。上文所述主人不三婿、女,公不三宾、主是嫌两主人,此则嫌有两宾,其实质都是嫌三方同时行礼的情况。所以,此"敬不能并"表现在主、客行礼方面即"礼不参"。如此,产生了一个非常有意思的问题,既然此处二者其

---

① (汉)郑玄注,(唐)贾公彦疏:《仪礼注疏》,第994页。

意相通,为何该处不直接注"礼不参",而是注"礼不参"的礼义呢? 此即是郑玄《仪礼注》的精彩所在。

"礼不参",首先需要人嫌有三之的倾向,是第三方似具有三之的理由,如前面提及的女父、国君。在礼仪环节中,他们都是上一环节的当礼者,若新的环节开始,则不再为正行礼者,且二者又似具备往三的理由,此时尤为是模糊嫌疑之处,所以郑氏抓住此情况阐明礼不能三之的道理。然人若没有三之的倾向,如《仪礼·乡射礼》此条众宾从宾而来,其本下于宾,自不当正礼,主人与宾行礼,众宾如何会去突兀违礼。其既无有三之倾向和可能,则不能言"礼不参",而只能从主人的角度讲,言主人不去主动并敬众宾即可。所以,从这个层面来讲,我不并敬与人不往三不过是一个问题的两个方面。

(二)"不使人并敬"

上文探讨的《仪礼·乡射礼》众宾,位卑从属于宾,自无往三的可能,主人只要做到不并敬,即是"礼不参"。若身份贵为宾的尊者,则不可使人并敬。此种情况出现在该尊者尊于正行礼之宾、主,即前面所言诸公、大夫等尊者前来观礼的情况。

《仪礼·乡饮酒礼》曰:"宾若有遵者,诸公、大夫,则既一人举觯,乃入。"郑玄注云:"不干主人正礼也。"①乡饮之礼,诸公、大夫若前来观礼,应在一人举觯为旅酬后乃入。在此之前,主人献宾、介及众宾,此是乡饮正礼。若大夫在宾、主行正礼时入,宾、主因尊大夫,转而礼敬大夫,则正礼不得行。按《仪礼·乡射礼》记载的大夫来观礼的仪节,主人、宾及众宾皆降,主人揖让以升大夫,拜至后,献大夫。若此仪节发生在正礼期间,遵者因此干人正礼,亦往三宾、主行礼。

《仪礼·乡射礼》曰:"大夫降,立于宾南。"郑玄注云:"虽尊,不夺

① (汉)郑玄注,(唐)贾公彦疏:《仪礼注疏》,第989页。

人之正礼。"①此是大夫前来观礼，主人献大夫，大夫酢主人讫，宾、主皆升席继续为礼之事。大夫尊，堂上之位在尊东，是特尊之。今降堂下，其立宾南而为下，是欲宾、主相对行礼。若其降立宾北，则妨宾、主揖让正礼，如是宾、主行礼时，则必因大夫在此而有所示意，将是并敬而三方执礼。所以，大夫虽尊而不夺人之正礼。在此，其不夺正礼，即是不使人并敬，这就维护了宾、主二人行礼，而无往三焉。

《仪礼·乡射礼》曰："大夫后出。"郑玄注云："下乡人，不干其宾、主之礼。"②此礼仪终结时，大夫后出的仪节。是以宾、主及众宾先出，此宾为当正礼者，主人拜送宾，众宾属宾，故是两方执礼，亦为礼之正者。如大夫此时亦出，宾、主则皆要有所示意，此亦乃三方行礼，故"主人送宾还，入门揖，大夫乃出"。所以，为宾之尊者，不可干人正礼，否则势必使人敬之，而使有并敬，且为礼三者之嫌。

通过以上三例分析，可见以尊者自身而言，其不夺人正礼，不使人并敬，非但符合礼之"敬不能并"的精神，其实质也是"礼不参"思想的体现，郑玄之所以未以"礼不参"直接出注，是因为郑氏缘经为注，其以诸公、大夫之角度疏解，此种情况的主要矛盾在于诸公、大夫为礼之特尊者，又因诸公、大夫并未呈现出往三的情势，故他们只要做到不干人行礼，不使并敬即可。

"礼不参"的礼义所在及其二者间的关系已在上文阐述，《仪礼》中不能见其反例，以下借助其他文献记载来进一步理解这个问题。《礼记·曾子问》曰：

> 丧之二孤，则昔者卫灵公适鲁，遭季桓子之丧，卫君请吊。哀公辞，不得命。公为主，客入吊。康子立于门右，北面。公揖让，升

① （汉）郑玄注，（唐）贾公彦疏：《仪礼注疏》，第995页。
② （汉）郑玄注，（唐）贾公彦疏：《仪礼注疏》，第1011页。

自东阶,西乡。客升自西阶吊,公拜兴哭,康子拜稽颡于位。有司
弗辩也。今之二孤,自季康子之过也。

郑玄注云:

> 若康子者,君吊其臣之礼也。邻国之君吊,君为之主,主人拜
> 稽颡,非也,当哭踊而已。①

按《礼记·丧大记》大夫既殡,若君往吊,则君即位于阼,主人于门
右,北面哭拜稽颡。由此可知,哭拜稽颡是丧主正礼。卫灵公吊季桓
子,是邻国之君吊臣。礼宜宾、主相敌,卫灵公吊,鲁哀公应为之主,所
以哀公为丧主而拜宾是正礼。然而季康子亦在其位拜稽颡,使如君吊
臣,而自为丧主。如此,则是有两主人,且三方同时行礼。此季康子违
反"礼不参"的原则,导致了宾、主不明,且使有二尊同立之嫌。

《左传·定公六年》经曰:"夏,季孙斯、仲孙何忌如晋。"传曰:
"夏,季桓子如晋,献郑俘也。阳虎强使孟懿子往报夫人之币。晋
人兼享之。"杜预注云:"贱鲁,故不复两设礼,明经所以不备书。"②

《春秋》聘会往往只书一使,二卿同为使者并书于经的情况有两
例,此定公六年与文公十八年"秋,公子遂、叔孙得臣如齐",但二者性
质有异。《左传》传曰:"秋,襄仲、庄叔如齐。惠公立故,且拜葬也。襄
仲贺惠公立,庄叔谢齐来会葬。"此是两件事,二卿同受命,各有所主,
非相为介,故宜并书。定公六年春,鲁国替晋国讨伐郑国,侵袭匡地;

---

① （汉）郑玄注,（唐）孔颖达疏:《礼记正义》,第 1393 页。
② （晋）杜预注,（唐）孔颖达疏:《春秋左传正义》,第 2140 页。

夏,季恒子往晋献俘,报聘晋君,阳虎欲困辱三桓,献媚于晋,又强使孟懿子前往,若专为报聘晋夫人。礼,聘君、聘夫人一体,共同组成聘礼中的聘享仪节,使者一人兼任,执圭以致君命,执璧以致享币;其于夫人,则聘用璋,享用琮。阳虎的做法使正卿二人平敌,一事两行,若两宾然。如此,相当于在聘问仪节中又插入第三方当礼者,这样对于完整的聘享仪节来说是一种切割与混乱,这就有同一仪节使人并敬的嫌疑,所以季孙斯、仲孙何忌如晋与公子遂、叔孙得臣如齐不同。而晋人贱鲁,不为之两设礼,而待二者若宾、介,是仅有一宾。

三、“礼不参”的历史研究状况及存在问题

前代学者对郑玄“礼不参”理论的关注,总体而言,更多是一种散点的呈现。这就导致他们的观点带有大量的因循和随意,对此问题的认识终未取得深化和推进。以下,我们将这些研究分为三种情况介绍。

(一)阐述类

阐述是指对郑玄“礼不参”注文进行的引述与疏解。具体而言,引述是指对郑玄原有注文的复述,如宋李如圭《仪礼集释》、清李光坡《仪礼述注》、清吴廷华《仪礼章句》等。此类情况虽亦是一种关注方式,但仅仅是对注的称引,无有可论。而在历代学者对郑玄“礼不参”的疏解中,实际上只存在贾疏与敖继公两个表述系统,其他著述多以称引此二者为述。

贾公彦《仪礼疏》对郑注“礼不参”,提出“礼,宾、主宜各一人”,且疏解了郑氏如何通过经文得此“不三”的结论。虽然疏解存在一定的问题,但基本勾勒出郑氏本意大概,对郑玄“礼不参”是一种正解。所以,贾疏在整个郑玄“礼不参”阐述系统中起着最基础重要的作用。而且,后世对郑玄“礼不参”本意的理解程度亦恐止于贾疏。历代著述中,魏了翁《仪礼要义》、黄淦《仪礼精义》采用其说,盛世佐《仪礼集编》亦录贾疏。

敖继公《仪礼集说》针对《士昏礼》"礼不参"注言："云'礼不参'者，据凡行礼者言也。此婿迎女，而女从之，是婿、女二人为礼矣，故主人不参之。"①敖氏的表述与贾疏相比有进步之处，首先，"据凡行礼者言"是发凡起例，明确"礼不参"为礼仪规范的核心精神。其次，言女从婿为"婿、女二人为礼"，与贾疏相比，此环节的宾、主实指更具体。严格来讲，敖说与贾疏并无实质区别，亦是对注疏的一种复述，但他的表述能呈现出对问题理解的节点。《钦定仪礼义疏》、盛世佐《仪礼集编》、胡培翚《仪礼正义》、王士让《仪礼纠解》、刘沅《仪礼恒解》等皆沿袭敖氏表述。

然而需要指出的是，敖继公在《仪礼·燕礼》《仪礼·大射仪》条却弃注自说，云公揖宾为"使之升"②，而破注公不参宾、主，清胡培翚《仪礼正义》引敖说③。这种处理方式也是敖继公《仪礼集说》的特色，故而也不能认为敖氏对经注"礼不参"有完整的把握。况且敖氏此说为非，公降阶揖宾当取《礼记·燕义》礼宾之意，也就是郑玄揭示的"礼不参"。《礼记·燕义》曰："宾入中庭，君降一等而揖之，礼之也。"④君为了表示尊宾，所以降阶揖之，故孔颖达疏云"以礼待于宾也"。郑玄虽然没有对此句经文的礼义做出注释，但是显然所持观点即《礼记·燕义》所言。公降阶揖宾，绝非是使宾升堂之意，因为这就违背了宾、主两方行礼的规则。

以上阐述类方式在"礼不参"的后世关注中占绝大部分，然而无论是对贾疏，还是对敖氏之引用，终究只是一种摘录。这些著述因受著作体裁等因素影响，对郑玄"礼不参"理论既无个案细究，又无共性总结，因此对该问题的认识并无多少实益。鉴于内容相因、分布零星，故在此

① （元）敖继公撰，曹建墩校点：《仪礼集说》卷二，第58页。
② （元）敖继公撰，曹建墩校点：《仪礼集说》卷六，第214页。
③ （清）胡培翚撰，段熙仲点校：《仪礼正义》，第685页。
④ （汉）郑玄注，（唐）孔颖达疏：《礼记正义》，第1690页。

不再一一征引。

（二）发挥类

所谓发挥，即是学者用自己领会的"礼不参"精神，来解释经文中其他相似情况的含义，抑或以此来作为判断制礼是否合以规范的准绳。具体情况如下：

清王懋竑《家礼考》言："若族人之女，则其父从主人出迎，立于其右，是有两主人矣。为殊乖礼不参之义。"①

清沈彤《仪礼小疏》言："自妇见舅姑，至舅姑飨妇，婿皆不与，亦礼不参之义。"②清于鬯《花烛闲谈》亦持此论。

清郑珍《仪礼私笺》言："庶母及门内施鞶戒之之事，婿不在其间，而降径出庙门，为礼不参。"③

清于鬯《花烛闲谈》言："婿醴妇送，妇醴婿送，舅姑不必与，亦不必使人与，则于礼不参之义，亦殊无害。"④

以上四种情况，皆由婚礼而发，体现了后世学者对"礼不参"的理解。但总体上这些理解与郑氏所言之意似并不相同。郑玄"礼不参"本是由具体行礼时，第三方不往三宾、主行礼之情况而发，是对行礼指向确定性的规范，礼义在于不并敬尊者，故其侧重行礼场面中主次先后次序。而上述四种发挥之情况却有不同。

首先，庶母戒女，妇与舅姑行礼，婿皆不与，是礼有内外。庶母戒女为女家教女私事；妇见舅姑，及舅姑醴妇、妇馈舅姑，乃妇道新成之事，皆属妇人履行之礼，是礼仪教治于闺门之轨则，其礼不在婿，故婿不参

---

① （清）王懋竑撰：《白田杂著·家礼考》，载文渊阁《四库全书》第859册，上海古籍出版社1987年版，第672页。

② （清）沈彤撰：《仪礼小疏》，载文渊阁《四库全书》第109册，上海古籍出版社1987年版，第930页。

③ （清）郑珍撰：《仪礼私笺》，载《续修四库全书》第93册，上海古籍出版社2002年影印清同治五年唐鄂生刻本，第265页。

④ （清）于鬯撰：《花烛闲谈》，清刻本。

与。其要点在内外殊别,与具体行礼中宾、主宜各一人并无关系。

其次,舅姑醴妇,婿醴妇送、妇醴婿送,是礼有亲敬。舅姑醴妇,于邕时称为"双待",婿亦与之,且"婿醴妇送""妇醴婿送",于氏以舅姑可不与之,亦不必使人,故合乎"礼不参"的精神。礼仪活动,行事为礼,每有赞者,赞者只是辅助宾、主行礼,故赞者之有无,与"礼不参"无任何关系。此婿醴妇送、妇醴婿送,是《礼记·昏义》所言之"合体同尊卑,以亲之也"。

最后,《家礼》中女父从主人迎,是女父从属主人,此必是主人与婿为礼,义若《仪礼·乡饮酒礼》中介、众宾与宾,即得敬亦有所差异。若女父并不往三主人与婿之行礼,或婿不并敬女父,则亦不违"礼不参"。所以,此族人之女婚,其父从主人迎婿,并不有违郑氏"礼不参"之意。

以上发挥类,其认识共同点为:不当正礼者,不在场,乃为"礼不参"之意。显而易见,这与我们上文阐述的郑玄"礼不参"本义并不相同。在场与否,和往三,并敬,使人并敬,并非必为因果,只能看成是可能发生往三情况的一个诱因。所以,不能以在场与否来定义郑氏"礼不参"。

(三)独立发凡

清人曹元弼在《礼经学·礼通例》中,于"郑注每就一事示例"条列出:"凡礼不参"①。在曹元弼之前,元敖继公已言"礼不参"是"据凡行礼者言",但曹氏能够对郑玄"礼不参"明确予之单独发凡,应该说这是一种认识上的推进。

首先,曹氏的发凡确认了"礼不参"的理论地位。因为所谓发凡起例,就是要归纳出具有一般性指导意义的事例大要。如此,郑氏"礼不参"注文从就事而言和学者就其事而发的前代研究体系中解脱出来,上升为具有核心指导意义的独立礼学理论。其次,曹氏还列出了郑玄

---

① (清)曹元弼著,周洪校点:《礼经学》,第36页。

"礼不参"的同类礼学理论。曹氏一同列出的还有："凡礼不必事""凡礼以相人偶为敬""以相变为敬""以异为敬""凡敬不能并""凡礼卑者先即事尊者后"六条。其中"以相变为敬""以异为敬""凡敬不能并"情况较为复杂,而"凡礼不必事""凡礼以相人偶为敬""凡礼卑者先即事尊者后"确与"礼不参"一样,同为礼仪规范的礼学原则。这也从另一个角度表明了郑玄"礼不参"及其此类理论的独立地位。

以上即是郑玄"礼不参"的历史研究状态,根据分析可得,前代学者的学术成果主要存在疏解不明、归属不辨、关注较少等问题。而正是这些不足,导致了一直以来对郑玄"礼不参"认识的模糊,后世学者发挥中的偏差即是一例。

四、《易》损卦六三爻辞与郑玄"礼不参"理论探源

关于郑玄"礼不参"的哲学理论来源和依据,贾公彦作疏时没有给出回答,此后一直也无学者关注,直到清人姚配中明确指出它和《周易》间的关系。

姚配中(1792—1844),字仲虞,安徽旌德人。姚配中治《易》由张惠言的《周易虞氏义》开始,其后据李鼎祚《周易集解》以观诸家群说,在对郑玄、荀爽、虞翻三家注的精心研求中,姚氏认为郑玄注为最优,于是以郑为旨归,参以汉魏旧说,并下己意,后撰成了《周易姚氏学》一书。姚书精博审慎,在清代易学研究中独树一帜,很受学者推崇。

在申述姚氏提出的问题前,需要补充的是,《礼记·燕义》篇发挥的义理指引着郑玄对于"礼不参"情境的把握,也就是说郑玄实质上遵循着《礼记》。关于郑玄在《仪礼·燕礼》条揭示的"礼不参",敖继公《仪礼集说》指出"宾入,及庭,公降一等揖之"是"使之升也"[①]。敖氏在此不再秉持他在《仪礼·士昏礼》处发挥的"礼不参",这反而促进我

[①] (元)敖继公撰,曹建墩校点:《仪礼集说》卷六,第214页。

们思考郑注所本。《礼记·燕义》曰："宾入中庭,君降一等而揖之,礼之也。"①《礼记·燕义》阐述为了饮酒礼需要,燕礼活动拟设宾、主,君为了表示尊宾,所以降阶揖之,故孔颖达疏云"以礼待于宾也"②。那么郑玄认为的公不干宾、主执礼,礼宾之后即自行升堂显然与《礼记·燕义》相符合。应该说,《礼记·燕义》这里的阐释很关键,虽然郑玄"礼不参"的哲学理论来源与定型表述形成仍有待接下来的继续阐述,但这对于郑玄把握"礼不参"理论内容的认识同样也是正向的促进。

姚配中是在疏解《系辞下》所发挥的损卦六三爻大义时,指出了损六三爻辞与郑玄《仪礼注》"礼不参"的关系。《损》六三曰:"三人行,则损一人;一人行,则得其友。"损下兑(☱)上艮(☶),要义在于损下益上。姚氏解下卦云,"初得位,故以事遄往,以正往应四也。二未之正,之五则得位,二已之正,之五则失位,二阴不相应"③,这是说在下卦中,初九得位,初九以职事迅速往应六四,二者合志,必无咎害。九二不得位,但也可以和六五相应,反过来若九二是阴爻在阴位,虽然得位,但却不能相益六五,因为二阴不相应。所以九二利于自化,以中为志,不用自损,就可益上。至于六三,其云:

> 下三爻为"三人",初得位,不升,故"损一人";"一人行",谓三,三之上,则上之三相应,故"得其友"。④

这里姚氏所言的"下三爻"是指泰卦的下三爻,损由泰卦变而来,泰下乾(☰)上坤(☷),在泰变损的过程中,初九得位,不升,所以损九

---

① （汉）郑玄注,（唐）孔颖达疏:《礼记正义》卷六十二,第 1690 页中栏。
② （汉）郑玄注,（唐）孔颖达疏:《礼记正义》卷六十二,第 1690 页中栏。
③ （清）姚配中撰:《周易姚氏学》卷十,载《续修四库全书》第 30 册,上海古籍出版社 2002 年影印一经庐丛书本,第 579 页。
④ （清）姚配中撰:《周易姚氏学》卷十,第 579 页。

三,此即"三人行,则损一人";当九三独行,即与上六互易之后,六三正应上九,得到友朋,是"一人行,则得其友"。故《象》曰:"一人行,三则疑也。"《系辞下》引孔子言论阐发了十一爻的大义,损卦六三爻即在其中,曰:

> 天地氤氲,万物化醇;男女构精,万物化生。《易》曰:"三人行,则损一人;一人行,则得其友。"言致一也。①

在此,《系辞下》是由"象内"到"象外",论述了天地阴阳二气的交融使得万物醇化,男女两性的和合孕育万物,从而阐释阴阳相合必须专心致一的道理。

姚配中《周易姚氏学》认为《系辞下》是据损六三爻反映出的"阴阳相感以正"而引以论"天地男女"的②,就《系辞下》在此阐发的"天地男女",姚氏言:"有天地,然后有男女;有男女,然后有父子君臣,孔子曰:'天地不合,万物不生。大昏,万世之嗣也。'《荀子》曰:'君臣、父子、兄弟、夫妇,始则终,终则始,与天地同理,与万世同久,夫是之谓大本。'董子曰:'天地之阴阳当男女,人之男女当阴阳。'"紧接着对"《易》曰:'三人行,则损一人;一人行,则得其友。'言致一也",云:

> 《昏礼》主人不降送,婿降出,妇从,礼不参也,故"三人行,损一人"。男行女随,故"致一"。言致一人,所谓得友也。《白虎通》曰:"闺闱之内,衽席之上,朋友之道也。"③

姚配中论述《仪礼·士昏礼》男子亲自往迎女子,女子跟从男子下堂出

---

① (魏)王弼注,(唐)孔颖达疏:《周易注疏》,第88页。
② (清)姚配中撰:《周易姚氏学》卷十,第579页。
③ (清)姚配中撰:《周易姚氏学》卷十五,第662页。

门,女父不相送,这种不三人同时行礼,即是男女阴阳专诚相求的体现,所以《易》经曰"三人行,则损一人"。男子走在前面率领着女子,女子随从男子之后,意味着阴从阳往,这就是"致一";而阴阳相求时的专一,才能得其友朋,即互相得到对方,此就是"一人行,则得其友"。姚氏还引用《白虎通》里"妇事夫有四礼焉"中的夫妇朋友之道,来证明男女好合也即经文所云的"得其友"。

由上可见,姚配中用最能代表阴阳和合的婚礼去训解《系辞下》发挥的两性专一相求大义,成功地为损六三爻辞找到了可以与之相印证的《仪礼·士昏礼》"礼不参"经注,此无疑极具见地。虽然这是在男女结合背景下提出的,但郑玄"礼不参"理论是一个主、客行礼的基本规范,而损六三爻辞本身所指也并非专就婚礼而讲,所以这意味着姚配中探寻到了郑玄"礼不参"理论的思想来源和依据。

上文提及郑玄根据《仪礼》文本,在准确把握和灵活运用儒家礼义思想基础上,创造性提出了一些礼学理论。这些礼仪规范原则都有着一定的理论来源,例如郑玄《仪礼注》"礼不必"的思想。"礼不参"作为郑玄该类理论中同样重要的一则,它的理论来源却颇难以找寻。姚配中的发现似乎使得该问题得以柳暗花明,姚氏所提问题最大的价值还不在于以礼证《易》,而是由《易》的这一理论来体察礼的宾、主相应问题。如上文《仪礼·燕礼》《仪礼·大射仪》中国君不加入宾、主行礼,也是阴阳专诚相求,若三人同时执礼则疑惑的道理。

礼仪活动的首要就是确立宾、主,只有这样其他人员才有属系,活动才能次第展开,在宾、主中,主人是阳,宾客是阴,在行礼过程中,主人与宾,或正当礼的主方、客方,都是阴阳专一相求相应,而且宾、主之间,宾方系于主方。若三人或三方同时执礼,无论是一主对两宾,还是两宾对一主,都不符合阴阳专诚相合的要求,必然给人带来疑惑,使人无所适从,这也就意味着三人中一人的折损。所以"三人行,损一人;一人行,则得其友"与"礼不参"的相合,不仅局限于婚礼中的男女相求致一的范畴,它同样适应于为礼的基本范式。

虽然从最根本上讲,郑玄的"礼不参"和《易经》的"三人行,损一人;一人行,则得其友"都反映着中国传统哲学的阴阳思维,但从基本的句法表述,以及现成的《系辞下》阐义来说,不排除郑玄"礼不参"的理论表述就是源于《周易》的可能性。

清包世荣在为姚书作序时云《易》象与典礼"渊源本一,所造有深浅也"①,关于礼的起源,《礼记·礼运》曰"夫礼必本于太一,转而为阴阳,变而为四时"②,刘师培《群经大义相通论·周易周礼相通考》认为《周易》一书具备五礼,郑氏、虞氏均本礼以说《周易》③。曹元弼《周易学》总结《系辞》通例云:"凡易者,礼象道之,大原出于天,有天地、万物、男女、夫妇、父子、君臣、上下,礼义有所错易,象莫大于是。"④曹氏指出,礼之大本在三纲,此亦六十四卦之本。《春秋左传》昭公二年,韩宣子来聘,观书于大史氏,见《易象》与《鲁春秋》,曰:"周礼尽在鲁矣。吾乃今知周公之德,与周公所以王矣。"故《易》是文王垂万世之宪章,周公监之以制作。郑氏应之,推象应事,周官典则,一一形著于《易》。正因为礼与《易》存在着各种联系,所以就有了郑玄相互阐发的可能性。二者之中,郑玄以礼注《易》问题受到的关注更多。在以《易》注礼方面,郑玄"三礼注"的情况尚各有差别,《礼记注》和《周礼注》对《周易》的取用比较明显,而《仪礼注》则似乎没有与之较深的关联,实质上郑玄注《仪礼》时也吸收了一些《周易》的思想,只是比较隐晦,不很直观。大约来看,这种借鉴侧重于取《周易》所蕴含的事理及其表述风格。以下试举两例。

---

① (清)姚配中撰:《周易姚氏学》卷首,第450页。
② (汉)郑玄注,(唐)孔颖达疏:《礼记正义》,第1426页。
③ 刘师培著,万仕国点校:《仪征刘申叔遗书》第3册,广陵书社2014年版,第1049—1053页。
④ (清)曹元弼撰:《周易学》,载《易经集成》第124册,台湾成文出版社有限公司1977年影印民国四年刊本,第146页。

郑玄《仪礼注》"礼渎则亵"理论与蒙卦的关系。"礼渎则亵"在郑玄《仪礼注》中出现 4 次，阐释的是为礼的频率性原则，"渎"是屡次的意思，即与人执礼行事不可频繁相扰，否则就是一种失礼和对他人的不敬。该理论探源的线索在于《礼记·表记》。《礼记·表记》引孔子语，云："无辞不相接也，无礼不相见也，欲民之毋相亵也。《易》曰：'初筮告，再三渎，渎则不告。'"其中，"初筮告，再三渎，渎则不告"是《易·蒙》卦辞，郑玄《礼记注》云："'渎'之言亵也。"[1]分析可见，"礼渎则亵"的表述即由蒙之卦辞与郑玄对卦辞的注解结合提炼而成，"礼渎则亵"的含义也与蒙卦童蒙向老师请教，初次求问施以教诲，接二连三滥问，老师则不复相告所体现出的精神高度吻合。所以，郑玄"礼渎则亵"定型表述的形成虽看似与《表记》相关，但更深层次可能还是要落在《易·蒙》上。

郑玄《仪礼注》"礼有渐"理论与"渐"卦的关系。"礼有渐"在郑玄《仪礼注》中出现 4 次[2]，阐释的是为礼过程的渐进性原则，即与人行事执礼须有积渐，不可奄卒迫切。这 4 处注文中，2 处是围绕乡射、大射有三番射箭活动而阐发的。射礼第一番射是习射，若射中便唱获，但不计成绩；第二番射为正式比赛，计成绩分胜负；第三番射和第二番射程式基本无异，只是射时要符合所演奏音乐的节奏。郑玄对此云"君子取人以渐""君子之于事也，始取苟能，中课有功，终用成法，教化之渐也"。笔者认为郑玄在这里阐释的礼义与"渐"卦有关系。"渐"卦《象》曰："山上有木，渐；君子以居贤德善俗。"这是说君子观"渐"卦当明白积德善俗须渐进的道理，古圣贤以此教弟子知"渐"之义。可见，郑玄对射礼活动中取人教化之"渐"的揭示与"渐"卦哲学内涵十分相

---

① （汉）郑玄注，（唐）孔颖达疏：《礼记正义》，第 1638 页。

② 参见《仪礼·乡射礼》《仪礼·大射仪》"始射，获而未释获；复，释获；复，用乐行之"注（《仪礼注疏》卷十三，第 1011 页；《仪礼注疏》卷十八，第 1042 页）、《仪礼·既夕礼》"祖，还车不还器"注（《仪礼注疏》卷三十八，第 1149 页）、《仪礼·士虞礼》"几在南"注（《仪礼注疏》卷四十二，第 1170 页）。

似。而且，郑玄"礼有渐"语言表述中"渐"字的取用，似乎也与"渐"卦有着直接的联系。

曹元弼《礼经学》言："凡郑注说谊理必本《礼记》。"①《礼记》所说之义确实是郑玄据以阐释《仪礼》礼义的根本。此外，郑注义理恐怕还有与《周易》相关联的内容。只是郑玄化用得非常巧妙，不着痕迹，很难简单地给予判定和划归，毕竟某些经义普遍体现在诸多典籍之中。不过可以肯定的是《仪礼》行事背后的情理依据具备用《周易》进行理论阐释的可能性。《礼记·仲尼燕居》曰："礼也者，理也。"孔颖达《礼记正义》云："'理'，谓道理。言礼者，使万事合于道理也。"②《仪礼》是先秦时期贵族社会生活中各种礼节仪式的汇集，与《礼记》相比，它更为侧重仪节程序的展现与践行，因而《仪礼》经注都要承载这种行礼执事中的符合事宜。至于《周易》之创，《系辞上》曰："圣人设卦观象，系辞焉而明吉凶，刚柔相推而生变化。"《易经》诸卦的变化实质反映了处事权衡进退的变动哲学，所以《易》折射出的各得其宜，恰能为《仪礼》的周折委曲提供理论依据，这也就是古人所谓观某卦而知某事的道理。正因为这种关联，使得推崇郑注的姚配中在研习《易经》时能够更多关注到礼的存在。所以，姚配中的《周易姚氏学》存有较为丰富的礼学内容，此是该书的一个特色。而姚配中对郑玄《仪礼注》"礼不参"理论与损卦六三爻辞关系的发现，无疑可以拓阔学术界对郑注礼义来源的一些新的认识，并为相应领域的研究提供一种更为开阔的思路和视角。

综上所述，笔者认为郑玄《仪礼注》"礼不参"是言执礼主、客间，指向必须具有唯一性，不可呈现多边混合的模糊状态。其具体规范内容包括：若从仪节时空角度讲，分为纵向与横向两方面。纵向上，上一环节的当礼者不干扰新的执礼双方；横向上，其他非当礼者，也不前来掺

---

① （清）曹元弼著，周洪校点：《礼经学》，第38页。
② （汉）郑玄注，（唐）孔颖达疏：《礼记正义》，第1614页。

杂主客双方的行礼。若从主、客二者角度讲，分为主人与宾两方面，主人方面是行礼不能并有两主人，客人方面又分为主人不并敬尊者和他人不夺人正礼，而使人并敬。这些内容基本可以规范日常生活中宾、主行礼中所有可能出现的执礼双方混乱问题。

"礼不参"的礼学思想解决了礼仪活动规范最为基础的问题。当礼之主、客得以清晰明然，其他人事也可以有所系属，礼仪活动的展开与完成才能做到井然有序。所以，尽管礼仪活动参与人数众多尊卑各异，且仪节繁复曲折，但随着仪式的推进，这些问题都能得以解决，使其明尊卑分主次，周全而又合乎情理。

第三章 《仪礼》学史管窥

第一节 元敖继公《仪礼集说》

郑玄《仪礼注》是诠释《仪礼》最权威的著作,具有不可替代性和超越性。皮锡瑞言"向微郑君之注,则高堂传《礼》十七篇,将若存若亡,而索解不得矣",故郑玄"于礼学最精,而有功于《礼经》最大"。①郑玄裁定文本,训诂名物、考究制度、阐发义理,最大程度上把握发挥了《仪礼》的精要,王鸣盛《〈仪礼管见〉序》云"经义宜宗郑康成,此金科玉条,断然不可改移者也"②。以郑玄在儒家文化中的地位和成就,他对《仪礼》领悟的淹贯精深,以及自我践履和能为朝廷定制,这些都并非一般学者可匹敌。故"《三礼》之有郑注,所谓悬诸日月、不刊之书也"③。

然而,元敖继公的《仪礼集说》却是《仪礼》学史上一个特殊的存在。敖氏"取法乎上",言"此书旧有郑康成注,然其间疵多而醇少,学者不察也。予今辄删其不合于经者,而存其不谬者;意义有未足,则取

---

① (清)皮锡瑞:《经学通论》,中华书局 1954 年版,第 7 页。
② (清)褚寅亮撰:《仪礼管见》,第 373 页。
③ (清)钱大昕撰:《〈仪礼管见〉序》,《潜研堂文集》卷二十四,载《续修四库全书》第 1438 册,上海古籍出版社 2002 年影印清嘉庆十一年刻本,第 655 页。

疏记或先儒之说以补之;又未足,则付之以一得之见焉"①。敖氏不仅认为郑注疵多醇少,而且认为《仪礼》经文也不尽人意。在此基调下,《仪礼集说》通过各种手段全面消解了郑玄《仪礼注》的体系性,对《仪礼》一书进行了新的自我建构。敖氏此举彻底打破了汉末以来独守郑义的局面,也标志着多为名物度数之学难以空论的《仪礼》,虽在两宋时期没有受到疑经思潮较多的冲击,但最终还是难以逃脱被侵袭的厄运。

对敖氏的自我标榜,前人称其能择善而从,竟不顾他诋郑玄礼学"疵多而醇少",所谓的"取疏记或先儒之说",实则也未真落到实处,钱大昕指出"虽云采先儒之言,其实自注疏而外,皆自逞私意,非有所依据也"②。敖继公《集说》确实做有一些正面工作,不应予以全部抹杀。但其说的穿凿乱真,也尽可不必为之回护。对此,清代学者褚寅亮《仪礼管见》言之最确:"然为之反复而抽绎焉,其意似不专主解经,而维在为与康成立异,特含而不露,使读之者但喜其议论之创获,而不觉其有排击之迹,由是后之言礼家,主郑者十之一二,主敖者乃十居八九矣。究之以敖氏之说,深按经文,穿凿支离,破碎灭裂,实弥近似而大乱真。又其甚者,于说有不通处,则改窜经文,以迁就其辞,毋乃近于无忌惮乎!"③若不明《仪礼》一书的内在经纬,以臆为说;不晓郑注体系的完备,轻易破之,甚"有视郑学为可取而代者"④,则《仪礼》经注必日趋晦暗。清中期以来,虽有褚寅亮、凌廷堪、黄以周、曹元弼等人相继起而驳斥,但对清季已然形成的敖、郑兼取风气实为杯水车薪,最终也没能够左右敖书的欺世盗名。如马宗霍《中国经学史》"元明经学"一节中特别指出"独有敖继公《仪礼集说》虽似与康成立异,然于郑注之中录其

---

① (元)敖继公撰,曹建墩校点:《仪礼集说》,第 11 页。
② (清)褚寅亮撰:《仪礼管见》,第 374 页。
③ (清)褚寅亮撰:《仪礼管见·自序》,第 375 页。
④ (清)钱大昕撰:《〈仪礼管见〉序》,第 656 页。

所取,而不攻其所不取,犹有先儒谨严之遗"①,足可见一斑。

近十几年来,乔秀岩、程克雅、彭林、顾迁四位学者论及此问题。乔秀岩从经学史角度出发,认为从维护学术规则和经文完整性上要尊郑,但敖氏异说有其完整逻辑并非就是错误,自有价值可观。程克雅《敖继公〈仪礼集说〉驳议郑注〈仪礼〉之研究》认为敖氏在实事求是基础上,保存着对旧注的重视,析郑玄《仪礼注》礼说之不确,补郑玄《仪礼注》礼义之不足。彭林从清代学术视野下切入,对敖氏《仪礼集说》进行了严肃的批判,但顾迁《敖继公〈仪礼集说〉与清代礼学》同样以清学背景入手,却得出了与彭林截然相反的意见②。可见,已有的成果存在着两点基本问题,一是意见的迥然相异;二是结论的模糊不清。之所以会出现如此结果,是因为敖氏《仪礼集说》确能自成体系,迷惑性极大;清人虽驳敖但终难弃敖,即使反敖旗帜最为鲜明的褚寅亮等人实际上也有取敖之处。在此前提下,敖的支持者和反对者皆有话可说,且难以真正说服对方。鉴于该问题的复杂以及后续研究的薄弱,关于敖氏《仪礼集说》的探讨仍然有待进一步展开。如若不能对它做出清晰而系统的揭示,很多问题将依然存于两可之间。所以,对敖继公《仪礼集说》的审视还应立足其书本身,跳出清人的择取视野,就它的弊端加以更为细密周详的阐述。笔者对敖书改疑经文、窃注疏自有、以己臆弃注说三类情况予以一一陈述,以祈引起相关专家学者的重视,进而在该问

---

① 马宗霍:《中国经学史》,上海书店1984年版,第131页。

② 乔秀岩在《左还右还后说图录》一文中对敖继公《集说》有所探讨,认为敖其实大可不必在郑学藩篱外另有立异,但敖的立异确能自圆其说,且并不违背经文。前人尊崇郑学以及在此基础上对敖进行批判是对的,但是当以纯粹经学史的角度研究,可以不考虑是非对错,只探讨他们学术本身时,则一定要重视敖书([日]乔秀岩:《义疏学衰亡史论》,台湾万卷楼图书股份有限公司2013年版,第246—251页)。彭林在《清人对敖继公之臧否与郑玄经师地位之恢复》一文中揭示了清代礼学研究的转换之道,全面勾勒了敖书存在的诸多问题(彭林:《〈周礼〉主体思想与成书年代研究》,中国人民大学出版社2009年版,第221—261页)。顾迁认为敖继公创见极多,与郑立异往往有所根据,不背实事求是之旨,在郑玄以外能自成一家,是通解《仪礼》的名著。

题上取得更大的成绩和突破。

一、动辄改疑经文

关于敖继公《仪礼集说》妄改经文,仅褚寅亮《仪礼管见》摘录列于开篇的就有四十三处之多,实际情况远远不止于此。这里面涉及的问题方方面面,其中有的已经得到较好解决,有一些仍然存有迷惑性。敖氏改易经文的问题十分严重,这打乱了《仪礼》经文的内在文法,亦违背了基本的古代礼制,同时破坏了郑玄已在《仪礼》今古文问题上取得的成果。鉴于此上情况,敖氏改经的问题不能简单带过,须要审慎地予以一一析理。以下先就前人解决未安的问题选以一则为例。

《士昏礼》"授于楹间,南面",敖氏改"授"为"受"。这是男方使者前往女家行纳采礼。主人与宾入庙升堂,宾向主人转致男家之意,主人再拜表示感谢,接下来就是宾、主人授受雁,经文曰"授于楹间",今古文无异。敖继公以"此文承主人之下,则'授'宜作'受'"①。单就此一句来看,似直是主人拜而受雁,"授"可如敖说为"受"。故清盛士佐认为敖氏所改"于义亦通"②,但实际上,敖氏深诬经文。解决这一问题要从本段整体叙述入手,此段经文如下:

> 主人如宾服,迎于门外,再拜。宾不答拜。揖入。至于庙门,揖入。三揖,至于阶,三让。主人以宾升,西面。宾升西阶,当阿,东面致命。主人阼阶上北面再拜。授于楹间,南面。宾降,出。主人降,授老雁。③

---

① (元)敖继公撰,曹建墩校点:《仪礼集说》卷三,第50页。
② (清)盛世佐撰:《仪礼集编》卷三,第140页。
③ (汉)郑玄注,(唐)贾公彦疏:《仪礼注疏》,第961—962页。

在此段经文中，"主人如宾服"至"主人以宾升"，是主人迎宾的礼仪，叙事皆以主人为先，主人是叙述的内在领起。从"宾升西阶"至"宾降出"，是宾陈述来由，并奉上礼物的礼仪，经文转以宾领起叙述。故在授受礼物一节，该段经文的内在文理是宾致命，主人行拜谢礼；宾奉上礼物，主人接受礼物。在《仪礼》中，一个仪节的叙述是以事情的主导方为领起，另一方不抢夺行文。宾致命赠送礼物，是宾乃行纳采礼的主动方，女方主人不当在未出现宾授之意时，径直出现受意。即经文不会以主人之受抢夺宾之授。所以，敖继公此改经文为非。

此一条，褚寅亮仅言"敖氏改'授'为'受'，以文曲说，勿从"[1]，并未阐明具体原因。黄以周云"经言'授'，明就宾立文"[2]，但对为何"就宾立文"也未展开。《仪礼》是礼仪活动的程式单，它的叙述有内在的体例，此一直为人所忽视，所以有必要在这里给予补充。

事实上，孙诒让已注意到这类问题。《周礼·司仪》记载诸侯相朝的礼仪，"宾三揖三让，登，再拜授币，宾拜送币"。郑玄注云："'登再拜授币'，'授'当为'受'，主人拜至且受玉也。"孙诒让云："郑意下文云'宾拜送币'，则此不当云授币，且'授币'与'再拜'文相属，再拜属主君，则授币非指宾授玉可知，故必破'授'为'受'也。"[3]

需要另外指出的是，敖继公非仅仅因为疑经而改经，更是为了能自成体系，破郑注成说。如敖氏改"授"为"受"后，又进一步提出了主人南面受，宾北面授之说，而破郑注的宾、主授受共南面。清朱大韶等沿袭敖说，在不明礼仪性质内容有所差异前提下，随意以《聘礼》等篇目相比附，又斥《礼记》"向与客并，然后受"之明文，妄诋郑玄"不审'授'

---

① （清）褚寅亮撰：《仪礼管见》卷上之二，第385页。
② （清）黄以周撰，王文锦点校：《礼书通故》，第248页。
③ （清）孙诒让撰，王文锦、陈玉霞点校：《周礼正义》，第3036页。

为'受'之讹"①。对此,褚寅亮②、盛世佐③、黄以周④皆已驳斥。由此可见,敖继公对经注曲毁之深。

借助以上释例或可一窥敖氏改经之谬,除去不明经文文例,其他存在的问题还有以下几类:

其一,校勘问题。敖继公删《仪礼·士相见礼》"与众言,言忠信慈祥"之"忠信"二字,云"《大戴记》注引此无'忠信'字,今有之者,盖后人因下文有'言忠信'三字而误衍之也。今以彼注为据删之"⑤。敖氏仅据他书称引,径改底本,不可从。

其二,仪制不明。敖继公改《仪礼·乡饮酒礼·记》"若有北面者,则东上"之"东上"为"西上"。在庭西面朝东站立的众宾,以北边为上位,如庭西站不下,则在门的西边面朝北站立,以东边为上位。郑玄注:"或统于堂,或统于门。"⑥即面朝东者取近堂为尊,故以北为上;北面者统于门,故以东方为上。一般而言,堂下东西面者,统于堂,以北上为尊;庭中门西,北面者,以东为尊,统于门;庭中门东,北面者,以东为尊,统于主人。如果有吉凶相变与辟当正礼者的情况,则门西北面者,以西为上。敖氏言"北面者与东面者相继,当西上"⑦,而以《记》"东上"为非,完全是主观臆想,不明《仪礼》中的相关仪制。

其三,随意比附。敖继公据《仪礼·乡饮酒礼》《仪礼·有司彻》众宾答一拜,改《仪礼·特牲馈食礼》"三拜众宾,众宾答再拜"中"再拜"为"一拜"⑧。但《仪礼·乡饮》《仪礼·有司彻》中主人为大夫,此《仪

① (清)胡培翚撰,段熙仲校点:《仪礼正义》,第155—156页。
② (清)褚寅亮撰:《仪礼管见》卷上之二,第385页。
③ (清)盛世佐撰:《仪礼集编》卷三,第140页。
④ (清)黄以周撰,王文锦点校:《礼书通故》,第248页。
⑤ (元)敖继公撰,曹建墩校点:《仪礼集说》卷三,第102页。
⑥ (汉)郑玄注,(唐)贾公彦疏:《仪礼注疏》,第990页。
⑦ (元)敖继公撰,曹建墩校点:《仪礼集说》卷五,第136页。
⑧ (元)敖继公撰,曹建墩校点:《仪礼集说》卷十五,第640页。

礼·特牲馈食礼》主人为士,不可相比。褚寅亮、盛世佐已驳斥。今以汉简,经文为"再拜",敖继公改经,非是。

其四,错解名物。《仪礼·丧服·记》:"公子为其妻繐冠。"敖以"公子为其母练冠",改"繐"为"练"①。诸侯的庶子为生母和妻子所服丧服是有差别的,其为母服戴练冠,即用煮熟的柔软洁白的布做的丧冠;为妻之服比其母轻,所以戴繐冠,即浅绛色的布做的丧冠。敖继公混淆二冠,以为无异则非。

除去以上情况,须单独提出的是敖继公改易今古文的问题。《仪礼》有今古文两种文本,郑玄做注时,凡遇今古异文,必进行校订,取其义长者,标示出不取者。据杨天宇统计,《仪礼》全书中郑玄从今、从古之字例,凡371个字例。② 对郑玄今古文兼采的原则,杨天宇总结为五条,即:字义贴切的原则、习用易晓的原则、合理的原则、符合规范的原则、存古字的原则。③ 在今古文问题上,郑玄考虑总体上极为精当,而后学者略知所宗,这于《仪礼》文本的定型而言本是厥功甚伟之事。但敖继公在无任何实际依据的情况下径改郑氏所取,每每与郑立异,更有改而不言的情况,所以不可不明察。

如《仪礼·燕礼》"媵觚于宾",敖氏在"继公谓"里改"觚"为"觯",此褚寅亮已在《仪礼管见》开篇摘录中指出。此外,敖书则更直接改经文"媵"为"腾",且全篇凡"媵"皆改"腾",敖氏《仪礼集说》在篇末"正误"中对改"媵"为"腾"做出解释,言:"'腾'字似优于'媵觚',宜悉从今文。"④

首先看"媵"字,《说文解字》无"媵"字,《说文解字·人部》:"佟,送也。从人,声夫。"段玉裁注云:"佟,今之'媵'字。"夫,从"朕"省。

---

① (元)敖继公,曹建墩校点:《仪礼集说》卷十一,第495页。
② 杨天宇:《郑玄三礼注研究》,天津人民出版社2007年版,第213页。
③ 杨天宇:《郑玄三礼注研究》,第352—374页。
④ (元)敖继公,曹建墩校点:《仪礼集说》卷六,第247页。

《说文》:"賸,物相增加也。从贝,朕声。一曰送也,副也。"段玉裁注云:"賸训送,与侁音义皆同。"媵,应是"送"的后起之字,本义是送女从嫁。郑注云:"'媵',送也,读或为扬,扬,举也。今文'媵'皆作'腾'。"敖氏以"'腾'犹'扬'也",于是改"媵"为"腾"。① 杨天宇认为:媵、腾古音叠韵,皆属蒸部;媵是喻母,腾是定母,喻定准旁纽,故二字音近可通:媵是本字,腾是通假字,郑玄取古文"媵",不取今文"腾",是从本字不从通假之例。② 颖按:"腾",《说文解字》曰:"传也。从马,朕声。"郑注此处之意为"媵""腾"皆是送义,而礼家或异读为扬,是举义。敖氏以"腾"的引申义有"举"义,云"腾犹扬也"以破本义为非。自敖氏后,清人多有讨论,其中凡取敖说认为此处"腾"为举义,且郑训"腾"亦是举义者皆非。③

　　其次是"觚"字,《仪礼·燕礼》主人献宾,经文"主人北面盥,坐取觚洗",郑玄注云:"古文'觚'皆为'觯'。"郑玄在此取今文"觚",不取古文"觯",清胡承珙《〈仪礼〉古今文疏义》云:"《特牲记》:'篚在洗西,南顺,实二爵、二觚、四觯、一角、一散。'盖饮酒之器,爵最尊贵,觚次之,觯又次之,角、散为下,故《礼器》云'贵者献以爵,贱者献以散,尊者举觯,卑者举角。'此献辟正主,不用爵,宜降一等而用觚,故不从古文作觯也。"杨天宇将此条归为"据礼制以决所从"例。④

　　杨天宇认为郑玄"不用义异之字、不贴切之字、易生歧义之字、义

----

① (元)敖继公,曹建墩校点:《仪礼集说》卷六,第219页。
② 杨天宇:《郑玄三礼注研究》,第249页。
③ 笔者按:《仪礼·燕礼》此处媵、腾的问题,还牵涉《礼记·檀弓》篇"杜蒉洗而扬觯"处的经注。郑玄《礼记注》云:"举觯于君也。《礼》'扬'作'媵'。扬,举也。媵,送也。扬近得之。"这些问题纠葛在一起,使得后人对郑注原意产生了误读。贾公彦《仪礼疏》即认为《燕礼》郑注之意为读从《礼记》扬举之义。实际上,郑玄《礼记注》恐只是言明《礼记》此处扬举之义近得之;注《仪礼·燕礼》时只是列出礼家异读,并非是说《仪礼·燕礼》此处当依从《礼记》。故在该问题的探讨中存在两点需要注意:第一,郑玄《燕礼注》以媵、腾皆为送义。第二,郑玄《礼记注》应仅针对《礼记》此处而发,不是同时指出《仪礼·燕礼》应取《礼记》扬举之义。因该问题牵涉文中论述,故补充于此。
④ 杨天宇:《郑玄三礼注研究》,第304页。

晦之字、生僻之字,等等。且于每一字之取舍,即考虑其用字于此当合理,又考虑其字体之是否合于规范,同时还竭力保存古字古义,以期尽量恢复《仪礼》初本之原貌"①。现在应该如何更全面地认识郑玄对经文的校订呢?实事求是上讲,郑玄作为经师,他对于今古文的记录和取用,也同样是在为经义诠释服务。但郑玄所做的工作,合乎经学体系自洽,符合语言文字规范,这是一个大前提。敖继公缺少扎实的小学功底,这种情况下显然不具备对郑玄所用今古文改易的基础条件。例如《燕礼》"苟敬"一例,"苟敬",郑玄训解为"且敬",敖继公解释为"诚敬"。孙诒让《古籀拾遗》释读《楚良臣余义钟》铭文"于苟敬哉","苟敬"连文,被认为是印证"诚敬"的重要材料。对于这个问题,还需进一步讨论,即如孙诒让《札迻》所言"秦汉文籍,谊旨奥博,字例文例,多与后世殊异","苟敬"问题是否还存在于其他典籍,也仍旧以慎重考查为宜。在此附《墨子》一段材料,谨供大家探讨。

《墨子·非儒下》"曩与女为苟生"。毕沅云:"苟且。"王念孙《读书杂志》云:"毕说非也。'苟'读为'亟其乘屋'之'亟'。亟,急也。《说文》:'苟,自急敕也。从羊省,从勹口。勹口,犹慎言也。'与'苟且'之'苟'从艸者不同。'曩与女为苟生,今与女为苟义'者,'曩'谓在陈蔡时也,'今'谓哀公赐食时也。苟,急也。言曩时则以生为急,今时则以义为急也。若以'苟'为'苟且'之'苟',则'苟义'二字义不可通矣。《文选》石崇《王昭君辞》注引此亦误以为'苟且'之'苟'。案'苟'字不见经典,唯《尔雅》'亟,速也',《释文》曰:'亟'字又作'苟',同居力反。此《释文》中仅见之字。《释文》而外,则唯《墨子》书有之,亦古文之仅存者,良可贵也。"俞樾《诸子平议》云:"王氏以'苟'为《说文》'自急敕'之'苟',谓曩以生为急,今以义为急也。然求之文义,亦似未合。本文言'为苟生''为苟义',不言以生为急、以义为急也。此

---

①　杨天宇:《郑玄三礼注研究》,第 377 页。

字仍当为'苟且'之'苟'。苟生者,苟可以得生而止也;苟义者,苟可以得义而止也。《仪礼·燕礼》《聘礼·记》并有'宾为苟敬'之文,郑注《聘礼》曰'燕私乐之礼,崇恩杀敬也',又曰'苟敬者,主人所以小敬也',然则苟敬之义,亦谓苟可以致敬而止。此言'为苟生''为苟义',正与'为苟敬'一律。盖古语有然,未可臆改也。《淮南子·缪称》篇云'小人之从事也,曰苟得;君子之从事也,曰苟义',文义正与此相近。"孙诒让《墨子间诂》云"俞说亦通"①。

综观敖继公所改经文,每每突兀而论,仅就一处来看,颇有似是而非的感觉,实际上是差之毫厘谬以千里。敖氏改经不过欲以经迁就己说,借此颠覆郑注。由于敖氏篡改经文,也导致了后世学者对经注不必要的理解错误。鉴于以上情况,敖继公改经的问题仍然须要进一步全面析理。褚寅亮开篇即列敖改经之处,并非不能见敖改经之善,而如钱大昕所言,"同年友褚君鹤侣,于经学最深,持论最平,从事《礼经》者,几三十年,乃确然知郑义之必可从,而敖说之无所据"②。若认为褚寅亮批敖改经是为了佞郑,实在是对褚寅亮的无端指摘。

最后,敖继公常谓经文为"长语",长语即多余的话。如《仪礼·士昏礼》曰:"挚不用死,皮帛必可制。腊必用鲜,鱼用鲋,必殽全。"③婚礼中雁不能用死的,俪皮和束帛一定要可以用来制作衣服,兔腊必用新鲜的,鱼要用鲋鱼,豚俎的骨体必须全而不折。对此,敖继公言"古人非婚礼而用雁,岂有用死者乎?""然则他礼之用皮帛者,其有不可制者乎?亦似长语矣""云'必殽全',语亦似过,他礼用鱼,岂有不殽全者乎?"④敖氏的指责令人匪夷所思,记行事宜忌,并非意味着一定会有人专行忌讳之事,兼为申明婚礼之义。婚礼在中国传统文化中的重要意

---

① (清)孙诒让撰,孙启治点校:《墨子间诂》,中华书局2017年版,第303—304页。

② (清)钱大昕撰:《〈仪礼管见〉序》,第655页。

③ (汉)郑玄注,(唐)贾公彦疏:《仪礼注疏》,第970页。

④ (元)敖继公撰:《仪礼集说》卷二,第74页。

义,以及古人对婚姻美好的追求,使得人们对婚礼所用之物更加讲究,而且赋予了一些特有的寓意,即使现今的婚礼依然如此。所以这些记文是有必要和意义的,敖继公认为这样的文字是废话的认识令人难以苟同。

二、窃注疏而自有

敖继公自言对郑玄《仪礼注》的处理方式是"删其不合于经者,而存其不谬者",如此被删除的即应是敖认为注文舛误而不取的,然实际情况却并非如此。敖氏《仪礼集说》存在大量删注疏自有的行为,这一点远远没有被研究者广泛认知。对于敖氏窃注自有,清儒陈澧《东塾读书记》已有言:

> 《士冠礼》:"筮于庙门。"《集说》删去郑注"不于堂者,嫌著之灵由庙神"二句,而云继公谓"必于门者,明其求于外神也。"此删郑注而窃其意以为己说,然则郑注合耶? 不合耶? 谬耶? 不谬耶?[1]

郑玄言冠礼在"庙门"筮日,不像加冠行于庙堂,是因著筮自有其灵。若著本有灵性却在庙堂占卜,似乎是著之灵得于庙神,此杂糅不明,是失敬之事。故冠礼筮日仅在庙门。敖继公删除此条郑注,自言"必于门者,明其求于外神",但敖氏此说与郑注之意实没有根本区别,不过郑注从"不于堂"的角度讲,敖氏转而从"必于门"的角度。显而易见,敖继公在这里所删除的郑注不是因注义不合于经,而是敖氏窃注自以为说。

---

[1] (清)陈澧著,钟旭元、魏达纯点校:《东塾读书记》,载黄国声编:《陈澧集》第 2 册,上海古籍出版社 2008 年版,第 154 页。

陈澧指出的这条是《仪礼》经文开篇第一句,此种行为在敖书中触目皆是。在"筮于庙门"之后,是经文"主人玄冠、朝服、缁带、素韠,即位于门东,西面"①。对于此条经文的郑注,敖氏只保留了一半内容,就所删部分,皆以"继公谓"重新释经,如此明显的舍取方式传递出郑注有误,自己不取的意思,但若进行一一比对,则发现敖属窃注自有。具体如下:敖删郑注"主人,将冠者之父兄也",言"主人,将冠者之父也";删注"玄冠,委貌也",言"玄冠,黑缯委貌也";删注"朝服者,十五升布衣而素裳也。衣不言色者,衣与冠同也",言"朝服,十五升之玄布衣而素裳也";删注"筮必朝服者,尊蓍龟之道",自言"士朝服以筮,敬其神也"②。可见敖氏的"继公谓"就是对郑注或撮其大意,或增减个别字词,或换一表述,与郑注之意无实质区别。对于"主人玄冠"这条经文,郑注本身是一个完整的长注,但被敖继公全面删除,通过各种手段,最终窃为己有。

而且,敖继公为能删注自说,不惜冒着造成差谬的后果,极尽一切之能事。在以上敖所删的郑注中,其实还有最后一条,即敖继公删郑注"缁带,黑缯带。士带博二寸,再缭四寸,屈垂三尺"③,自言:"缁带,黑缯带,士带以禅练为体,其博四寸,又以缁缯之博二寸者二合而辟其带下之垂者,故谓之缁带。"④郑玄此条注文是本《礼记·玉藻》而来,敖删注所为自说与郑注表述皆有不同,似乎是因郑意不合于经,而做出的补正。实际上,敖说不过是对《礼记·玉藻》经注的杂糅,并未出郑注藩篱。按《礼记·玉藻》曰:"士练带,率,下辟。"郑玄注云:"士以下皆禅。"⑤又《礼记·玉藻》曰:"士缁辟二寸,再缭四寸。"郑玄注云:"士禅

---

① （汉）郑玄注,（唐）贾公彦疏:《仪礼注疏》,第 945 页。
② （元）敖继公撰,曹建墩校点:《仪礼集说》卷一,第 14 页。
③ （汉）郑玄注,（唐）贾公彦疏:《仪礼注疏》,第 945 页。
④ （元）敖继公撰,曹建墩校点:《仪礼集说》卷一,第 14 页。
⑤ （汉）郑玄注,（唐）孔颖达疏:《礼记正义》,第 1480 页。

垂之下,外内皆以缁,是谓缁带。"①由此可见,敖继公的"士带以禅练为体"是取用郑注"士以下皆禅"而成;他所谓"其博四寸",不过是对郑注所引经文"士缁辟二寸,再缭四寸"的简略,而且士带广二寸,绕腰两匝,所以为四寸,敖为与郑立异,竟违背经文直言四寸;至于敖的"又以缁缯之博二寸者二合而辟其带下之垂者,故谓之缁带",亦是郑注"士禅垂之下,外内皆以缁,是谓缁带"的拗扭转述。敖继公若嫌郑注太过简练,尽可以补充说明,不必以不合于经的名义予以删除。所以,敖氏删除郑注,并非是郑意真不合于经,而是为窃注自显,只不过做得隐秘不露声色。若初学者对《礼记》经注不怎么熟悉,还可能认为敖继公是自有新见。正如陈澧所言,敖继公如此行径,"然则郑注合耶? 不合耶? 谬耶? 不谬耶?"

除去对注文的窃为己有,敖继公对贾公彦疏文也存在大量窃取的行为。对此,曹元弼有过提及,言"或隐窃疏义而小变之"②,与删注相比,敖氏的删疏更为普遍密集。贾公彦疏或许有敖氏不认同的地方,故而不袭用,但删除贾疏,大量盗用其意也是不争的事实。上文论窃取注文情况以《仪礼·士冠礼》释例,下文则选《仪礼》第二篇《士昏礼》释例如下。

《仪礼·士昏礼》曰:"请期,用雁。主人辞,宾许,告期,如纳征礼。"这是婚礼"请期",即男家使者把婚期告知女家。郑注云:"主人辞者,阳倡阴和,期日宜由夫家来也。夫家必先卜之,得吉日,乃使使者往,辞即告之。"围绕郑注,贾疏解了四层意思,敖保留注文,删除了疏文,且取用贾疏"今以男家执谦,故遣使者请女家。若云期由女氏,故云'请期'"之义,自言"壻家即得吉日,乃不敢直以告女家,而必请之

---

① (汉)郑玄注,(唐)孔颖达疏:《礼记正义》,第 1481 页。

② (清)曹元弼撰:《礼经纂疏序》,《礼经校释》卷十七,载《续修四库全书》第 94 册,上海古籍出版社 2002 年影印清光绪十八年刻印本,第 539 页。

者,示听命于女家之意,尊之也"①,敖说并没有超出贾疏的范畴,且"不敢直以告女家"云云,远非贾疏的"男家执谦"四字更为简洁贴切。又如,经文"婿御妇车,授绥,姆辞不受",这是婚礼"亲迎"的礼仪。郑注云:"仆人之礼,必授人绥。"贾疏云:"云'仆人之礼,必授人绥'者,《曲礼》文。今婿御车,即仆人礼,仆人合授绥,姆辞不受,谦也。"②敖删贾疏,自言:"《曲礼》曰:'凡仆人之礼,必授人绥。若仆者降等则受,不然则否。'此婿为御,故如仆人之礼而授绥。然非降等者也,故姆辞不受。"③敖不过悉引《礼记·曲礼》之文,余皆换一表述,而且"然非降等者也,故姆辞不受",不如贾疏所言更为准确合于情理。再如,经文"若舅姑既没,则妇入三月,乃奠菜",贾疏云:"必'三月'者,三月一时天气变,妇道可以成之故也。"④敖删除疏文,自言:"必'三月乃奠菜'者,三月一时天气变,故以之为节也。"⑤此条与上两条相比,其意亦几乎完全一致。

以《仪礼·士昏礼》来看,敖继公存疏仅有二十六处,而且也仅是极简的截取。如此,疏文的意义基本上已经荡然无存。这些被删掉的疏文,有敖氏意见与其不合者,但也有敖氏窃而自有的情况。学者尝谓敖继公善说礼义,实则是注疏本有礼义,若对注疏晓熟,则自然知道敖氏所说从何而来。尤其须要注意的是,敖继公有时虽然保留下注文,但往往又删除疏文对此注的疏解,自己又在"继公谓"中顾左右而言他,结果即使他保留下的注文,也很难再看出精妙所在,读者注意力也不再在郑注本身。

敖继公的立意并不是撮要串讲,而在于辨是非,决异同,在这种前

---

① (元)敖继公撰,曹建墩校点:《仪礼集说》卷二,第53页。
② (汉)郑玄注,(唐)贾公彦疏:《仪礼注疏》,第966页。
③ (元)敖继公撰,曹建墩校点:《仪礼集说》卷二,第58页。
④ (汉)郑玄注,(唐)贾公彦疏:《仪礼注疏》,第970页。
⑤ (元)敖继公撰,曹建墩校点:《仪礼集说》卷二,第71页。

提下,删除注疏归为己得,恐是一种隐窃行为。《礼记·曲礼》曰:"直而勿有。"《礼记·大学》曰:"所谓诚其意者,毋自欺也。"敖氏的窃取行为,使得注疏支离破碎。更为严重的是,敖为"隐窃疏义而小变之","即成巨谬",故曹元弼谓敖氏"离经叛道,丧心病狂,其是者,皆隐窃注疏之义;其非者,至于改经、诋经而无忌惮,学者所当鸣鼓而攻,屏之不齿,不得反有取焉"①。

三、以己臆而弃注说

敖继公的弃注疏自说,有的已经被清人纠正,如敖氏以中庭为阼阶前南北之中,也有的由于经文的缺失,只得阙疑。但总体上,敖说不具备并存性和可参性。对于敖已被证实的谬误,在此不再复述。以下我们选《仪礼·燕礼》为例,通过一篇之中所牵涉的几个问题,来较为完整和系统地认识敖氏的弃注臆说。

《仪礼·燕礼》曰:"主人坐祭,遂饮,宾辞。"郑注云:"辞者,辞其代君行酒,不立饮也。此降于正主酬也。"敖继公言:"宾见主人将饮,故辞之,盖欲即受此觯,不敢复烦主人之更酌己,且远辟媵爵于公之礼也,媵爵于公者,亦皆先自饮乃更酌之。"②笔者按:这是主人向宾进献酬酒的礼仪。大致过程是主人向宾敬酒,宾回敬主人;主人向君献酒,此时君站着饮干觚中的酒,这是因为国君尊贵,所以异于宾坐着饮完。主人与君行完献酢礼,再向宾进献酬酒。按《仪礼·乡饮酒礼》《仪礼·乡射礼》,主人酬宾的正礼是坐着饮酒,此《仪礼·燕礼》主人即坐饮,而宾却推辞。对此,郑玄的意思是主人是代君行酒,君尊而立饮,主人则亦当站立卒爵,现在主人仍依正礼饮酒,故宾辞主人坐饮。敖氏弃郑注代君行酒之意,认为宾知道主人饮后将献己,不敢烦劳主人为自己酌

① (清)曹元弼撰:《礼记纂疏序》,第539页。
② (元)敖继公撰,曹建墩校点:《仪礼集说》,第219页。

酒,故而推辞。盛士佐赞同敖说。事实上,敖说根本不符合《仪礼》中正主酬宾的礼仪。《仪礼》正主酬宾,宾皆不辞,《乡饮酒礼》《乡射礼》即是。若如敖说,则《乡饮酒礼》《乡射礼》宾亦须辞,《燕礼》经文也不用在此特明有"辞"。所以敖氏之说不符合《仪礼》的基本仪制。郑注最善于把握经文礼义,《燕礼》一篇的精要是国君至为尊贵,却不做献主,使宰夫为燕礼的主人,宾则使大夫。如此国君是活动真正的主宰者,具体仪节却由宾、主来推进完成,所以相应配套了一系列仪节。此条宾辞主人坐饮不过是里面一个小的方面而已。敖为与郑立异,抛弃基本仪制,亦不顾其他篇之明文,此类自解皆非。

《仪礼·燕礼》曰:"公坐,取大夫所媵觯,兴以酬宾。宾降,西阶下再拜稽首。"郑注云:"就其阶而酬之也。"敖继公言:"谓兴立于席,举觯向宾而酬之也。酬宾亦不下席,君尊也。"[1]笔者按:这是公为宾举旅,劝其饮酒的礼仪。公席在阼阶上,郑知公到西阶上酬宾是因宾降拜于西阶下,而非在阼阶下。经文不直言公在西阶酬宾,是因君为大尊,故以空文的形式以示尊崇,不直言公往就西阶。敖认为君尊不可能前往西阶,删注改为君在阼阶酬宾。此后清人著述能遵郑义者几无,然而,这种以后世君臣尊卑之情形制断古人行为的做法是非常错误的。《仪礼》作为承载儒家大义的礼仪规范之书,在行文中有其属辞比事之例。在《燕礼》一篇中,以空文、异文、不定之辞等方式尊其尊者、卑其卑者的表现方式并不仅此一例。如:贱职不言其官,故具官馔言"膳宰"、悬钟磬言"乐人",而设洗筐不言其官;尊卑同事而列,尊者异其文,如言臣筐"南肆",君之膳筐亦南陈,而经曰"西面";尊者俯就卑者,空其文,公酬宾拜于西阶上,宾升再拜,经不言其拜于君之左,即不敢敌偶于君而缺其文。所以,郑注在此言君往西阶酬宾,不仅依据宾拜西阶下,而且也能知悉《仪礼》的经文之例。敖以为君尊不可能往西阶酬宾,完全

---

① (元)敖继公撰,曹建墩校点:《仪礼集说》卷六,第222页。

是主观臆想，礼制随时代变迁每每有所因革，故皮锡瑞有"论古礼多不近人情后儒以俗情疑古礼所见皆谬"①，故敖氏此类驳郑皆非。

《仪礼·燕礼》曰："受赐爵者以爵就席坐，公卒爵，然后饮。"郑注云："不敢先虚爵，明此劝惠从尊者来也。"②敖继公言："受赐爵者不先卒爵而俟者，膳酒之酌久矣，不必先饮之也。《仪礼·士相见礼》言'卒爵而俟'者，始饮酒，若为君尝之然。"③笔者按：饮酒进行至不限爵数的阶段，公命赐酒给某人，受赐者等公先把酒饮干，然后再饮。郑玄对受赐者后饮之仪的解释是，旅酬行酒之法是以次序递饮，酒爵是转递而举的。现在君受膳爵，和散爵行酬一起并行，受酬者等君饮毕再饮，就能彰显出此酒是由尊者惠赐而来的意味，若受赐者不待尊者，径直先饮，则是自有而专行之意。敖依《仪礼·士相见礼》臣先饮的"卒爵而俟"情况，认为先饮是为君尝酒，《仪礼·燕礼》受赐者不先饮，是膳酒酌饮已久，不用再为君尝酒，以此破注自说。但燕饮君赐爵分两种情况，《仪礼·士相见礼》是"燕而君客之赐爵法"④，君待臣以客礼，君赐酒，臣则先饮，因"酒是甘味，欲美君之味，故先饮"⑤。此在《礼记·玉藻》里得到印证，《礼记·玉藻》"若赐之食，而君客之"段落后，云："君若赐之爵，则越席再拜稽首受，登席祭之。饮，卒爵而俟，君卒爵，然后授虚爵。"⑥《仪礼·燕礼》则是大燕饮酒法的礼仪，与《仪礼·士相见礼》彼处性质不同，不可相比。故《礼记·曲礼》曰："长者举未釂，少者不敢饮。"⑦郑玄《礼记注》云："《仪礼·燕礼》曰：'公卒爵而后饮也'。"敖继公不明礼制，随意比附，以破郑注，此类皆非。

① （清）皮锡瑞：《经学通论》，第38页。
② （汉）郑玄注，（唐）贾公彦疏：《仪礼注疏》，第1023页。
③ （元）敖继公撰，曹建墩校点：《仪礼集说》卷六，第238页。
④ （汉）郑玄注，（唐）贾公彦疏：《仪礼注疏》，第978页。
⑤ （汉）郑玄注，（唐）贾公彦疏：《仪礼注疏》，第978页。
⑥ （汉）郑玄注，（唐）孔颖达疏：《礼记正义》，1476页。
⑦ （汉）郑玄注，（唐）孔颖达疏：《礼记正义》，1243页。

敖继公抛弃经注,自以为说,看似新奇有理,实成讹误。以上种种,敖氏往往并用兼发,迷惑性较大。如《仪礼·大射仪》为大侯、参侯、干侯报靶人设献酒之事,经文开篇先言设两壶酒,在第二番射后又为大侯报靶人服不设酒,因此郑注解释服不之尊侯时而设,不与其他二侯在活动初时即设,以此表现尊君,不期待君一定要射箭。敖为与郑立异,不顾经文开篇明言,臆说该处仅是拟设,而在第二番射为服不设尊时,一方面说此时是三侯一起设酒,以弃注自逞;另一方面窃取前面郑玄的"侯时而设"之注和本句经文的"言尊侯者,获者之侯由功也"之注,于是郑注的成果荡然无存。有的著述于此便取敖,并指出据敖继公说,"为三侯之获者设尊而曰'尊侯',是因为他们'功皆由侯也'","尊侯"之称的来由何曾是敖氏说,且敖破注处非是,不细辨。

清代是《仪礼》学的鼎盛时期,经典考据学崇汉学重家法,然而就尊郑问题,实际情况却较为复杂。前期敖说影响甚大,但如陆陇其也能深得朱子学的精神,对注疏的研讨之法有汉唐遗韵。乾嘉以来,是郑玄地位的恢复,对郑学的接受却也存在有效与有限两种情况,如光绪年间吴之英等人为《仪礼》研究仍然沿袭敖氏风尚。钱大昕言"然自敖氏之说兴,缀学者厌注疏之繁,而乐其易晓,往往舍古训而从之。近儒方侍郎苞、沈征士彤,亦颇称其善。夫经与注相辅而行,破注者,荒经之渐也。敖书今虽未大行,然实事求是之儒少,而喜新趋便之士多,不亟辞而辟之,恐有视郑学为可取而代者,而成周制作之精意,益以茫昧"①。彭林认为清代学者尊郑不佞郑,驳敖亦取敖。事实上确为如此,黄以周等即是典型之例。整体而观,清代《仪礼》学的基本风貌可以描述成:尊崇郑学之名,但受敖说影响,重发一己之声。这看起来是一个很客观的局面,但实质上却可能恰好相反。

① (清)钱大昕撰:《〈仪礼管见〉序》,第656页。

四、余论

敖继公《仪礼集说》的产生是学术内在发展的必然结果,它能在后世盛行,最主要的原因有四点:其一,学者是今非古的为学心态。其二,郑注简约不易得。其三,古礼不近人情,研习者以今体古。其四,学者受《钦定仪礼义疏》的影响。《钦定仪礼义疏》多采敖说,故清季《仪礼》学著述随之因循,甚至出现了曹元弼明明声嘶力竭反敖,却为推崇《钦定仪礼义疏》避言该书取敖之事实。《四库提要》称敖氏《仪礼集说》"然郑注之中录其所取,而不攻驳所不取,无吹毛索垢,百计求胜之心"①。敖氏"不攻驳所不取",是其志本不在"攻驳",而在取代。四库馆臣不能持以公心,除所处研究时期原因外,或亦因此之缘故。敖继公之说使郑玄《仪礼注》近乎面目全非,这也开启了《仪礼》疏解日益杂乱率臆的局面。正如褚寅亮所言,"夫郑氏之注《仪礼》,简而核,约而达,精微而广大,礼家莫出其范围,一旦敖氏之说行,而使人舍平平之正道,转入于歧趋,窃恐郑学晦,而《礼经》之文亦将从是而晦矣"②。敖以谦示人,云"自知芜陋,固不敢以示知礼之君子,然初学之士,或有取焉,亦未必无小补云尔"③,若敖书真为初学者所用,对着面目全非的经注,难免不误入歧途,终不能得其正。

《仪礼》研究在经过清代的鼎盛期时后,积累下的问题纷繁错乱,敖继公《仪礼集说》又是清代《仪礼》学最绕不开的一点,在这种情况下,若不能辨析敖氏《仪礼集说》的大弊,仍以能轻易破注为务,或因清人取敖即认为敖书可取,则对今日《仪礼》学的研究依然会产生较大误导。学术发展到今天,已然不必囿于门户之见,但每一学问都有自身的特性,这决定了治学需有一定的方法门径,尊古并不是为了佞古,而是

① (清)永瑢等撰:《四库全书总目》卷二十,中华书局 1965 年版,第 161 页。
② (清)褚寅亮撰:《仪礼管见·自序》,第 375—376 页。
③ (元)敖继公,曹建墩校点:《仪礼集说》,第 11 页。

为了明晰本源,以好求是。尤其经学研究,古人的当守家法之论非常有道理。就"礼"这个专门之学而言,更应认识到注疏的重要性。我们不应简单地视不遵古说为能创见,而倍加推崇。实质上,清人对《仪礼》所发的一己之见,很多只是出于自信,往往经不住推敲。况且纵使要学术争鸣,也要先明经典所在。

第二节 陈澧对于《仪礼》礼义的 申明和贡献

王国维论及清代学术云"道咸以降之学新"[①],就经学而言,这个新的学术气象不仅限于龚自珍、魏源的《春秋》公羊学,而且还蕴藉在陈澧对《仪礼》礼义之学的倡议中,只是后者不似前者更为人熟知。陈澧(1810—1882),字兰甫,号东塾,广东番禺人,早年服膺乾嘉汉学,中年以后治学风尚发生转变,最终形成"调和汉宋"的基本学术主张。钱穆认为他是"近百年提倡新的读书运动之第一人"[②]。《春秋》与"礼"皆有经世的作用,当时兼采汉宋直溯汉儒,以救治时弊成为新的学术突围方向,陈澧无疑是其中最具代表性的人物之一。"六经之道同归,而礼乐之用为急"(《汉书·礼乐志》),《仪礼》作为礼的本经具有"比谊会意"进行推演的效用,加之郑玄礼学的至臻完备,使得陈澧的治经归旨最终落脚于此。

陈澧在《仪礼》学上有着独到的造诣,他提出的读经之例与注疏立文之例就得到后来礼学大家曹元弼的肯定与发扬。与这些成就的早为

---

① 王国维:《沈乙庵先生七十寿序》,载《观堂集林》第二十三卷,浙江教育出版社 2014 年版,第 502 页。

② 钱穆:《学籥》,载《钱宾四先生全集》第 24 册,台湾联经出版事业公司 1998 年版,第 80 页。

人知不同,陈澧申明《仪礼》礼义的贡献,长久以来没有得到学界应有的重视。陈澧不但标明《仪礼》有礼义,而且倡导后进专为礼义之学。此可视为陈氏对礼学乃至经学最为关键的贡献。《仪礼》礼义的择取与确立是明经致用思想的体现,广州在中国近代史上具有特殊地位,陈澧的标榜不仅是对前代学术做出新推进,更反映了礼学作为古典学术前沿在风云激荡时空下的存在状态。相比于皖南、苏州、扬州、常州、浙东等素有研究传统的礼学重镇,这也是地域引领中心上的一次移动。厘清陈澧持倡礼义的问题,不仅有助于更深入地理解陈澧及其时代的经学思考,而且对全面析理《仪礼》学史以及推进礼学研究也有着重要意义。

一、清代《仪礼》研究的不足与陈澧个人的思考和倡议

清代是《仪礼》学的鼎盛时期,梁启超云:"试总评清代礼学之成绩,就专经解释的著作论,《仪礼》算是最大的成功,凌、张、胡、邵四部大著,各走各的路,各做到登峰造极,合起来,又能互相为用。这部经总算被他们把所有的工作都做尽了。"①章太炎《汉学论》云:"清时之言汉学,明训诂,甄制度,使三《礼》辨秩,群经文曲得大通,为功固不细。"②在清代《仪礼》学由兴起至大盛的过程中,全面解决文本的阅读

---

① 梁启超:《中国近三百年学术史》,东方出版社 2004 年版,第 214 页。梁氏所言的四部大著分别是凌廷堪的《礼经释例》、张惠言的《仪礼图》、胡培翚的《仪礼正义》、邵懿臣的《礼经通论》。凌廷堪《礼经释例》专门条理礼仪通例,张惠言《仪礼图》依照经文阐述的顺序为十七篇一一作图,使礼事的始终、坐立的向位、行动的进退跃然纸上。胡培翚《仪礼正义》整合前人成果兼下己意,是《仪礼》新疏的集大成之作。邵懿臣《礼经通论》明《仪礼》授受源流。除此之外,胡匡衷的《仪礼释官》、胡承珙的《仪礼古今文义疏》等也都在各自方面取得了很好的成绩。《仪礼》素以难治为名,但读《仪礼》实有其法,主要是分节、释例、绘图,该问题陈澧及皮锡瑞都曾强调过。皮锡瑞言:"分节可先观张尔岐、吴廷华之书,释例凌廷堪最详,绘图张惠言最密。"既然如此,则可以看出经过清人的这几部大书,《仪礼》的研究无疑得到了根本性的推进。

② 章太炎:《太炎文录续编》卷一,载《章太炎全集》第一辑,上海人民出版社 2014 年版,第 1 页。

理解问题,进而扭转《仪礼》研究弥代积衰的局面,是最需要完成的切实工作。这包括校勘、句读、分节、训诂、考证、释例、绘图、辑佚等各方面的内容,简单来讲,梁启超所言的"把极难读的《仪礼》变成人人可读,真算得劳苦功高了"可以说是清儒在这一经上的主要成就。那么在此基调下,《仪礼》一书是否真如梁氏所言被清人把工作都做尽了呢? 显然没有。

因为在明礼文之上,更有明礼义的学问。《仪礼》是一部记述先秦时期贵族社会生活中各种礼节仪式的书籍,它有的不仅是节文威仪和名物度数,而且还有蕴含其中的礼义。义通过附着于周折委曲的"仪"来发挥作用,而"仪"也正因有义的参与指导才合乎情理。郑玄的礼学所成不徒是章句著述,他出能为朝廷定制,入则能克己复礼,这种对仪与义的淹贯精深,使得郑玄《仪礼注》在名物训诂与典章考究之外,尤能揭示并阐发《仪礼》礼义。虽然"礼之所尊,尊其义"(《礼记·郊特牲》),但这并非意味着礼义研究取得了较好成绩。在笔者看来,清代《仪礼》学在礼义探索上存在两点问题。

第一,总体关注较少。柳诒徵认为乾嘉诸儒并非以汉儒之家法治经学,而实属考史之学,"于经义亦未有大发明,特区分畛域,可以使学者知此时代此经师之学若此耳"。具体到三《礼》学"尤属古史之制度,诸儒反复研究,或著通例(如江永《仪礼释例》,凌廷勘《礼经释例》之类),或著专例(如任大椿《弁服释例》之类),或为总图(如张惠言《仪礼图》之类),或为专图(如戴震《考工记图》、阮元《车制图考》之类),或专释一事(如沈彤《周官禄田考》、王鸣盛《周礼军赋说》、胡匡衷《仪礼释官》之类),或博考诸制(如金鹗《求古录礼说》、程瑶田《通艺录》之类),皆可谓研究古史之专书"[①]。在某种程度上,柳氏的认识不无道理。从目前传世的清人《仪礼》学论著来看,无论是内容数量上,还是

---

① 柳诒徵编著:《中国文化史》,东方出版中心 1988 年版,第 747 页。

在研究方法和著述方式上，《仪礼》礼义研习都是非常薄弱和不完善的。平心而论，经世致用是每代学者都有的抱负和志愿，清儒的《仪礼》研究不可能不涉及礼义，这一点在丧服制度方面比较凸显，但是由于《仪礼》突出的实学性质，以及其他一些的复杂原因，应该承认《仪礼》经注的礼义并非是清代《仪礼》学研治的重点所在。

第二，已有的礼义阐述没有充分尊重郑学。《仪礼》学史上有过一个最大的拐点，即元代敖继公《仪礼集说》的问世，敖氏在隐窃与自逞间全面打破郑氏礼义的体系性和完整性，《仪礼》研究新义迭出的局面也由此开启。对此陈澧的话最切中要害："郑君之学维持魏晋南北朝之世道，至中唐以后，其道衰微浸绝，直至国朝复知尊信，然而其道未明也，以其名尊之而已。"①所以清人《仪礼》学著述中已有的礼义探讨很大程度上也非郑氏之学，即使是驳敖尊郑的褚寅亮等人也有实际弃郑取敖之处。虽然学问不宜拘泥一家，但郑玄礼学即使偶有失误，也是古今绝学。若舍正途，旁求以险侧，于学不精又轻易攻讦，再欲探得经义真谛，必是扞格难胜。钱大昕《〈仪礼管见〉序》云"实事求是之儒少，而喜新趋便之士多，不亟辞而辟之，恐有视郑学为可取而代者"②，对于礼学渐成显学后诸多研习者心态的揭露可谓一针见血。总之，摒弃注文也从一定程度上阻碍《仪礼》礼义问题的深入和推进。

以上是当时的《仪礼》学背景。陈澧在儒家经典中选择《仪礼》，又把礼义之学作为推崇的研究方向，这里面的思考路径主要有两个方面。其一，治经以义理为本。③ 诚如陈澧所指出的"谓经学无关于世道，则

---

① （清）陈澧著，黄国声选录：《东塾读书论学札记》，载黄国声编：《陈澧集》第2册，上海古籍出版社2008年版，第368页。

② （清）褚寅亮撰：《仪礼管见》，第374页。

③ 笔者按：陈澧虽然重经义，但绝不轻议训诂考据，云："本朝诸儒考据训诂之学断不可轻议，若轻议之，恐后来从而废弃之，则明儒之荒陋矣。今人考古者少，已大不如国初以来之渊博，断不可顺其风气而一空之也。但当取义理以补之耳。"（《东塾读书论学札记》，第365页。）

经学甚轻,谓有关于世道,则世道衰乱如此",造成这样的局面"盖百年以来讲经学者,训释甚精,考据甚博,而绝不发明义理,以警觉世人。其所训释考据,又皆世人所不能解,故经学之书汗牛充栋,而世人绝不闻经书义理,此世道所以衰乱也"①。但何处才能真正寻得经学大义呢?陈澧认为"由汉唐注疏以明义理而有益有用"②,然而可惜的是,在他看来无论是宋学,还是清人的汉学,都没有很好地重视和解决这个问题。其云:"汉儒之书有微言大义,而世人不知也。唐疏亦颇有之,世人更不知也。真所谓'微言绝、大义乖'矣。宋儒所说皆近于微言大义,而又或无所考据,但自谓得不传之学,夫得不传,即无考据耳,无师承耳。本朝国初儒者救明儒之病,中叶以来拾汉儒之遗,于微言大义未有明之者。"③乾嘉以降,世弊丛生,学界也没能例外,陈澧数次批评士子懒躁,未尝看一部注疏,"大抵随手翻检"④,"多零碎经学"⑤。对此陈氏提倡"微言大义从读书考古而得"⑥,希望"学者皆专习一经而渐求义理,因汉儒经注而求汉儒实行"⑦,最终能治身心关世道。

在汉儒的微言大义中,陈澧特重郑学,"要识真汉学,须读郑君书"⑧,谓郑注"其细者,训诂名物;其矩者,帝王之典礼,圣贤之微言大义,粲然具备","家法至善",于纬侯、历数、律令"莫不贯综"⑨,他盛赞郑学是两汉学术集大成者,维持魏晋隋唐数百年世道,使圣人之说不至浸绝,又痛惜其元明以来的日渐衰微,故言:"宋、元、明儒者自出己意

---

① (清)陈澧著,黄国声选录:《东塾读书论学札记》,第 377 页。
② (清)陈澧著,黄国声选录:《东塾读书论学札记》,第 381 页。
③ (清)陈澧著,黄国声选录:《东塾读书论学札记》,第 360 页。
④ (清)陈澧著,黄国声选录:《东塾读书论学札记》,第 381 页。
⑤ (清)陈澧著,黄国声选录:《东塾读书论学札记》,第 363 页。
⑥ (清)陈澧著,黄国声选录:《东塾读书论学札记》,第 378 页。
⑦ (清)陈澧著,黄国声选录:《东塾读书论学札记》,第 373 页。
⑧ (清)陈澧著,黄国声选录:《东塾读书论学札记》,第 362 页。
⑨ (清)陈澧著,黄国声点校:《东塾集》,载《陈澧集》第 1 册,上海古籍出版社 2008 年版,第 113—114 页。

以说经义,竟无人于汉儒传注内寻求义理,孰知郑君之注义理深醇如此耶!此绝学宜共兴之"①。又云,"读经而详味之,此学要大振兴。郑君似有劝人寻味语"②。既然汉儒之微言大义莫过郑注,那郑注义理之精粹必然在于郑玄的礼义之学。

其二,礼为六经指要。《礼记》有《经解》一篇,内容是"记六艺政教得失",陈澧认同孔颖达"六经其教虽异,总以礼为本"的观点,"《记》文引孔子曰:'安上治民,莫善于礼。'此篇当录入于礼,其义已明矣"③。这相当于陈述了自己的学术主张。皮锡瑞论"六经之义礼为尤重其所关系为尤切要",指出"六经之文,皆有礼在其中,六经之义,亦以礼为尤重"之征实即是《经解》。④ 也就是说,陈澧所持礼为六经节目的观点与上文所论由郑玄礼义探圣人制作精义的思路重合。这两者一个是宏观上的经学认识,一个是具体的治学津逮主张,无论从哪个开始,最终都要落到郑玄礼义阐释上来。

正有鉴于此,陈澧提出礼义研治与专为的必要,"礼文之中有礼义焉,不可不知也。不明礼文,不可以求礼义。然明礼文而不明礼义,则或可疑古礼不可行于后世。不知古今礼文异而礼义不异。礼义,即天理也,人情也。虽阅百世不得而异者也"⑤,陈澧不否认明礼文的必要性,但在此之后更要晓明礼义,礼义才是礼的根本。陈澧《学思自记》中有"标出《礼》意之说"一句,《礼》就是指《仪礼》,《学思自记》是陈氏为《学思录》准备的内容,后《学思录》中的部分文稿被择取出来命名为《东塾读书记》,所以这部分内容在《东塾读书记》中得到体现。《东塾读书记·仪礼》编大约可分三部分:一是如何明礼文,二是标明礼义,三是前人《仪礼》研究中相关的一些问题。显然"既明礼文,尤当明礼

----

① (清)陈澧著,黄国声点校:《东塾集》,第177页。
② (清)陈澧著,黄国声选录:《东塾读书论学札记》,第375页。
③ (清)陈澧著,钟旭元、魏达纯点校:《东塾读书记》,第171页。
④ (清)皮锡瑞:《经学通论》,中华书局1954年版,第80—82页。
⑤ (清)陈澧著,黄国声点校:《东塾集》,第105页。

意"的第二部分最涉关隘。所以,《东塾读书记》对礼义的阐明即是《学思自记》主旨的细化。

也就是说,在宜共兴郑注礼义绝学的认识下,陈澧选择《仪礼》礼义为突破口作为提纲挈领的主干,至于陈澧为何有如此见识,一是对《仪礼》研究得失的精准把握;二是与《仪礼》及其礼义具有的独特地位与作用有关。《仪礼》十七篇涵盖婚姻、乡饮、聘觐、丧祭等礼事大端,最具系统性,足涉世道人伦大义,是后人得以窥见古礼最基本的凭借,更是我国古代社会各种礼仪程序与规范的模本和源头。《仪礼》看似"一代之书",实则其义可损益而为后世制礼之法,故对历代礼制影响深远,能够作为钩沉阐释的主线。总之,陈澧在时势与学术双重困局的背景下,对《仪礼》和礼学研究做出了属于自己的努力,他对礼义的倡议与思考开拓了鼎盛时期《仪礼》学研究的新空间。

二、陈澧标出《仪礼》礼义的具体内容

鉴于清朱笥河"以礼莫精于丧礼,欲撰礼义之书",陈澧首先论述"礼义则郑注最精,非独丧礼也",对其他礼的礼义进行揭示,其次述注疏丧礼精义。再后言《春秋穀梁传》能知礼义,但这部分与所论关联不大,不在此枝蔓。陈澧采用的是直接选录经注的叙述方式,而《仪礼》经注都有简约的特点,所以有必要对《东塾读书记》该部分内容进行细致周详的解说。只有这样才能真正洞察《仪礼》礼义的具体面貌,为继续探讨它们的意义和价值提供可能性,进而弄清陈氏礼义申明背后最终想要表达的意图。以下对陈氏所选择的经注来做一一阐释。

(一)揭示郑注礼义之精非独丧礼

丧礼以及其相关制度在中国古代传统社会中具有特殊的地位和意义,它是古代礼制与社会伦理建构关系最为密切的部分。正因为如此,丧礼精义在整个《仪礼》礼义中更为受到关注,比如有关《丧服》的研究在清代《仪礼》学中已然成为一个独立的体系,它的礼义也较多参与到具体实践之中。相比而言，丧礼以外篇章的礼义则容易为人忽视。所以，陈澧的述论非常有必要。《东塾读书记》分别选择《仪礼·士冠礼》和《仪礼·乡饮酒礼》各一例来阐明郑氏礼义的存在与精湛。

《仪礼·士冠礼》"筮于庙门"，举行冠礼以前，先在宗庙的大门外举行占卜加冠日期的活动。郑玄揭示经文存在着两层含义：1. 为何在庙举行？注云"重以成人之礼成子孙也"，加冠是一个人的成人之礼，在先人之庙举行筮日仪式表现了冠礼的重要，以及人们至为恭敬的感情。2. 为何在门外举行？注云"不于堂者，嫌蓍之灵由庙神"，筮日用蓍草来占卜吉凶，其自有灵性，若在庙堂这个接近庙神的地方占卜，所占的结果是蓍草预示的，还是自家庙神预示的？为了避免造成蓍草之灵是得由庙神的嫌疑，故筮日仅在门而不在堂。如此，既表达了对冠礼的重视，又不至于为事行礼尊主不明。陈澧言："夫以'筮于庙门'四字，而礼义精细如此，非郑君孰能知之？"[1]

《仪礼·乡饮酒礼》司正"共少立"，饮酒正礼完成将进入旅酬阶段，负责监察仪法的司正就位履行职责。大致过程是，司正领主人之命，升堂给觯斟满酒，下堂后在两阶之间、庭的中央面朝北坐下，把觯放在地上，稍微退后，拱手静立一会，然后饮干觯中的酒。郑玄对司正"少立"之仪的解释是："自正，慎其位也。己帅而正，孰敢不正。"拱手站立一会是一种自我规正，以此表现对自己位置慎严的态度。既然司正主监察，其行礼必须自正，所以"少立"而"慎其位"，自我带头端正，示人谨严，谁敢不端正呢？陈澧对此言："此司正拱手少立，实难知其何意，读郑注乃知正己以帅人之意。其深微至此，得郑注而神情毕见，可谓抉经之心矣！"[2]

通过以上两例，陈澧论证了面对《仪礼》经文平白简质的叙述，郑

---

① （清）陈澧著，钟旭元、魏达纯点校：《东塾读书记》，第150页。
② （清）陈澧著，钟旭元、魏达纯点校：《东塾读书记》，第150页。

玄揭示出了仪节所蕴含的情理依据与意义目的。这里主要贡献有两点。首先，明确《仪礼》礼义的存在。前文提及由于《仪礼》的实学性质，其礼义问题一贯得不到凸显，所以对它有无兼备礼义，清儒意见莫衷一是。陈澧能够给出《仪礼》存有礼义的鲜明观点，应该说在他的时代树立起《仪礼》研究的一个新的号召思想，这是其他一切接续研究开展的基础。所以陈澧在此的贡献应该肯定。

其次，陈澧把握住了《仪礼》礼义更为开阔的范畴。以上礼义与通常侧重意义目的的礼义内容尚且存有一定差别，从表面上看它似乎不直接展现伦理道德和哲学思想层面的东西，而像是一种礼仪规范性的指导。实际上，这些由具体仪节抽绎出的礼义不但使《仪礼》各处都措置得恰好，还可以上升为具有核心指导精神的礼仪规范理论。所以按照陈澧的认识思路，可以对《仪礼》郑注中此类礼义进行彻底地择取和整合。因为《仪礼》天然地呈现了礼仪规范的范式，而郑玄无疑对此进行了最为细密的阐释，可以说郑注此类礼义恰是《仪礼》经义最为独特的地方。虽然经过层层抽丝剥茧，他们最终也可能会归结到尊尊亲亲等层面，但是与一些受历史局限性影响的礼义相比，这些礼义反而具有生命力。陈澧对他们的揭示很可能正是看重这样的特性与品质。

（二）申明郑注孔疏丧礼精意

上论之后，陈澧接言注疏阐发的丧礼精义。所谓丧礼，包含丧、葬、祭三部分。仪礼中的《士丧礼》《既夕礼》《士虞礼》《特牲馈食礼》《少牢馈食礼》《有司彻》皆属于丧礼篇目，此外还包括丧礼中成服问题的《丧服》一篇。故陈澧在此所言的丧礼礼义应该包括以上诸篇的内容。

陈澧选择了代哭、虞祭、"主人二手承衾而哭"和"朝夕哭不帷"四处来申明郑注《仪礼》礼义的纯粹精密。《士丧礼》"代哭"，士死后的第二天会举行小敛仪式，为死者穿衣加衾。小敛之后，有代哭之制。所谓代哭，是指服丧者更番轮流而哭。依照丧制未殡以前哭不绝声，为何小敛以后即设代哭呢？注云："孝子始有亲丧，悲哀憔悴。礼防其以死伤生,使人更哭,不绝声而已。"郑玄的解释是丧主因亲人刚刚死去,心情悲恸难抑,哭声不绝,但从人始死到小敛已经过了一夜,如果一直无节制地哭泣,会伤害丧主的身体,哀不伤身毁性,才符合丧礼的节度,所以古人在小敛之后即设有代哭之制。《既夕礼》"虞祭",所谓"虞",是指早上安葬父母,日中在殡宫行祭。郑玄对于虞祭的解释是"虞,安也。骨肉归于土,精气无所不之。孝子为其彷徨,三祭以安之。朝葬,日中而虞,不忍一日离",葬礼虽然安置了死者的遗体,但是死者的精气尚且存在。丧主担忧亲人精气彷徨无依,所以举行祭祀仪式以安置死者的灵魂。而且是早上下葬,当天中午即迎其精气而返,不忍心亲人有一日的离开。对于以上两例,陈澧言:"如此之类,乃郑注发明丧礼精意。"①

在此基础上,陈氏又指出《礼记》的很多篇目涉及先秦丧葬制度问题,所以,郑玄对丧礼礼义的阐发不仅在《仪礼注》中,而且多见于《礼记注》。陈氏在此又列举两例。《丧大记》"主人二手承衾而哭",主人在室中哭尸,用两手抓着覆尸的被子而哭,注云"哀慕若攀援",描摹丧主心中的极度哀伤思慕。《杂记》"朝夕哭不帷",古人认为鬼神尚幽暗,殡棺设有帷帐,但丧主在朝夕哭时不放下帷帐,注云"缘孝子之心,欲见殡舁也",郑玄解释要顺从孝子欲见死去亲人殡棺的心思。陈澧感慨:"《尸子》云:'曾子读《丧礼》,泣下沾襟。'读郑君之注,真欲泣下沾襟矣。"②

陈澧又言孔颖达的疏文也能阐明礼义的存在。《丧大记》:"大夫之丧,将大敛,君即位于序端。卒敛,君抚之。"这是国君亲临大敛"抚尸"的礼仪。大夫的丧事,就要大敛时,国君到来,君在堂上东序南端即位。尸体被抬到大敛席上,等为死者加衣捆扎完毕后,国君按

① (清)陈澧著,钟旭元、魏达纯点校:《东塾读书记》,第150页。
② (清)陈澧著,钟旭元、魏达纯点校:《东塾读书记》,第150页。

— 150 —

抚死者的心口。孔疏云:"君臣情重,方为分异,故敛竟而君以手案尸,与之别也。"孔颖达阐释君臣情意深重,始将生死异居,故在加衣完毕以后以手触碰死者遗体,与其做最后的告别。陈澧指出,"此疏说礼义,亦沉挚。古之君臣情重如此,所谓'视臣如手足'也。读之亦使人泣下也"①。

上文谈到丧礼较其他礼仪受到的关注更为广泛,然而这也暗含带来另外一个问题,即丧礼礼义随之遭到更多的置喙和破坏。例如以流俗之弊反责制礼精意。《仪礼·士丧礼》的代哭本蕴藉着节哀之意,但宋王秀之则认为这是因为丧主不能真挚,故以仆妾值灵助哭以可多声相乱。吕坤认为使五服以次相递哭,不计情之戚否,只唯欲有声,如此意义何在? 在丧礼的具体实践中,固然会因人而异存在用情真伪之别,此便是"大为之坊,民犹踰之"(《礼记·坊记》),但以制礼的用心即出于作伪显然是极为滑稽的。对此清人黄以周进行了驳斥,言:"乃据末俗之浇薄,反疑古礼为不情,何哉!"②此外,又有后世学者为与郑立异强行窜乱丧礼精义的情况。如敖继公阐述《仪礼·士虞礼》"虞祭"为"虞之言度也,使之度其去就之意",对此,黄以周纠驳云:"主必入庙,有何去就可度,敖说非。"③如果说陈澧在论郑注礼义之精非独丧礼一节,侧重说明的是《仪礼》其他篇章亦有礼义,那么在此论丧礼礼义则尤为侧重郑注孔疏为最精。

约言之,在丧礼精义一节中,代哭反映的是礼义中的节哀之意,虞祭是礼义中视死如生的人性厚重之意,《丧大记》《杂记》的"若攀援""抚尸""不帷"体察了人们对逝者的无尽哀思和不忍离别之情。读之感人肺腑,它体现出郑玄对于人之情性的细腻感知与精准把握。同时,借助郑玄的阐发,也可以体悟中国传统文化于生离死别中的那份沉郁

---

① (清)陈澧著,钟旭元、魏达纯点校:《东塾读书记》,第150页。
② (清)黄以周撰,王文锦点校:《礼书通故》,第466页。
③ (清)黄以周撰,王文锦点校:《礼书通故》,第566页。

与厚重,毫无疑问这也恰是陈澧所看重的东西。

三、陈澧倡明《仪礼》礼义的价值与贡献

借助上文陈澧所标明的《仪礼》经注礼义,我们洞悉了它的存在以及其基本面貌。陈澧对《仪礼》经注礼义的洞察与专为此学的倡议无疑打开了《仪礼》研究的新空间,这也使得清代的《仪礼》学研究出现了新的转型契机。问题至此,则需要明白陈澧关注和倡议礼义之学更为深层次的社会历史原因。因为这实际上涉及陈澧对礼义揭示的真实意图,以及在这个过程中陈氏所作贡献的问题。要解决这些疑问首先就是要进一步交代上文中这些看似零碎的礼义究竟是什么,以及有着何种学术与经世价值。

陈澧选择的《仪礼·士冠礼》"筮于庙门"仪节,其实质反映的是传统文化中重事不专擅和做事尊主分明的思想内涵。重事不专擅,是做事之前先向尊者汇报的行事方式。这种传达与长辈是否健在并无关系,传达的目的也不拘于为请示意见,很多时候只是一种禀明。古礼外出远行,无论天子诸侯还是卿大夫,都要去宗庙和先人辞行,返回后需再行告至。汉代班固《白虎通·巡狩》:"王者出,必告庙何?孝子出辞反面,事死如事生。"①又比如古代的嫁娶之礼,按《仪礼·士昏礼》,凡夫家来女家行事,如纳采、问名、纳吉、纳征、请期、亲迎等,女家都会选在祢庙举行仪式,以示对此事的重视。女方到男家后,如果男家父母早已过世不能行见舅姑之礼,则在三月之后举行庙见之礼。重事不专擅

---

① (清)陈立撰,吴则虞点校:《白虎通疏证》,中华书局 1994 年版,第 293 页。《晋书》卷十九《礼》第九:"礼,大事则告祖祢,小事则特告祢,秦汉久废。魏文帝黄初四年七月,将东巡,以大军当出,使太常以特牛告南郊。及文帝崩,又使太尉告谥策于南郊。自是迄晋相承,告郊之后仍以告庙,至江左其礼废。至成帝咸和三年,苏峻覆乱京都,温峤等立行庙于白石,复行其典。告先君及后曰:'逆臣苏峻,倾覆社稷,毁弃三正,污辱海内。臣侃、臣峤、臣亮等手刃戎首,龚行天罚。惟中宗元皇帝、肃祖明皇帝、明穆皇后之灵,降鉴有罪,剿绝其命,翦此群凶,以安宗庙。臣等虽陨首摧躯,犹生之年。'"

体现在古代社会生活的方方面面，即使在今日的社会生活中，人们也会选择在家族有重大事情时以祭祀的形式向先人汇报，比如很多地区在嫁娶添丁也会墓祭。

而陈澧所指出的做事尊主分明，也是为礼规范的一个基本原则。尊主分明是指礼仪活动中要尊敬和崇尚的对象应明晰确定，没有嫌疑。这要求不并敬尊者，若尊者众多，则一一敬之，不可呈现出尊主不分，礼敬杂糅的局面。做事尊主分明体现在日常行事中的诸多方面，比如酒宴中参与人员所坐席位与受敬酒的次序肯定存在差异，这样设置的实质就是做事尊主分明，如此才能使活动程式明晰顺畅。又如《礼记·曲礼》："侍坐于所尊敬，见同等不起。"自己陪侍尊者而坐，若有同辈的人进来，则不用起身示意。郑玄注云："不为私敬。"[1]侍坐于尊者是以尊者为敬，同辈后来者可任其自己坐下。若行以同辈私敬，则在该场合下就是一种尊主不明。该问题还曾出现于朝堂议礼之中，唐杜佑《通典·礼典》"群臣侍坐太子后来"一节即是[2]。

至于陈澧所言的丧礼精意，体现了古人对死亡以及生命的认识和思考。这种以生之情体度死者的方式，反映出中华传统文化对死亡的重视，以及对逝者的最大的感情。在今日的社会风俗中，如果要在逝者的墓地上动土，家属也会先去祭奠以禀示死者。这种行为体现出人性深处的温情与厚重。哈里森在《古代的艺术与仪式》中曾经指出：仪式是想要再产生一种情感，而不是要再生产一个实物，它是一种对实际做过之事的回忆或期望。艺术的动机不在于想要复制自然甚至也不是为了改进它，而是更愿意让艺术与仪式分享同一种冲动。说出愿望就是一种强烈的情感或欲望。[3] 哈里森的具体观点可以再讨论，但如其所

---

① （汉）郑玄注，（唐）孔颖达疏：《礼记正义》，第 1240 页。
② （唐）杜佑撰，王文锦等点校：《通典》卷六十七，中华书局 1988 年版，第 1870 页。
③ ［英］简·爱伦·哈里森：《古代的艺术与仪式》，吴晓群译，大象出版社 2011 年版，第 11 页。

说,希望那看似已经死亡的自然生命能够重新活过来也是一种强烈、普遍的愿望。

至于凭尸一节,它蕴藉着君臣情义,涉及国家政治层面,其重要性历来不言而喻。如《春秋·昭十五年》经曰:"有事于武宫,籥入,叔弓卒,去乐卒事。"《穀梁传》曰:"君在祭乐之中,闻大夫之丧,则去乐卒事,礼也。"又阐发了其中的道理,"大夫,国体也。古之人重死,君命无所不通"①。在后世礼制中,国君抚尸的具体仪节存在变化,但其中的道理却映照着一个国家的政治生态。东汉名儒杜林去世时,汉光武帝亲自临丧送葬,"于时群臣莫不竞劝"(《通典·天子为大臣诸亲举哀议》)。东汉桓荣为朝廷重臣,明帝尊以师礼,桓荣病逝,史曰"帝亲自变服,临丧送葬"②,明帝幸桓荣家问其起居"入街下车,拥经而前","自是诸侯将军大夫问疾者,不敢复乘车到门,皆拜牀下"③。对于光武、明帝的崇经重道,陈澧在《东塾杂俎·东汉》篇言"自古帝王笃好经学如光武者,未之有也,此东汉经学所以独盛于历代也"④,又"此东汉政化所以独高千古,而儒者所以有益于天下也","此东汉世道所以独隆也"⑤。与之对照,朱熹对于南宋朝皇帝不复临大臣之丧曾言:"今日之事,至于死生之际,恝然不相关,不啻如路人!所谓君臣之恩义安在!祖宗时,于旧执政丧亦亲临。渡江以来,一向废此。只秦桧之死,高宗临之,后来不复举。如陈福公,寿皇眷之如此隆至,其死亦不亲临。祖宗凡大臣死,远地不及临者,必遣郎官往吊。寿皇凡百提掇得意思,这般处却恁地不觉。今日便一向废却。"⑥

---

① (晋)范甯集解,(唐)杨士勋疏:《春秋穀梁传注疏》,第 2438 页。

② (南朝宋)范晔撰:《后汉书》卷三十七,中华书局 1965 年版,第 1253 页。

③ (南朝宋)范晔撰:《后汉书》卷三十七,第 1253 页。

④ (清)陈澧撰,吕永光校点:《东塾杂俎》卷二,《陈澧集》第 2 册,上海古籍出版社 2008 年版,第 428 页。

⑤ (清)陈澧撰,吕永光校点:《东塾杂俎》卷二,第 428 页。

⑥ (宋)朱熹撰,郑明等校点:《朱子语类》,载朱杰人等主编:《朱子全书》(修订版)第 17 册,第 2898 页。

　　由上可见,礼义可抽绎出中国人的核心哲学内涵和独特思维方式。它具有核心性、指导性与延续性。掌握礼义便可根据时代的变化,对礼制进行具体的调整和重新建构。而这就是古人特重礼义的原因所在。因为礼义蕴含的是行事的规则和精神所在,它既属于哲学思想层面,又有着指导具体实践的价值。"礼,时为大",礼仪制度一直都处在变化发展之中,与时俱进本就是礼的基本精神。每个时代都有新的社会问题产生,这样势必冲击并有可能打破旧有的制约平衡,此时便需要根据礼的核心精神进行推衍,制定新的章程以维护社会的平衡稳定。如魏晋南北朝时期的议礼非常显著,背后的主要原因就是汉末以来社会形势的变化和发展带来了一系列的新问题,礼制就要根据现实要求来进行不断地丰富和完善,以维护社会的平稳前进。而且由于这一时期属上古到中古的转变,这就意味着该时期解决的诸多问题满足了后世社会生活的需要。所以,到了唐代国家典仪和律法都基本定型。应该说历史上礼制的探讨和议礼是极有必要性的,它有利于维护当时社会生活的稳定,并对此起到了积极的作用。只不过到了传统社会后期,礼制越来越显现出疲敝与活力的丧失。简单讲,"凡治人之道,莫急于礼"(《礼记·祭统》),礼义是礼的建构体系中的灵魂,也是礼随时调整的所需要的关键。无论这个调整的周期需要多长,以及此间努力的效果如何,陈澧的时代都不得不面对它。

　　当时的清王朝经历了鸦片战争、太平天国运动,这些战争带来的冲击必然是旧有秩序的错乱与逐步坍塌,更为深刻的是由此带来的世道人心多维度纵深连锁反应。在如此形势下应该怎么去做,以及意义何在确是一个社会在思想文化层面亟须回应的。在陈澧看来,礼义无疑具有正国安民之效。所以,陈澧在《赠王玉农序》中劝人勤以求之,专为礼义之学,言"国朝儒者之于礼学,为宋以后所不及,然考证礼文者多,发明礼义者少",既然已明礼文,当"进而求之郑君、朱子之法,以明礼义,及此盛年,专力为之,其所成就不可限量",他还感叹"如余者,考索半生而后知之，《礼记》所谓'时过然后学，则勤苦而难成'者也。今且老矣，虽知之而不能学矣"①。陈澧的思考并非孤例，同时代曾国藩云"先王之道，所谓修己治人、经纬万汇者，何归乎？亦曰礼而已矣"（《圣哲画像记》），"诚得好学深思之士，不泥古制，亦不轻徇俗好，索之幽深而成之易简，将必犁然有当于人心"②。陈澧与曾国藩之用心盖如出一辙。这也从另一个角度反映出陈澧希冀以礼义济世的思想。

所以陈澧对礼义的重视，从最为紧迫的事情来看，清王朝即将走到其生命周期的尽头，面对诸多礼制的崩塌与失衡，欲图补救的问题随之被提上日程。礼义的重新确认实则承载了时人对纲纪整肃的寄托。晚清皮锡瑞有"古礼情义兼尽即不能复而礼不可废"之论③，他又说："若必荡弃礼法，溃决隄防，正所谓'坏国、丧家、亡人，必先去其礼'，与孟子所谓'上无礼，下无学，贼民兴，丧无日矣'，可不微惧乎。"④稍后曹元弼的礼学思想也是该问题延续性的呈现，曹氏《礼经学》开篇即探讨《礼经》尊尊、亲亲、长长、贤贤、男女有别的大义，谓"'天不变，道亦不变'，由则治，不由则乱，何尝一日之能废，一人之能离乎"⑤。这就从另一方面反映出了清末礼义诉求凸显的问题。其实从整个清代后期的大环境来看，无论是公羊学的复兴，还是今文经学的复兴，乃至在此探讨的陈澧对礼义问题的倡议，都是当时知识分子面对国家局势之变，求以解决之道的努力。因为《春秋》和三《礼》本就具有这样可以经世论世的先决条件。若再往后看，抗战时期杨树达所撰《春秋大义述》实质上也是出于这种以为时用的思考，即以"爰取往业"为现实社会的实践去找寻理论依据与基础。也就是说从更长的时间段来看，自陈澧以来这样的思考在近代就具有了相当的延续性。

---

① （清）陈澧著，黄国声点校：《东塾集》，第 106 页。
② （清）曾国藩：《曾国藩全集》书信卷，岳麓书社 1994 年版，第 7034—7035 页。
③ （清）皮锡瑞：《经学通论》，第 17—18 页。
④ （清）皮锡瑞：《经学通论》，第 82 页。
⑤ （清）曹元弼著，周洪校点：《礼经学》，第 415 页。

此外,与清政府的风雨飘摇相比,中华文化在中西文明日益碰撞中如何重新确立自己的信心和合理性,恐怕也是一个必将要面临的问题。这个问题不代表非此即彼的选择,而往往是失范状态下对自己和他人都不能正确认识的混乱。广州在中国近代史上有着特殊的地位,它不仅是中国开眼看世界的窗口,也是最早被迫开放的通商口岸,中西贸易、文化都在这里流通交汇。如此的地域特征必然对当地的社会产生广泛的影响。在陈澧《默记》《学思自记》《学思录序目》中都夹杂有他对西方文化输入的一些忧思,虽然这些看法多是日用饮食层面的问题,不应对其思想性过度拔高。但应该说,在除去欲为当时政府寻求切实秩序维护的目的外,陈澧对文化合理性如何再确立的忧虑则更为深远。因为说到底,礼义问题最终体现的是一个国家民族根本的哲学思维方式,是对事物存在原因的解答,失掉立身行事的依据,文化合理性的根基就会动摇。钱穆在这一点上的立意可能与陈澧也是暗合的,只不过是该问题到钱穆所在时代就更加突出了而已,所以钱穆力持经世明道的学术传统。关于文化思索的这一点,与上文的救亡图存一样,它也是中国近代史上一个非常重要的现实议题。陈寅恪所谓"思想囿于咸丰、同治之世,议论近乎湘乡、南皮之间",恐怕就是直诉曾国藩时代对于中国文化如何自处的思考,换言之与曾国藩同时代陈澧的礼义之学亦未必不是出于此间考虑。

正因出于这样的省察和思忖,陈澧认可朱熹"殊不知礼书之文虽多,而亲身试之,或不过于顷刻;其物所博,而亦有所谓'不若礼不足而敬有余'者"的观点,言朱子此语可破"读《仪礼》以为不可行,而藉口于文之多、物之博者"[1],认为韩愈说《仪礼》"考于今诚无所用"是"此语过矣"。陈澧不主张非今是古,称读《仪礼》宜知"礼从宜"之旨,对古

---

[1] (清)陈澧著,钟旭元、魏达纯点校:《东塾读书记》,第155页。

今同有之礼"倍宜钻研",对今所不行者,"但'掇其大要'可矣"①。所以他认为《抱朴子》的"删定三《礼》,割弃不要,次其源流,总合其事,类集以相从,务令约俭,无令小碎,条牒各别,令易案用"②是至当之论。

如上所述,这就是陈澧申明《仪礼》礼义的一些问题。客观讲从历史上来看,衰败大势下通过管理手段调整往往无力回天,何况晚清面临的是数千年未有之变局。陈澧鼓吹的礼义不会扭转中国近代落后的状况。但礼义是修身治世的标准,可以理解为社会生产生活中的合理性规范,由更高的层面来看,礼义里的哲学思想内含在各国文明之间有共性相通之处,也有差异独特之处。它培植化育人的精神气性,是文化的灵魂。

社会管理的手段形式会随生产力的发展而改变,但管理本身不会消除;礼是中国古人的社会管理概念,礼制随时而变,礼这种规范约束化的存在却会一直伴随着人类社会。也就是说,一个时期的礼制不可能超越时代的局限性,对这种局限性的批判和摒弃不代表整体意义上的礼应该被抛弃和否定。所以对礼的重视乃至提倡不必然等同于守旧。当把传统的道德性约束视为阻碍和扼杀人追求幸福的障碍时,人们习惯性地认为与礼有关的一切都本然地意味着倒退。时至今天,对于古礼具体的仪制尽可放置于它曾经适合的时期去认识,我们需要做的是重新认识传统礼仪中所蕴含着的那些符合现代文明精神的礼义。礼义对礼仪文明之意义,对文化自信建设的作用仍然需要接续思考。所以,陈澧所提出的这些问题可以进行继续探讨,而他所作的贡献也即在此。

---

① (清)陈澧著,钟旭元、魏达纯点校:《东塾读书记》,第156页。
② (清)陈澧著,钟旭元、魏达纯点校:《东塾读书记》,第155页。

第三节 曹元弼《仪礼》学研究的几个问题

一、明确提出经文文例概念

曹元弼《礼经学》在凌廷堪的礼例、陈澧的注疏例之外,提出了《仪礼》经文例的概念,云:

> 圣人既本之以为大经大法,详节备文而笔之为经,垂天下后世法,一字一句又皆准此以辨言正辞,故礼有礼之例,经有经之例,相须而成。凌氏释礼例,而未及经例,然经例不明,则圣人正名顺言、决嫌明微、精义所存,不著不察。而经文详略异同,若有与礼例不符者,其何以解害辞害志之惑,而深塞离经叛道之源欤?《传》曰:"属事比辞,《春秋》教也。"周公制礼,犹孔子作《春秋》。《春秋》一字一句皆褒贬所寓,《礼经》一字一句,亦皆名义所关。凌氏释礼例,属事也;今释经例,比辞也。言不顺则事不成,古之圣者作经,莫不有立言之法;古之明者解经,莫不精究其立言之法。虞氏之于《易》,郑氏之于《禹贡》、于《礼经》,子夏之于《丧服》,三《传》之于《春秋》,某氏之于《夏小正》,皆是也。夫治《礼》如治《春秋》,亦如治律,《春秋》与律,一字不可忽也。故治《礼》者必以全经互求,以各类各篇互求,以各章各句互求,而后辞达义明,万贯千条,较若画一。人伦天秩,斯为真知。郑君先通《春秋》,又精《汉律》,故其说经例至密。①

曹元弼根据郑玄《仪礼注》揭示的意义,总结为五十例,每例附有

---

① (清)曹元弼著,周洪校点:《礼经学》,第30页。

简短说明。现列举如:

凡经文仪节并行者,叙事不相夺伦。

射礼司马、司正,事多并行,经叙一事毕,乃更及一事,不使相错。

凡经文器数尤繁者,总序在上。

如《大射》之席,《有司彻》之俎,皆执要御繁之法。礼之失繁,由不知经例耳。

凡经文别嫌明微,正名顺言,不外同辞、异辞两端。

凡尊卑异辞。

均是爵不相袭也,于尊者言'更',自敌以下言"易"。均是举旅酬也,尊宾则曰"酬",尊公则曰"赐"。均是每答拜之也,《特牲》"嗣举奠",总言"尸备答拜"。注云:"以尊者与卑者为礼,略其文。"

贵贱异辞。

均是奠觯取之也,而宾言"取",介言"受"。

文质异辞。

如《聘礼》宾见君言"觌",见卿言"面"。

发端因事异辞。

如发端言"降拜",因上事言"下拜"。

凡经文览文自明者,异义不嫌同辞。

如《士相见》,两言"将走见"。注一云:"走犹往也。"一云"走犹出也。"又如《乡饮》《乡射》旅酬皆云"辩",而《乡饮》之辩,辩众宾之在下者。《乡射》之辩,惟辩众宾之在上者。以上下文可推而知,故不嫌同辞。

同义不嫌异辞。

如各篇皆云"执爵兴",而《少牢》《有司》独云"执爵以兴"。《乡饮》《乡射》《有司》云"拜至",而《燕》《大射》《公食》云"至再拜"。以非名义所关,览文即知,无别义,故不嫌异辞。窃意此等文句参差,皆夏殷旧礼本然,周公以其无关名义而仍之,即此可见损益之迹。而因以知礼经非一王之制,一圣之书,乃自有天地以来神圣相传至教至文,递相祖述,代有沿革,至周公而定。所谓"考朕昭子刑,乃单文祖德"。所谓周监二代,所谓思兼三王,皆于此可想见焉。

凡君与臣行礼,或空其文以尊君。

如《燕礼》公为宾举旅,"宾升再拜稽首"。注云:"此宾拜于公之左,不言之者,不敢敌偶于君。"又云:"不言公酬宾于西阶上及公反位者,亦尊君,空其文。"

或不定其辞以优君。

如燕、射滕觯,皆初次二大夫皆致,第二次惟长致,有定法。而经云"若君命皆致""若命长致",皆言"若",以示不定。注皆以"优君"言之。

凡经文立言皆有法度。

如《大射》"君有命戒射",注曰"宰告于君,君乃命之,言君有命,政教宜由尊者。"此立言之法,所以辨上下,定民志。

凡经文法度之言,特谓之侧,全谓之"纯",移近曰"尔",正立曰"疑立",北上曰"南顺",西上曰"东肆",射所立处曰"物",射中曰"获",胜曰"贤",肤之精理者曰"伦",肴之仪度、尊卑可用者曰"仪"。

曹元弼谓,"礼之本在《孝经》,其法在《春秋》,其义在《礼记》。《春秋》以一字褒贬决是非,《礼经》以一字同异正名分,皆圣人精义入神之学。以治《春秋》之法治《礼经》,其学乃精"①。

关于《仪礼》"例"的层次划分,就其内容而言,大约可从经例、礼例、义例三个层次认识。经例,就是如何写;礼例,就是怎么做;义例,就是为何如此做。经、注、疏在这三大类型上都有各自的发挥,如经文中有自带礼例的情况,注疏也会总结礼例,同时注疏也会总结义例,还会总结文例,换言之,经、注、疏各自有例,故以内容性质分最清楚。

二、曹元弼对陈澧礼学思考的接受

曹元弼受张之洞治学思想影响的问题一直比较清晰,单就礼学研究来看,陈澧《东塾读书记》在《仪礼》学上的发挥对曹元弼产生切要影响。曹元弼申述了陈氏阐明读经例与注疏通例:

> 若夫节文等杀、器服之例,则莫详于凌氏廷堪《礼经释例》。官室之例,则莫详于李氏如圭《礼经释官》。职官之例,则莫详於胡氏匡衷《释官》。经注疏立文之例及读经例,则莫详于陈氏澧《东塾读书记·仪礼》篇。②

曹氏《礼经学》在《明例》一章对各主要类例进行摘录阐述及补充,其中对陈澧《东塾读书记·仪礼》篇中"分节""绘图""释例""明礼意"的核心部分进行摘录,并且在陈澧的某些礼学思想的引导下又做出开拓性推进。比如曹氏《礼经学·礼通例》篇提出的"郑注每就一事示例",这里面很多内容其实更属于陈澧提出的"明礼意"的范畴。

---

① (清)曹元弼著,周洪校点:《礼经学》,第51—52页。
② (清)曹元弼著,周洪校点:《礼经学》,第4页。

三、曹元弼《礼经校释》成就尤大

曹元弼《礼经校释》与他的《礼经学》相比，目前受到的关注和重视程度尚显不足，曹元弼《校释》应该是他在《仪礼》学上取得成就最大的著作。他的最大特色就是关注细微，在黄以周之后，再次把一些前代聚讼的问题解决了，对于郑注的申述有着极大的贡献。现择取几例说明。

继、不属

《乡饮酒礼》曰："乃席宾、主人、介。众宾之席，皆不属焉。"

郑玄注云："席众宾于宾席之西。不属者，不相续也。皆独坐，明其德各特。"

贾公彦疏云："郑知众宾席在宾席之西者，见《乡射》云：'席宾，南面，东上。众宾之席，继而西。'此众宾之席亦当然，但此不属为异耳。云'皆独坐，明其德各特'者，《乡射》注云：'言继者，甫欲习众庶，未有所殊别。'此乃特贡于君，故众宾之席皆不属焉。明三物已久，其德各特，故不属续其席。虽不属，犹统宾为位，同南面也。"①

《乡射》曰："乃席宾，南面，东上。众宾之席继而西。席主人于阼阶上，西面。"

郑玄注云："言继者，甫欲习众庶，未有所殊别。"

贾公彦疏云："甫，始也。言始欲习众庶，未有所殊别，此决《乡饮酒》三宾之席不属殊别，彼有德之人，故各自特，不继，有所殊别。"②

---

① （汉）郑玄注，（唐）贾公彦疏：《仪礼注疏》，第980页。
② （汉）郑玄注，（唐）贾公彦疏：《仪礼注疏》，第993页。

《礼经校释》释曰：

> "乃席宾、主人、介"句言为宾、主人、介布席也，"众宾之席，皆不属焉"句，言为众宾布席，其席皆不相属也。'皆'者，皆众宾三人，不兼宾、主人、介；宾、主人、介之席，面位各殊，相去悬绝，无所谓属不属。言"不属"者，本有属道也。"不属"，谓众宾自不相属，非谓与宾不属，宾是当日至尊，其不得与之相属不待言，又宾有席西拜之礼，其席自不得与他席属。经云"皆不属"，若谓与宾不属，则惟指三人中之首一席，不得云"皆"，故知"不属"是众宾自不属也。属者，继也。《乡射》云"众宾之席继而西"，亦谓众宾自相继，非与宾相继，彼云"继"，此云"不属"，明其礼殊。所以然者，彼习众庶，示以亲睦之风，不为殊别；此宾贤能，取各自成德之义，使之独坐，明其道明德立，不流不倚，此礼家微言，不可易也。此经之"不属"，与《乡射》之"继"，正相对为文，"不属"即"不继"也。后人岐"属"与"继"为二义，反谓"不属"即"继"，显与经背，由不知"不属"与"继"之皆专属众宾耳，至继公谬说，褚氏已辨之，《乡射》"继而西"与此"皆不属"，文义相对，此"皆不属"非谓与宾不属，则彼继而西，亦非继宾而西明矣。①

此属明经文例。继，金文象三丝相连，古文、篆文突出连体之象，《说文》曰"续也"，《尔雅·释诂》曰"係，继也"，故"继"字当如郝懿行《义疏》所云乃"相续不绝"之义。属，《说文》曰"连也"，《释名》曰"续也"，《仪礼·丧服记》"袂，属幅"，郑注云："属犹连也。连幅，谓不削。"《尔雅·释山》曰"属者，峄"，郑注云："言骆驿相连属。"《仪礼·乡饮酒礼》众宾之席"不属"明不相连，《仪礼·乡射礼》众

---

① （清）曹元弼撰：《礼经校释》，第 154—155 页。

宾之席"继而西"明自相接续,曹氏申郑,是也。《明集礼》采郑玄注说。

命卿大夫以我故安

《燕礼》曰:"司正洗角觯,南面坐奠于中庭,升,东楹之东受命,西阶上北面命卿大夫:君曰'以我安'。卿大夫皆对曰:'诺。敢不安!'"

郑玄注云:"君意殷勤,欲留宾饮酒。命卿大夫以我故安,或亦其实不主意于宾。"

贾公彦疏云:"'君意殷勤,欲留宾饮酒。命卿大夫以我故安'者,以主人安,客乃安,故欲安宾,先语卿大夫,以我意故须安也。云'或亦其实不主意于宾'者,郑意两解,前解主意为宾,故使卿大夫为宾安;或亦其实不专主为宾,兼群臣共安也。"①

郑注以"安"字为绝,"卿大夫"属下。张尔岐、胡肇昕、盛世佐皆句读为"以我安"②。吴廷华等认为"以我安卿大夫"观点不正确。

吴廷华云:"以我安卿大夫者,以我命安之也,不言宾,宾亦大夫也。"③

杨大堉云:"经言安公卿大夫,而不言宾,'诺'亦言公卿大夫而不言宾,要之宾重于公卿大夫,举轻则重者可知。"④

方苞云:"曰君命我为司正,乃所以安卿大夫,使坐而行酒耳。言卿大夫,则宾可知矣,不及诸公,燕礼轻,非大射择士以祭之比,

---

① (汉)郑玄注,(唐)贾公彦疏:《仪礼注疏》,第1022页上栏。
② (清)胡培翚撰,段熙仲点校:《仪礼正义》,第737—738页。
③ (清)吴廷华撰:《仪礼章句》卷六,载《儒藏》精华编第46册,第505页。
④ (清)胡培翚撰,段熙仲点校:《仪礼正义》,第737页。

或不以烦诸公也。"①

近些年的一些译注本、整理本也标点为"以我安卿大夫"。郑注的意思，君意殷勤，希望留宾饮酒，故使司正告卿大夫："为我安坐"。至于为何命卿大夫，贾疏所言甚好，主人安，客人则安，故君请卿大夫为其安坐。而且郑注的"或亦其实不专主为宾，兼群臣共安也"还说明如此言辞寓意安坐燕欢也不主专为宾而言，同时也是希望群臣共安的意思。

《仪礼·大射仪》司正升堂请公指示后，经文曰："西阶上北面命宾、诸公、卿大夫：'公曰以我安。'宾、诸公、卿大夫皆对曰：'诺，敢不安！'"郑玄注云："'以我安'者，君意殷勤，欲留之，以我故安也。"②在此"诸公、卿大夫"即属下。

> 曹元弼《礼经校释》云："言'为我安'于此尽一日之欢，语意殷勤婉笃，似不敢必其安而请之者，亦似惟恐其不安而强之者，卿大夫则闻命踧踖曰：'诺。敢不安！'古之君臣恳诚相待如此，是以《鹿鸣》序云'燕群臣嘉宾也。忠臣嘉宾能尽其心矣'，忠臣嘉宾尽其心，则社稷安而民人和矣。故《鲁颂》曰：'夙夜在公，在公载燕。自今以始，岁其有。君子有穀，诒孙子。'笺云：'君臣安乐，则阴阳和而有丰年，其善道则可以遗子孙也。'学者当以《诗》情《礼》意合体味之，吴氏读'以安我卿大夫'为句，神理全失，下云'君曰无不醉'，宾及卿大夫皆兴，对曰：'诺。敢不醉！'文与此同，足以明之矣。盛氏转'以'为'与'，亦非，所引之诗非其类也。"③

---

① （清）方苞撰：《仪礼析疑》卷六，第87页。笔者按：方苞在此从敖继公认为"曰君命我为司正"一句中"我"指司正本人，非是。清人已有驳斥，不足辩。
② （汉）郑玄注，（唐）贾公彦疏：《仪礼注疏》，第1034页。
③ （清）曹元弼撰：《礼经校释》卷七，第226页。

宾降取弓矢于堂西

《仪礼·大射仪》曰："三耦卒射。宾降，取弓矢于堂西。诸公、卿则适次，继三耦以南。公将射，则司马师命负侯，皆执其旌以负其侯而俟。"

郑玄注云："不敢与君并俟告。取之以升，俟君事毕。"[1]

笔者按，这是记大射宾参与射箭的礼仪。大射宾与公组成一耦，第二番开始后先是三耦射，其次即宾侍公射箭。三耦射箭完毕后，宾下堂，到堂西取弓矢。诸公卿也下堂到次中就位。当公将要射箭时，司马师就命令负侯者拿着旌旗背朝射侯站立，接下来开始准备事宜，代一切就绪后，司射得到公许射的命令会在西阶东边向宾禀告。

郑玄指出：宾侍君射，不敢与君并等司射告请，故三耦射毕，即先下堂，取弓矢升堂，公则待告射时方才取弓矢，等待公将射时，宾降阶前去堂西袒、决、遂，而后再升堂。在这里宾不等待告知而先行准备就是侍奉尊者先即事的道理。

在宾侍君射这个仪节中，宾降以后何时升堂自郑注后存在争议，实则该问题与此条礼义精神也有关系。

敖继公云："此言降不言升，似有阙文。"

郝敬云："下文'公将射，则宾降适堂西袒决遂'，即前取弓矢降，再言以明待君之仪。疏非。"

黄以周云："经文三耦卒射之后云'宾降取弓矢于堂西，诸公卿则适次继三耦以南'，二句文义直贯至节末'而后卿大夫继射'句，以明宾及诸公卿之降在三耦卒射后、君将射时也。'宾降取弓矢于堂西'八字作一句读，盖曰宾之降，取弓矢于堂西也。时公将

---

[1] （汉）郑玄注，（唐）贾公彦疏：《仪礼注疏》，第1039页。

射，有负侯，埽侯道、告射、取决拾、受授弓诸事，宾降堂西，俟君事毕，乃袒决遂执弓而升也。下云'公将射则宾降适堂西'，复述上文，明其降在公将射时也。云'袒决遂，执弓，搢三挟一个，升自西阶'，明其俟君事毕，至此乃升也。贾疏误会经注之意，谓降而取弓矢升，升而又降袒决遂，甚谬。郝氏申郑，胜于贾疏。郑注'不敢与君并'句，与下'先待于物北'注'不敢与君并'同。'俟告'句，'取之以升'句，谓俟司射告射于公之后，小射正为公取决拾、授弓于大射正时，宾亦可袒决遂执弓也。"①

曹元弼云："下司射告公后，适西阶东告宾，则宾降即升明矣。经文'宾降，取弓矢于堂西，诸公卿则适次'，明宾与公卿同时降而异位，诸公卿遍降，宾当即升。于是司马师乃升，隶仆人乃埽侯道，堂下为公射之事既具，司射乃得告公射。公许，小射正乃得取公决拾等，而宾即于告时降，袒、决、遂，执弓挟矢升。告公即告宾，始言降，后又言降，则宾有两次降，而始降即升，可知始降取弓矢升，明侍射礼也。后降搢挟而升，明射事至也。此礼威仪多，拾取矢者，既取，释弓矢于次，至射又取之，正其类也。下文两云'公将射'，上'公将射'，明为公射，故命负侯、埽侯道。下'公将射'，明公许射，故宾降，袒、决、遂，执弓挟矢升。若公不射，则宾降释弓矢于堂西也。上既言'公许'矣，复言'公将射'者，明许射与否在君，优君也，观二'则'字，可见(二'则'字亦微有不同)。盛氏从妄人敬以此'宾降'为即下'宾降'先言之，与下为节。公将射，则宾、公卿皆降，自司马升至小射正俟于东堂，皆一时事。不知司射阼阶下告公，即适西阶东告宾，设司马升以下皆一时事，而宾先降，则西阶东告何人乎？不得已，乃强为之说，曰宾在堂西，故适西阶东告之。

---

① （清）黄以周撰，王文锦点校：《礼书通故》，第1163—1164页。

不知西阶东与堂西不相值,上文司正受命于公,西阶上命宾,虽上下不同,其在西阶则一。于时,宾固在堂,此礼从未有告于下者也。且经云'公将射,则宾降适堂西,袒、决、遂,执弓,揳三,挟一个,升自西阶,先待于物北,北一笴',是既升而待于物北,未闻未升而俟于堂西,降即袒,袒即揳挟升,中间庸有待司射告之隙乎?前取弓矢未挟,此则挟之,必先取弓矢者,侍射礼当然以先即事为敬,经不言升者,以告与后降见之。云'俟君事毕'者,谓俟为君具之事毕,继公、敬、盛氏皆谬甚。"①

敖继公认为经有阙文。郝敬认为贾公彦疏文误读郑义,宾当降阶后一直在堂西等候,直待公射时才升堂,此间没有贾疏说的第一次降为取弓矢,取完即升,公将射时再次下堂,二次升堂之说。黄以周赞同郝敬。在此,曹元弼已经解决问题。主要依据:1. 经文先有降,后又西阶上告,明降后即升。2. 先降是明侍射,后降是事至。3. 第一个"公将射"是为公将射准备之意,第二个"公将射"是公许射,即将开始射箭之意。4. 西阶东与堂西不相值,未有在西阶上告下的情况。先降取矢,是先即事。当然该问题还是要再考察宾降堂的规律,是否都要随诸臣降下且不升,此待另考察。

无论这个细小仪节上的争议如何,可以看出宾先降取弓矢升堂待公事完毕,是先即事之义。等射箭事至时,下堂准备好后再次升堂就位。

出于下射之南

《仪礼·乡射礼》曰:"司马适堂西,不决、遂、袒,执弓。出于司射之南,升自西阶,钩楹,由上射之后,西南面立于物间。右执

---

① (清)曹元弼撰:《礼经校释》,第253—254页。

箫,南扬弓,命去侯。获者执旌许诺,声不绝,以至于乏,坐,东面偃旌,兴而俟。司马出于下射之南,还其后,降自西阶,反由司射之南,适堂西,释弓,袭,反位,立于司射之南。"

郑玄注云:"围下射者,明为二人命去侯。"

贾公彦疏云:"司马由上射之后立于物间,命去侯讫,物间南行,西向,适阶降,是其顺矣。今命去侯讫,乃围下射之后,绕下射之东南行,而适西阶去。若出物间西行,则似直为上射命去侯,是以并下射围绕之,明为二人命去侯也。"①

《仪礼·大射仪》曰:"司马正适次,袒、决、遂,执弓,右挟之,出,升自西阶,适下物,立于物间,左执弣,右执箫,南扬弓,命去侯。负侯皆许诺,以宫趋,直西,及乏南,又诺以商,至乏,声止。授获者,退立于西方。获者兴,共而俟。司马正出于下射之南,还其后,降自西阶,遂适次,释弓,说决、拾,袭,反位。"②

司马向北走到堂西,将左臂的外衣袖脱去,拿起弓,原路返回,由司射位的南侧转而向北,从西阶升堂;升堂后绕到西楹柱的北边,这就是经文所说的"钩楹",再折向东继续朝北走,郑注云:"以当由上射者之后也。"司马从上射的身后走到两物之间,面朝西南而立;右手握住"箫",即弓的末梢,左手握着弓弣,南面扬弓,命执旌背对射靶站立的获者离开射侯。获者拿着旌旗许诺,离开原地往西走,此间声音不断绝。走到设乏处,面朝东坐下,把旌旗放下,起身待命。司马转身东行,从下射的南边走过,绕到下射身后,从西阶下堂。

郑玄对司马"出于下射之南"之仪的解释是:司马从下射南侧走过,绕其背后再折而向西下堂,是相当于围绕下射一圈。从整个司马的

---

① (汉)郑玄注,(唐)贾公彦疏:《仪礼注疏》,第1000页。
② (汉)郑玄注,(唐)贾公彦疏:《仪礼注疏》,第1035页。

路线图可看出,他从西楹柱北边朝北走向上射,绕上射身后走到两物之间,再由下射南侧走过,绕其身后往西走去,这样兼顾上耦两人,同时代表着司射是为上射、下射共同发出"去侯"的命令。

敖继公云:"围下射而降者,往来相变以为仪也。"①

盛世佐云:"此疏意未明,故《通解》润色之,然非经义也。围下射者,威仪之法应尔也。下文司射命取矢之时,上、下射皆不在,亦围左物而降,则可见矣。郑解似迁,当以敖说为正。"②

方苞云:"司马命去侯,升由上射之后,立于物间,故降还下射之后,以适堂西。与再射命去侯升自右物之后,降还左物之后同。理当如此,别无深意,注疏推说似迂远。"③

黄以周:"围下射而降,司马、司射之通例宜然,不必为二人命去侯。下文司射命取矢之时,上下射皆不在,亦围左物之南,还其后而降矣。"④

敖继公认为礼仪需要往来仪节的变化,升堂就位由上射身后,下堂离去由下射身后就是这种变化和差异,所以这仅是仪式变化的需要。盛世佐应和敖氏的观点,而且指出下面司射命取矢环节,上、下射不在堂上,司射也是围左物而降,所以认为郑注迂腐。方苞也认为注疏迂远,司马命去侯都是一样的路迹,说明理当如此,没有深意。黄以周实质上沿袭了盛世佐的思路,同样拿司马命取矢来驳斥郑注。

在以上观点中,敖氏的观点不值得辩驳,按此道理则礼仪背后所有情理依据都可以统一解释成因为需要变化。盛世佐、黄以周的认识有

① (元)敖继公撰,曹建墩校点:《仪礼集说》卷五上,第159页。
② (清)盛世佐撰:《仪礼集编》卷九,第331页。
③ (清)方苞撰:《仪礼析疑》卷五,第66页。
④ (清)黄以周撰,王文锦点校:《礼书通故》,第1119页。

必要给予阐述,因为它涉及司马命取矢的路线。所谓"命取矢",就是每轮射箭完毕后都要命人把这轮射出的箭都取回,并统一把它们横放在楅上。虽然盛氏等的反驳是错误的,但命取矢路线的相同,就相当于当司马发出其他号令时,都显示出兼顾上、下射的意思,并不限于命去侯一事。

第一番射命取矢

《仪礼·乡射礼》曰:"司马适堂西。袒,执弓,由其位南进,与司射交于阶前,相左,升自西阶,钩楹,自右物之后,立于物间,西南面,揖弓,命取矢。获者执旌许诺,声不绝,以旌负侯而俟。司马出于左物之南,还其后,降自西阶,遂适堂前,北面立于所设楅之南,命弟子设楅。"①

第一番射仅三耦射,射毕司马升堂命"取矢",即命取回这轮所出的箭,并把它们横放在楅上。司马命取矢的仪节跟命去侯时一致,从西阶升堂,绕到西楹柱北边继续东行,经过右物后边走到两物之间,面朝西南,持弓向侯往外推弓,而后从左物南侧走过,绕到它的后面再向西下堂。

同样,大射司马正命取矢的路线也与其命去侯一致:

《仪礼·大射仪》曰:"司马正袒、决、遂,执弓,右挟之,出,与司射交于阶前,相左。升自西阶,自右物之后,立于物间,西南面,揖弓,命取矢。负侯许诺,如初去侯,皆执旌以负其侯而俟。司马正降自西阶,北面命设楅。"

---

① (汉)郑玄注,(唐)贾公彦疏:《仪礼注疏》,第1001页。

郑玄注云:"此出于下射之南,还其后而降之。"①

对于经文的简省,郑玄还给予了说明,补充了司马正退下时的路线。其余第二、三番射命取矢仪节同样相同,经文或曰"如初",或直接略而不言。

正是因为司马、司马正命取矢的路线也是"出于下射之南",所以盛世佐、黄以周认为此是司马、司马正堂上行礼路线的通例,故"围下射"也没有郑玄指出的明为二人去侯。而且如果按郑玄的思路,司马、司马正命取矢的时候"出下射之南"应理解成明为上、下射皆取矢,但此时上、下射却都不在堂上,又怎么会是为二人命去取矢呢?由此他们得出郑玄该条注文过度阐释不切实际。

事实上,盛世佐、黄以周的驳斥反而是太过僵硬拘泥,不能真切地把握礼义的深契人情人性,就他们提出的疑问曹元弼的解答已经非常精彩,且足以申述郑注精微所在。曹氏云:

> 注义至精,下文命取矢围左物,上、下射虽皆不在,然右物则上射位也,左物则下射位也,围左物者,明为二人命取矢,义正与此同。盖围下射者,明其为耦也,上、下射相人偶,而司马可有轻重于其间乎?围左物者,成其为耦也。耦虽不在,岂可以虚位而忽之乎?凡礼之迂回曲折者,皆其爱敬之心,所弥纶无间者也。君子于此,可以观仁,可以观忠,董子所谓"粲然有文以相接,欢然有恩以相和"者也,如诸家说,仅为威仪多,夫威仪维德之隅,必有所以为威仪者在,若但习其文,而不求其义,则是仪也,非礼也。②

---

① (汉)郑玄注,(唐)贾公彦疏:《仪礼注疏》,第1035页。
② (清)曹元弼撰:《礼经校释》卷五,第192—193页。

　　曹元弼指出,上、下射在堂上与否不是关键,右物、左物作为射者射时站立之位本身就具有符号标志意义,所以即使射者不在,但是意义却是一样的。上、下射是一耦,司马、司马正围下射就是使二人成耦,而不有所偏失,如果仅绕上射后即下堂,这是有轻重的选择吗? 礼的迂回曲折都蕴藉着爱敬之心,凡有威仪,必有如此的道理所在,所以仅以威仪多来解释仪节之设是没有道理的。

　　正如曹氏所说,物就是射者的一种符号标志,射者不在时,依旧遵照物行事,如同射者在时的仪节,这正是礼的精义所在。所以司马、司马正命取矢围下射也意味着明为上、下射共同命取矢。郑玄没有具体对该问题出注是因为命去侯、取矢二者道理相通,读者完全可以推知其义,为能简明起见,没有必要重复。

　　郑玄揭示的该礼义精神其实不难领会,事实上,当面对者是一人或三人及以上,该问题都不会如此凸显,因为三人及以上时,就会出现主次之分,唯独二人时,该礼义精神尤为明显。这也就是前面解释是说的,讯息发出者的言行应同时能兼顾它的两位受众,不偏不倚。

　　《仪礼·士昏礼》曰:"主人受醴,面枋,筵前西北面。宾拜受醴,复位。主人阼阶上拜送。"郑玄注云:"主人西北面疑立,待宾即筵也。宾复位于西阶上北面,明相尊敬。此筵不主为饮食起。"[1]这是记昏礼主人向使者行醴礼的礼仪。

　　郑玄对经文做了两点阐释:第一,主人"西北面",是主人筵前西北面疑立,待宾西阶上行礼完毕来筵前受醴。第二,宾受觯后的"复位",是指返回西阶上,主人献醴后阼阶上拜送,宾返西阶,待赞者设脯醢方即席,如此表示出对主人的尊敬。此筵不主要为饮食而设。针对郑玄这两点问题,贾公彦疏指出郑玄知道主人是西北面疑立是因为《仪礼·乡饮酒礼》主人献宾,宾升席后,经文有"主人阼阶东疑立"之语;

---

① (汉)郑玄注,(唐)贾公彦疏:《仪礼注疏》,第962页。

并进一步补充因为此席是为行礼而设,所以在此宾拜与啐酒皆在西阶上。

吴廷华云:"'疑立'者,无事而立,此经主人方在受醴献宾之时,何暇疑立? 又《乡饮酒礼》言'宾西阶上拜,主人少退,宾进受爵',此宾拜,主人亦当少退,又乌能疑立? 云'此筵不主为饮食起'者,贾疏云'此筵为行礼,故拜及啐皆于西阶',不知凡筵皆为行礼,焉有素为饮食而设者? 若以拜、啐必于必于西阶,始为行礼之筵,则《士冠礼》醴子曰:冠者筵末坐啐醴,降筵坐奠觯拜。是拜、啐皆于筵前,彼何尝非行礼之筵,而拜、啐皆不在西阶,贾说尚可信哉? 要之,拜、啐于西阶上,皆是敬主之义,啐于西阶,盖有不敢当此筵之义。"[1]

吴廷华对郑注、贾疏进行了批驳,他的观点是:1. 疑立是无事而立,主人尚在献宾时,何暇无事而立? 2. 凡筵席皆为行礼而设,没有纯粹为饮食而设的,而且若因行礼而设,就必须拜、啐皆在西阶上,那为何《仪礼·士冠礼》醴子冠者拜、啐在席前呢? 所以拜、啐在席上不过是为了表示对主人的尊敬,且啐酒于西阶,是为表示不敢当此筵的意思。

曹元弼云:"疑立,示敬也。主人至筵前宾乃拜,宾方拜,主人既少退,而宾拜未卒,此时非正立以待其仪当若何? 吴氏何不察耶? 此与《乡饮酒》既献后疑立时虽有久、暂,而仪则同,无时无地而非敬也。'宾复位于西阶上北面,明相尊敬。此筵不主为饮食起',释曰:此本《乡饮酒义》说啐酒席末之义,郑通其义于此,此诸礼之通义也。《冠礼》礼子不执觯至西阶者,以西阶上宾位,受醴者无其位也,不得执此难彼。"[2]

吴廷华其说皆谬,简单来讲,他在"疑立"问题上的错误在于不能通贯全经,仅是就此论此;他在"不主为饮食起"上的错误在于不能知

---

[1] (清)胡培翚撰,段熙仲点校:《仪礼正义》,第161—162页。
[2] (清)曹元弼撰:《礼经校释》卷二,第136页。

悉注疏所本。

第一，"疑立"在《仪礼》经文中出现 8 次，都是宾、主行饮食礼过程中尚无事一方等待礼将要行时出现的，见下：

1.《士昏礼》妇见舅姑，舅姑堂上醴妇，布席设醴后，"妇疑立于席西"，赞者在房中给觯斝满醴，出房来到席前，面朝北授给妇。郑玄注云："疑，正立自定之貌。"①

2.《乡饮酒礼》主人向宾献酒，下堂盥手，宾跟从而降，洗毕二人升堂，此时"宾西阶上疑立"，主人则取爵斝酒，然后到宾席前西北面等待宾受酒。郑玄注云："疑，读为疑然从于赵盾之疑。疑，正立自定之貌。"②宾接受主人献酒，待有司给宾席前进上脯醢，宾升席，此时"主人阼阶东疑立"③，宾则开始取脯醢祭先人。主人向宾进献酬酒下堂洗觯，宾从降，洗毕升堂，"宾西阶上疑立"④，主人则斝酒，在阼阶上饮干（酬酒先自饮），然后下堂再洗觯献宾。

3.《乡射礼》3 处与乡饮酒礼相同，主人献宾，盥手升堂后，宾"西阶上疑立"，郑玄注云："疑，止也。有矜庄之色。"⑤宾接受献酒升席，"主人阼阶东疑立"⑥，宾开始祭先人。主人酬宾，洗觯升堂，"宾西阶上疑立"⑦，主人先斝酒自饮。

4.《公食大夫礼》公为使者举行食礼，公下堂盥手，宾从降，盥毕宾随公升堂，开始设正馔，君先从宰夫手中接过酏醢，放在宾席前，宾对公亲自设酏醢表示推辞，并在席的南边面朝北坐下，把酏醢移到该放的位置。酏醢为馔之本，所以君亲设，此后，君面朝西站在序内，宾则"立于

---

① （汉）郑玄注，（唐）贾公彦疏：《仪礼注疏》，第 968 页。
② （汉）郑玄注，（唐）贾公彦疏：《仪礼注疏》，第 981 页。
③ （汉）郑玄注，（唐）贾公彦疏：《仪礼注疏》，第 982 页。
④ （汉）郑玄注，（唐）贾公彦疏：《仪礼注疏》，第 984 页。
⑤ （汉）郑玄注，（唐）贾公彦疏：《仪礼注疏》，第 994 页。
⑥ （汉）郑玄注，（唐）贾公彦疏：《仪礼注疏》，第 994 页。
⑦ （汉）郑玄注，（唐）贾公彦疏：《仪礼注疏》，第 994 页。

— 176 —

阶西,疑立",宰夫开始继续设馔。郑玄注云:"疑,正立也,自定之貌。"①

"疑,止也",本《雅》训,《尔雅·释言》曰:"疑、休,戾也。"②戾是止的意思。郑玄对疑立的解释是:正立自定之貌,颜色神情严肃庄敬。贾公彦《仪礼·士昏礼》疏云:"以其礼未至而无事,故疑然自定而立,以待事也。若行之闲而立,则云立,不得云疑立也。"③贾疏对郑注的理解是正确的,礼仪还未到来,尚需要稍待,所以当礼者须正立自定,形神安定庄敬。这反映出一方尚未就位时,另一方少安毋躁之意。也就是说,郑玄于此补充主人疑立是在通贯全经基础注出的,大概主、客方行饮食礼,一方在行事中,礼尚未至时,另一方须稍自正立自定。吴廷华认为疑立是无事而立,进而指出此处主人不可能无事而立,显然有悖于是错误的。

第二,郑注贾疏所言的昏礼醴使者此席不主为饮食起,是由《礼记·乡饮酒义》而来。

祭荐,祭酒,敬礼也。啐肺,尝礼也。啐酒,成礼也,于席末。言是席之正,非专为饮食也,为行礼也,此所以贵礼而贱财也。卒解,致实于西阶上,言是席之上,非专为饮食也。此先礼而后财之义也。先礼而后财,则民作敬让而不争矣。④

这是说主人献宾,宾用所荐脯醢行祭礼,又用酒行食前祭礼,是对主人之礼表示敬重。拿取俎上的肺尝一尝,这是尝食的礼。尝一尝酒,表示饮酒之礼已成。尝酒在席的末端,是表明席的正中不是专为饮食

---

① (汉)郑玄注,(唐)贾公彦疏:《仪礼注疏》,第1081页。
② (晋)郭璞注,(宋)邢昺疏:《尔雅注疏》,载《十三经注疏》,中华书局1980年影印清阮元校刻本,第2581页。
③ (汉)郑玄注,(唐)贾公彦疏:《仪礼注疏》,第968页。
④ (汉)郑玄注,(唐)孔颖达疏:《礼记正义》,第1683页。

用的,是为行礼用的。祭荐、祭酒、哜肺皆在席中,啐酒在席末,前者是敬主人之物,是贵礼;后者是入于己口,是钱财,这样以表示重礼轻财的意思。宾饮干觯中的酒,是在西阶上进行的,说明宾的席上不是专为饮食用的,这体现了先礼而后财的意思。先礼而后财,民众就会恭敬谦让而不争执了。

昏礼醴使者也非为饮食而布席,所以郑玄通过注文给予补充,而贾公彦疏文进一步给予补充昏礼醴使者,使者啐酒与拜皆在西阶上。吴廷华没有意识到此义本《礼记·乡饮酒义》,舍注疏而自为臆说,毫无必要。而且吴氏认为凡筵皆为行礼而设,没有专为饮食而设的,以非议注疏则更谬。至于他指出的如果为行礼设席必拜、啐于西阶,为何《仪礼·士冠礼》并不如此的指责属于逻辑混乱,并非是因为必须拜、啐于西阶,才是为行礼设,而是非为饮食而设之筵的饮礼不在席上正中,只不过乡饮、乡射等饮礼是卒爵在西阶上,啐酒在席前,凌廷堪《礼经释例》云:"礼盛者受爵于席前,拜与卒爵于阶上"①,而士昏礼醴使者则更杀,啐酒亦在西阶上,但不论具体细小差异如何,总之不专门为饮食而设的筵席讲究重礼轻财之义,行礼皆不于席之正中饮,此是《礼经》通例,故吴廷华所讲为非。

近年来,曹元弼的礼学研究越来越得到学者的关注,这会促进对曹氏礼学成就的细致认识,曹元弼提出的一些独具眼光的学术观点实际上也影响了近代一些著名学者。总之,对于曹元弼的礼学著述仍需要十分重视。

---

① (清)凌廷堪撰,彭林点校:《礼经释例》,第73页。

第四章　经学相关

第一节　国图藏清陈澧《学思录》稿本[①]

陈澧(1810—1882),字兰甫,号东塾,世称东塾先生,广东番禺人。陈澧是晚清时期岭南地区的大儒,为当时调和汉宋两派的最具代表性人物,因处风云变幻的时代,他的学术和思想甚有王国维所云"道咸以降之学新"的气象,故钱穆认为他是"近百年提倡新的读书运动之第一人"[②]。

陈澧于咸丰八年(1858年)开始撰写学术笔记《学思录》。《学思录》内容十分丰富,蕴含着陈澧的治学思想,体现着陈氏的学术造诣,备受学界推崇的《东塾读书记》即由《学思录》选录整理而来。[③] 但甚

---

① 二人合作完成,第二作者为江西省图书馆馆员王域铖。

② 钱穆:《学籥》,载《钱宾四先生全集》,台湾联经出版事业公司1998年版,第24册,第80页。

③ 陈澧将从《学思录》中择选整理出的定稿命名为《东塾读书记》,列目是二十五卷,但其生前仅刊刻九卷,剩余者则遗命为《东塾杂俎》。笔者按:可参阅吴茂燊、黄国声《陈澧〈东塾读书记〉未刊稿考辨》一文,《陈澧集·东塾杂俎》点校说明则云陈澧生前即整理刻成十五卷(上海古籍出版社2008年版,第415页)。光绪十二年,陈氏的门人梁鼎芬、陈树镛将《东塾读书记》整编成十五卷,光绪十八年廖廷相又将《西汉》一卷补入《东塾读书记》中,成为十六卷,至此十六卷本即成今通行本的面貌。至于《东塾杂俎》,则又有北京古学院所刊癸未(1943年)本,中山大学图书馆古籍部所藏陈澧手定稿本(据《陈澧〈东塾读书记〉未刊稿考辨》说,此本乃20世纪50年代由陈氏长孙陈庆龢赠送给中山大学图书馆。且它才是《东塾读书记》真正未刊部分的稿本),以及中山大学图书馆藏陈庆龢编录稿本(此即为癸未本底本),总三种。

为可惜的是,《学思录》文稿在陈澧逝后多有散失,其未刊稿流落多处,而似以中山大学图书馆收藏为最多,黄国声曾据此选录为《东塾读书论学札记》,收录于上海古籍出版社《陈澧集》中。除中山大学图书馆外,国家图书馆(以下简称国图)也藏有部分《学思录》文稿,山东大学《子海珍本编》大陆卷的第一辑将其收录,并于 2013 年影印出版,但此国图藏《学思录》稿本似尚未引起学界足够重视。

关于《学思录》文稿的流传,陈德芸《广东未刻之书籍》记述:民国初年,广州旧书画贩发现了陈澧的七八百册手稿,这部分文稿分别被云南廖行超和香港高隐芩购得,其中廖氏购四分之一,高氏购四分之三。1924 年,中山莫汉借高、廖两家所藏,组织人员进行抄录和整理,计划刊印而未果。莫汉将原稿归还高、廖,又将抄录之副本赠送邓尔雅,邓氏又交其外甥容肇祖,肇祖让渡给岭南大学图书馆,后因院系调整,这批副本归于中山大学图书馆。① 据吴茂燊、黄国声《陈澧〈东塾读书记〉未刊稿考辨》一文交代,莫汉抄录副本时,尽量依照原本,"对于眉批、旁注、圈点乃至涂抹,均依照原稿格式过录",按理,则副本也应有七八百册。但何多源编《岭南大学图书馆藏善本图书题识》著录:"遗稿一部计六百余小册。"②如此,岭南大学所得莫氏抄录副本的数量与高、廖二家所藏之数量尚有不小差别。而且这部分稿抄本在岭南图书馆期间又遗失一百余册,归于中山大学图书馆时,仅剩四百八十六册。据陈德芸《广东未刻之书籍》,当年莫氏所借的高氏所藏原稿,经高氏让渡给古直,后归于北平图书馆③;据《陈澧〈东塾读书记〉未刊稿考辨》一文,廖氏所藏则最终归于云南省图书馆。黄国声在《东塾读书论学札记·点校说明》中提出古直所得原稿,《全国古籍善本书目》及私人藏家目录均不见记载,认为陈氏之说

---

① (清)陈澧著,黄国声选录:《东塾读书论学札记》,第 355—356 页。
② (清)陈澧著,黄国声选录:《东塾读书论学札记》,第 366 页。
③ (清)陈澧著,黄国声选录:《东塾读书论学札记》,第 356 页。

或可存疑,且言中山大学图书馆所藏"究为仅存之较完备之本而弥足珍贵"①。在此之前,吴茂燊、黄国声《陈澧〈东塾读书记〉未刊稿考辨》怀疑高氏藏本在1949年前被运往台湾。可见,长期以来,学术界一直对高氏藏本的去向不甚明了。但今国图藏陈澧《学思录》稿本钤有"国立北平图书馆所藏"印,笔者认为,此即是高氏所藏文稿之一小部分。

国图藏陈澧《学思录》稿本总计三百零二页(包括封面及空白页),笔者归为二百四十一条(包括内容重复者),主要有五部分内容:第一部分是陈澧论陶渊明;第二部分是陈澧论清代魏象枢、陆陇其、汤斌等三人;第三部分是陈澧论《周易》;第四部分是陈澧论《论语》;第五部分是陈澧论朱熹。其中,陈澧论陶渊明这组文稿可分为前后两部分,前面部分为定稿,后面部分为几次整理修改的早期稿本,所以一些条目前后出现有三次之多,由此可以看出其中递进修补的关系。去除重复,国图藏本论陶渊明部分共十一条。此部分内容,陈澧原准备收录《东塾读书记》,但后来被放入了《东塾杂俎》,故国图藏本这十一条有十条见于《东塾杂俎》。这十条里除"颜延年《陶征士诔》云"条外,其他九条国图藏本与今上古本的《东塾杂俎》文字差异不大,仅有个别字词略有异同,不涉关隘。有价值的是被陈澧删除,而不见于《东塾杂俎》的这一条:

> 陆清献公《活泼泼斋记》云:"余亲家王子天市,官于上谷,其署中燕息之所,旧题曰'南窗寄傲',愚请易之曰'活泼泼地'。渊明知傲之为达,而不知其为病,气质用事,嗜欲横行,沼于酒耽于菊,自以为潇洒自得,而不知其沈溺锢蔽,束缚拘囚,与所谓活泼泼者相去远矣。澧谓清献盖借此以戒性傲者,然痛诋陶公至于如此,

---

① (清)陈澧著,黄国声选录:《东塾读书论学札记》,第356页。

不已过乎?"①

此条有眉批"此段必删"。陈澧删去此条,实有深意。陈澧特崇陶
渊明,言"立身师陶公"②,又"行师彭泽"③,"处则师陶"④,"恨不得为
陶公舁篮舆之门生"⑤,而此条虽是陈澧驳陆氏对陶渊明的指摘,但毕
竟与其他正面论述不同,有损伤陶渊明的嫌疑。更为重要的是,陈澧亦
尤敬陆陇其,陈澧自言郑玄之后所服悦的八人中,陆氏即列其一。⑥ 陈
澧论人论学特谦谨,不苟前人,亦不放词,故稿本中负面评价具体人物
的条目一般都被删汰。以上两点应是陈澧最终删去此条的原因。

除论陶渊明部分,国图藏稿本《学思录》中的第四部分,即陈澧论
《论语》的内容,总计七条,且皆为论述完整的定稿,它们被全部收录于
《东塾读书记·论语》中。稿本中的第三部分,即陈澧论《周易》的内
容,总计十五条,除"权德舆《明经策问》"(书抄)、"苏轼《私事策问》"
(书抄)、"王弼先义后象"三条外,其他条目全可见于《东塾读书记·周
易》之中。但这部分内容非定稿,与今通行本相较,尚可见其后续的条
目整合和文字完善。

由于国图藏本中论陶渊明、《周易》、《论语》三部分的内容与今上
海古籍出版社版《陈澧集》差异不大,不再赘言。国图藏本的最重要的
价值在于第二部分和第五部分。下文一一阐述。

---

① （清）陈澧撰:《学思录》,载《子海珍本编》大陆卷第一辑,凤凰出版社 2013 年版,第
14 册,第 526 页。笔者按:此条在《子海》影印本中有前后两条,此是页码居前的定稿,初稿
见第 543 页,二者文字有出入。

② （清）陈澧著,黄国声点校:《默记》,载《陈澧集》第 2 册,上海古籍出版社 2008 年
版,第 741 页。

③ （清）陈澧著,黄国声点校:《默记》,第 747 页。

④ （清）陈澧著,黄国声点校:《默记》,第 754 页。

⑤ （清）陈澧著,黄国声点校:《默记》,第 754 页。

⑥ （清）陈澧著,黄国声点校:《学思自记》,载《陈澧集》第 2 册,上海古籍出版社 2008
年版,第 758 页。

　　国图藏稿本《学思录》的第二大部分为陈澧论清魏象枢、陆陇其、汤斌三人,总四十一条。去除重复,计三十七条,论陆氏二十六条,魏氏七条,汤氏四条(笔者按:个别条目为书抄)。《东塾读书记》目录所列九卷未成稿中有"国朝"部分,后入《东塾杂俎》,国图藏本内容皆不见于《东塾杂俎》。又因《东塾杂俎》是《东塾读书记》未刊的剩稿,所以陈澧论魏、陆、汤三人的内容应是未被选入《东塾读书记》的,但这并不妨碍它的价值。而且这些内容全部未见于上海古籍出版社出版的《陈澧集》。以下就国图藏本此部分内容做简单介绍。

　　在魏、陆、汤三人中,陈澧论陆陇其部分最为重要。陆陇其(1630—1692),字稼书,浙江平湖人。陆氏尊朱黜王,是清代著名理学家,与陆世仪并称"二陆"。历江南嘉定、四川道监察御史等,为官清廉,多行教化。乾隆元年(1736年)被追谥"清献",从祀孔庙。陈澧对陆氏甚为推重,言:"陆清献之学最正最切实,加以江慎修、顾亭林之学以博之,则成朱子之学矣。"足见陈澧对陆氏评价之高。在这些条目中,有陈澧评陆氏论学主脑的。如:

　　朱子《答吕伯恭书》云:"近看吴才老《论语说》子夏'吾必谓之学矣'一章,与子路'何必读书'之云,其弊皆至于废学,不若'行有余力,则以学文'、'就有道而正焉,可谓好学'之类,乃为圣人之言也。颇觉其言之有味。"《读朱随笔》录之,云:"此等处是朱子论学主脑。"(卷一第十五叶)澧谓此亦是陆清献论学主脑也。[1]

　　朱熹认为《论语》中的"虽曰未学,吾必谓之学矣"和"何必读书,然后为学"有导致废学的弊端,不如"行有余力,则以学文""就有道而正焉,可谓好学"诚为圣人之言。陆氏指出此即朱子论学主脑,实是以推崇朱子实学实行,来攻驳明学空疏之弊。陈澧则又指出此亦陆氏论学主脑。实质上,这同样也反映了陈澧自己的论学主张。陈澧对于晚清

---

[1]　(清)陈澧撰:《学思录》,第565页。

士子懒躁，安于空疏，终不肯读一部书的状况痛心疾首，所以朱子、陆氏意图的主旨也是他自身的呼声。但陈澧也对陆陇其论学主脑提出了自己的见解：

> 朱子《答吴伯丰》云："少得会看文字者，不免令熟看注解而徐思其义，只寻正意，毋得支蔓，似方略有头绪，然却恐变秀才为学究，又不济事耳。"《读朱随笔》录此，云："吾辈为学，正当合学究、秀才之业而一之，偏做不得。"澧谓此亦陆清献论学主脑也。然澧后有一说焉：人之性，各有所近，才力亦有长短，但使学究自为学究，秀才自为秀才，即孔门分四科之遗意，惟不可互相轻诋。且学究不可妄谈秀才之业，秀才不可妄谈学究之业。非其所长而妄谈之，则必有误。①

对于文中"学究""秀才"的所指，陈澧云："所谓学究者，讲道学也。秀才者，多读书也。"②朱子于此之论有其时代背景，今不展开。陆陇其《读朱随笔》认为学者正当把此二者结合起来而不偏失。但陈澧所处时代与陆氏又有不同，故他提出"学究自为学究，秀才自为秀才"的观点，且认为"学究不可妄谈秀才之业，秀才不可妄谈学究之业。非其所长而妄谈之，则必有误"。

国图藏本中，陈澧更多侧重论述了陆陇其读书为学功底的扎实，以及在此基础上所取得的成就，这也恰是该部分条目中最具价值的内容。如陈澧有论陆氏在经学研究上的先见之明。

其一，陈澧论陆陇其能知程朱之学自出汉注唐疏。清献云："古注疏固汉唐千余年间学者之所讲求，程朱之学亦从此出而益精焉耳。虽曰得不传之学于遗经，然非郑康成、孔颖达之流阐发于前，程朱亦岂能凿空创造耶？"（《跋读书分年月日程后》）"惜乎世俗滔滔，好古者鲜。工诗赋者，既视经学为迂阔，学程朱者，又以汉注唐疏为浅陋，而古书日

---

① （清）陈澧撰：《学思录》，第566页。
② （清）陈澧撰：《学思录》，第572页。

就湮没。不知注疏乃程朱之所自出也。"(《经典释文跋》)元明以后,道学之所不能见及者,清献所以为通儒,而亦经学将兴之兆也。①

关于程朱之学与汉唐注疏之关系,王鸣盛云:"学者若能识得康成深处,方知程朱义理之学,汉儒已见。"(《十七史商榷》卷六十四)对此,陈澧言:"昔之道学家,早有知汉儒见及义理者之学者,更早有知程朱即汉儒意趣者,近时经学家推尊康成,其识得康成深处,如王西庄者亦不多也。"②陆陇其早在王鸣盛之前就阐述了该问题,故陈氏谓:"元明以后,道学之所不能见及者,清献所以为通儒,而亦经学将兴之兆也。"而且在溯宋学于汉学的思路下,陈澧更撰有《汉儒通义》一书,专就汉儒训诂里摘录义理。

其二,陈澧论陆陇其颇能明汉唐家法。《读礼志疑》又云:"孔疏辨王、郑庙制之异同,有曰'《家语》先儒以为肃之所作,未足可依',盖为郑学者排王肃,并疑肃所表章之《家语》,但孔氏于此,止述众说之同异,而不断其孰是,至《尚书》'七世之庙可以观德',疏始言郑说之非。盖汉、唐儒者解经必守家法,故如此。"(卷五,一)③

对陆氏所言汉唐解经必守家法的论断,陈澧言:"经学家法,乾隆以后,儒者皆知之,前此,则知之者少,惟清献知之耳。"④陆清献的见识高明正在他能够真正读习注疏,故陈澧在《东塾读书论学札记》中云:"道学家轻蔑注疏,时文家沉溺讲章,留俗移人,虽有治经者,亦迷其门径。陆清献道学家也,亦时文家也,而深通古经学,盖其天资绝高,不为习俗所染也。"⑤

陈澧盛赞陆氏深通古经学,不同一般的道学家和时文家,但对陆陇其精通古经学的详情,《东塾论学札记》并未展开论述。而在稿本《学

---

①　(清)陈澧撰:《学思录》,第 567 页。
②　(清)陈澧著,钟旭元、魏达纯点校:《东塾读书记》,第 270 页。
③　(清)陈澧撰:《学思录》,第 573—574 页。
④　(清)陈澧撰:《学思录》,第 574 页。
⑤　(清)陈澧著,黄国声选录:《东塾读书论学札记》,第 375 页。

思录》中,则存有陈澧论陆氏读注疏之精辟者:

《读礼志疑》云:"《小司徒》伍两卒旅之制,郑注止云'此皆先王所因农事而定军令者也',却不引《管子》'内政军令'之文,盖不欲合王霸而一之也,贾疏引《管子》语以实之,失其意矣。"(卷六第二十叶)又云:"《祭义》'夫各有所当也',郑注云:'礼各有所当。行祭宗庙者,宾客济济漆漆,主人愿而趋趋。'简而明。《集说》即用其意①,而笔力不同远矣。"(卷二)又云:"'晋献文子成室',郑注解'献'为'贺',自妙。《集说》驳之,拘矣。"(卷一)郑注之意,郑注之笔,所解之妙,知之者盖鲜矣。②

又云:"孔疏谓天子上、中、下之士皆称元士,上农夫是受上地之农夫。此言似有理,不知朱子《孟子注》何故不从。"(卷四第四十六叶)如此之类,皆可见清献读疏之精细。③

《读礼志疑》云:"疏内用字,如同时则云'俱时',之类则云'之等',如此字法,今人罕用,见《有司彻》'主妇荐豆笾'条。又据彼决此,疏内往往单用一'决'字,如《有司彻》'宾长献尸'条:云'不使兄弟,不称加爵,大夫尊也'者,此决《特牲》云长兄弟为加爵,又众宾长为加爵,不言献。"(卷二第七叶)初读唐疏者,于此等每不能解。清献为指示之,亦有益于初学。④

在陆清献的时代,清朝三《礼》之学尚属起步阶段,比陆氏稍早的张尔岐著《仪礼郑注句读》,与他同时代的礼学研究者主要有万斯大、毛奇龄、姚际恒等人,陆氏的礼学造诣在当时应该说是出类拔萃,陈澧对他的称允亦颇有见地。陈澧《东塾杂俎·唐疏》一章,专论唐人疏文

---

① 笔者按:"集说即"与"用其意"间,误入有"《读朱随笔》云:'空疏者不得借上蔡以自护。'(卷一)讲学家讥人空疏,惟清献耳"一句。今据第571页此《祭义》条重出者以删。

② (清)陈澧撰:《学思录》,第569页。

③ (清)陈澧撰:《学思录》,第576页。

④ (清)陈澧撰:《学思录》,第576—577页。

中之深远滋味,其中即引有陆陇其《读礼志疑》中的一条内容。① 陈澧论学,特重注疏,云:"为学以治经为本,治经以注疏为先。疏虽近烦,而学者读之,正可药其不耐烦之病。故余告学者,总以圈点注疏为功课。"②在对注疏的精心研读方面,陈澧与陆陇其无疑是相同的。

此外,值得一提的是陈澧对汤斌的评述。汤斌(1627—1687),字孔伯,号荆岘,晚号潜庵,河南睢州(今河南睢县)人。康熙十八年(1679年),朝廷开博学鸿儒科,汤斌应诏,被授翰林院侍讲,后官至工部尚书。汤斌为官清廉,亦是清代理学名臣。陈澧对汤斌的评价颇有寓意:

汤、陆并称,皆从祀大成殿庑,学则汤不如陆也。汤云:"经书训注太繁,虽反复翻阅,终无心得。欲斟酌先儒之说,平心理会圣人立言之意,定为一编。五经中《易》与《春秋》为难,故先治其难者,此非数年工夫,不能草草脱稿。"澧谓编《汤子遗书》者不当录此篇也。古人训注虽繁,反复翻阅,未必终无心得。文正欲以一人而定五经之训注,自古无此人也。且《易》与《春秋》为难,《诗》《书》《礼》亦正不易,欲成此编,其惟圣人复起乎?澧非敢掎摭文正也。恐其议论之过,或误后人也。道学家不可轻谈经学,犹经学家不可轻谈道学也。③(文正《十三经注疏论》云:历晋、唐而十三经之注疏始定,王弼注《易》,韩康伯、邢璹之徒,因而疏之。此论尤可疑。文正何至疏误至此。)

汤斌在乾隆元年(1736年)被赐谥号"文正",得到了人臣"谥之极美,无以复加"的殊荣。但有学者指出,汤斌在文字狱后成为清朝第一位得此谥号的人,是清朝统治者别有用心的一种行为。民国时期的章太炎、刘师培等则曾直斥其为"伪道学""为士林所不齿",章、刘的立论显然是从反清这一主题切入的。但汤斌真实的学问修为能否与清廷对

---

① (清)陈澧撰,吕永光校点:《东塾杂俎》,第 536 页。
② (清)陈澧撰,吕永光校点:《东塾杂俎》,第 536 页。
③ (清)陈澧撰:《学思录》,第 589 页。

他的赞誉相称,恐也确实值得商讨。无论如何,陈澧的评论还是提供了一个与其时代相近者的视角。应该说,陈氏在汤斌的评述上用语虽较婉转,但仍能看出其对汤氏学问的怀疑态度。以陈澧不苟论古人的论学标准,就汤氏发出"澧非敢掎摭文正也。恐其议论之过,或误后人也。道学家不可轻谈经学,犹经学家不可轻谈道学也"的论断已属言辞激烈。使用类似言辞者,还见于《东塾读书记·仪礼》中评汪琬云:"文人不可轻谈经学,尤不可轻谈礼学也。"①

国图藏稿本《学思录》的第五部分内容是陈澧论朱子部分。此部分有一百四十余条(包括个别内容重复者),是陈澧对朱子之学诸多方面的揭示与阐发。笔者就其内容主旨依次拟题如下:依训诂、礼、乐、地理、《通典》、天算、考证与读书玩理(书抄)、朱注《孟子》多效赵注、朱子有所本、朱子文章诗辞之学、朱子论学(书抄)、辛弃疾尊朱子、李光地言朱子(书抄)、朱子救宋学砭宋人(多为书抄)、论儒佛、论博学、朱子不满程门末派、朱子推崇所因之礼为五常(书抄)、朱子引书解字、朱子论居家居官(书抄)、朱子论宋宁宗承重事、朱子读文(书抄)、朱子不苟论古人、朱子《大学章句》教人真切、朱子说端倪、朱子论仁、读注疏、朱子不言心性(书抄)、朱子说《释文》、陆清献《读朱随笔》(书抄)、章句之学、朱子穷理说、必读书及读书有次第、朱子论读书(书抄)、朱子论《尚书》(书抄)、丧服、宋儒说端倪、朱子《纲目》、朱子与阳明、朱子论音读等,总计四十个主题。

以上有十三个主题的条目被择取整理后,收录于《东塾读书记》和《东塾杂俎》,按其最终去向归属,大体可分为三类:第一,见于《东塾读书记·朱子书》的主题条目有:朱子依训诂、朱子论乐、地理、通典、天算、朱子救宋学中的部分条目、朱子论儒佛、朱子章句之学、读书次第、《纲目》、音读。第二,见于《东塾读书记·仪礼》的主题条目有:朱子论

---

① (清)陈澧著,钟旭元、魏达纯点校:《东塾读书记》,第 153 页。

礼中的某些条目及丧服部分。第三,见于《东塾杂俎》的主题条目有:朱子有所本。

国图藏《学思录》稿本中的这些内容与今通行本所呈现内容之间的差异分为两种情况。第一种是个别字句的出入。如《朱子书》"音律"条,在《学思录》稿本中,于"其云'《礼记》疏说还相为宫处分明,及作图子之法,尤为初学讲求声律之阶梯也'"之后尚有"其欲问于知俗乐者,亦足见其虚心博采也"的正文,以及紧接于下的双行小注:"后世去古已远,考古乐者,须假途于俗乐。所谓礼失而求于野也"①。又如《朱子书》"通典"条,在《学思录》稿本中可见陈澧勾去的双行小注,乃陈氏论"三通"之语:"澧尝谓:'今人所谓"三通"者,《通志》□不足观,《通考》亦非《通典》比,可匹《通典》者,惟《通鉴》耳,谓之"二通"可也。'"②又如陈澧在《学思录》稿本中列举数条史家书"死"之例③,但此在定稿的《朱子书》"《纲目》"条中被删去。

第二种情况是国图藏本中的条目在后来定稿过程中被大跨度整合。今以两例说明。第一例,"朱子论礼"部分,"朱子最重礼学""朱子读仪礼""《文集》中考礼之文"④,皆是论朱熹重礼学,这三条陈澧最初均拟列入《东塾读书记》的"宋学"中,但后来调整变动不小。由国图藏本中陈澧"连下抄""连上抄"的批注可以看出,陈澧原打算将"朱子最重礼学"和"朱子读仪礼"并在一起,作为一则内容。但"朱子最重礼学",不见于后来整理刊印的陈澧诸书。"朱子读仪礼"则以小注的形式附录了《东塾读书记·仪礼》中"朱子《通解》之书,纯是汉唐注疏之学"一条,且删去了句末"道学家所未有也"等七字。其次,"《文集》中考礼之文"存于《东塾读书记·朱子书》,是陈澧所谓《朱子书》中"礼"

---

① (清)陈澧撰:《学思录》,第636页。
② (清)陈澧撰:《学思录》,第641页。
③ (清)陈澧撰:《学思录》,第807—810页。
④ (清)陈澧撰:《学思录》,第632—634页。

的内容。但国图藏本此条末尾"乃近之好考据者多轻蔑朱子,尊朱子者又多诋考据。作古文者尤诋考据,岂皆未读朱子此等文字欤?"一句被删去①,《东塾读书记·朱子书》改为"又有《记乡射疑误》一篇,尤考核精细。朱子深于礼学,于此可见"等②,此处"又有《记乡射疑误》一篇"云云,所指实即"朱子读仪礼"条,由此可见。本是入"宋学"的"朱子读仪礼"在并入《东塾读书记》卷八《仪礼》后,陈氏在此以互见形式捎带提及。

第二例,"朱子论宗宁宗承重"条,在国图藏本中,陈澧对朱子论宁宗承重事所记较为详细,载有《通典》"孙为庶祖持重议"中王敞之议,且云:"朱子议宋宁宗为孝宗承重事,未引此。"③又载《通典》"祖先亡父后卒而祖母亡服议"中吴商之议,且云:"宋人不知此礼,朱子初亦不知,而后汉人则知之。此汉学所以不可及。"④关于此二条,陈澧有眉批"入余录",但不见于今《东塾杂俎·余录》。且陈澧摘录了朱熹《答黄商伯》书中朱熹之言:"《仪礼·丧服传》'为君之祖父母、父母'条下疏中赵商问答极详,分明是画出今日事。往时妄论,亦未见此,归乃得之。始知学之不可不博如此,非细事也。"⑤今《东塾杂俎·余录》亦无。此条有眉批"朱子尊郑",《东塾读书记·朱子》有"朱子议宋宁宗当为孝宗承重,而无验证"之言⑥,即由国图藏本以上内容所化而来。由此也可以看出陈澧在材料处理时不苟论前贤、露才扬己。

除去以上在《东塾读书记》《东塾杂俎》中保留部分内容或线索的条目外,国图藏本中还有很多是一直未见整理的内容。其中,有陈澧借朱熹见识而发论的条目,如陈澧抄录朱子《答吕子约》"读书穷理,须认

---

① (清)陈澧撰:《学思录》,第636页。
② (清)陈澧著,钟旭元、魏达纯点校:《东塾读书记》,第302页。
③ (清)陈澧撰:《学思录》,第727页。
④ (清)陈澧撰:《学思录》,第729页。
⑤ (清)陈澧撰:《学思录》,第733页。
⑥ (清)陈澧著,钟旭元、魏达纯点校:《东塾读书记》,第298页。

正意,切忌此缘文生意,附会穿穴,只好做时文不是讲学也",陈氏云:
"明人讲学尤犯此病,当取此语以评明儒之学。"①又如陈澧抄录朱子
《答林伯和者》"近世语道者,务为高妙直截,既无博文之功,而所以约
之者,又非有复礼之实",陈氏言:"当时人不务博文者必以约借口,朱
子以非有复礼之实一语破之。使空讲道学者无所置其喙。"②

　　除去以上情况,还有一些较为完整的主旨论述条目,这些内容尤具
学术价值。例如,陈澧论朱子的文学造诣。后人论朱熹,多偏重他的哲
学思想及经史学问,对于朱子的文学成就等关注不多。国图藏本中有
陈澧论述朱熹文章诗词之道的条目,其中既有陈澧抄录的朱熹论诗之
语,如"要使方寸之中,无一字世俗言语意思,则其为诗不期于高远而
自高远矣"③,又有抄录的他人对朱熹文学之论断,如《直斋书录解题》
论《楚辞集注》条,陈澧谓:"朱子殚见洽闻,非如道学家之浅陋也。"④
又如王昶《鲁絜非〈山木居士集〉序》论南宋文体之变自朱子发之。⑤
此外,更有陈澧自己的论述,如言朱子文学品鉴之高:

　　　　《语类》云:"东坡文字明快,苏老文雄浑,尽有好处。如欧公、
　　曾南丰、韩昌黎之文,岂可不读。柳文虽不全好,亦当择。合数家
　　之文择之,无二百篇。"(卷一百三十九)后来所谓"八家",只添王
　　介甫、苏子由耳。⑥

　　又论朱熹文章:

---

① (清)陈澧撰:《学思录》,第687页。
② (清)陈澧撰:《学思录》,第705页。
③ (清)陈澧撰:《学思录》,第663页。
④ (清)陈澧撰:《学思录》,第657页。
⑤ (清)陈澧撰:《学思录》,第662页。
⑥ (清)陈澧撰:《学思录》,第659页。

朱子《答孙敬甫》云："所拟'格物'一条,亦似伤冗。顷时,盖尝欲效此体以补其阙,而不能就,故只用己意为之。盖无驱市人而战之才,只得用赵人也。"朱子补《大学》而不效《大学》文体,此正朱子深于文章之学。盖摹拟则成赝古矣。宋儒多以文辞为陋,而为文则务为高古,故其修辞之功浅。虽《通书》《西铭》,皆有强为古奥之迹。伊川《四箴》,乃近自然耳。①

在国图藏稿本《学思录》中的"朱子《韩文考异》"条,陈澧云："朱子于文章之学如此,校雠之学如此,讲道学者宜知之。吾非谈讲道学者当学此也,此岂寻常讲道学者所能学哉! 但不可讲道学而轻文章耳。"②在谈及前人论朱熹诗词文章之成就时,陈澧应算得其中重要的一位,此似值得今日学者留意。

又例如陈澧论朱熹朴学功夫。陈澧一直强调朱子的学问不限于道学,也更见于他的朴学功底。所以,陈澧对朱子在训诂、音韵等方面的取得的成就多有揭示与申述。此一点同样反映在国图藏稿本《学思录》中。如,陈澧论朱熹注经法一条,见下:

朱子诂经,有不依注疏,别据他书以解之,而甚精确者。《语类》云："'必有事焉而勿正心',此'正'字是期待其效之意。《公羊传》云'师出不正反,战不正胜',此'正'字与《孟子》说'正心'之'正'一般,言师出不可必期其反,战不可必期其胜也。"(卷五十二,三十三)"'越天棐忱','棐'字只与'匪'同,被人错解作'辅'字,至今误用,只颜师古注《汉书》曰:'棐与匪同。''忱''谌'并训'信',如云'天不可信'。"(《语类》卷七十八。《李存诚更名序》亦

① (清)陈澧撰:《学思录》,第661页。
② (清)陈澧撰:《学思录》,第667页。

同此说。)"'遐不作人',古注并诸家皆作'远'字,甚无道理。《礼记注》训'胡'字甚好。"(卷八十一)"读书自有可得参考处,如'易直子谅之心'一句,'子谅'从来说得无理会,却因见《韩诗外传》'子谅'作'慈良'字,则无可疑。"(卷八十七)方子"问《列女传》引《诗》'辰彼硕女'作'展彼硕女',先生以为然,且云向来煞寻得。"(卷八十一)本朝惠氏《古义》、王氏《述闻》正是此一派也。又有不据他书,以意解之,而甚精者。《语类》云:"《书》中'迪'字,或解为'蹈',或解为'行',疑只是训'顺'字。"(卷七十八)"'明庶以功',恐'庶'字误,只是'试'字。"(同上)"古字'宅''度'通用,'宅嵎夷'之类,恐只是四方度其日景以作历耳,如唐时尚使人去四方观望。"(同上。阮文达公《尧典东作南伪西成朔易解》云:"皆言测日缠发敛也。"正与朱子之说同。)①

陈澧在此借朱熹引书解字,来阐述朱子的训诂之学,以及注经之法,所涉《孟子》《尚书》《礼记》《诗经》等诸经。陈澧此条论述分明,选例精到,与《东塾读书记·朱子书》中朱子"依训诂"部分足可相互发明。对于朱子重训诂之学,陈澧又借助南宋戴侗"朱文公昉推训故以释经义,学者稍识古书之旨"之论,自云:"夫以训故释经义,自古已然,而云昉于朱子者,南宋人多灭弃训故,朱子独推训故,不随风气也。"②

又论辛弃疾尊朱熹,云:

尊朱子者,其人车载斗量,不可胜数矣。最奇者莫如辛稼轩。稼轩《寿朱晦翁》诗云:"历数唐尧千载下,如公仅有两三人。"又《游武夷作棹歌呈晦翁》云:"山中有客帝王师,日日吟诗坐钓矶。

① (清)陈澧撰:《学思录》,第713—714页。
② (清)陈澧撰:《学思录》,第594页。

费尽烟霞供不足,几时西伯载将归。"稼轩英雄人,绝非依附道学者,而尊朱子如此,后之轻视朱子者宜思其故矣。①

这其实说的是朱子的气性与气象问题。后来章太炎在《论中古哲学》中有谈到理学气节培植问题,那陈澧在这里谈的问题未尝不是一种思考。

在国图藏《学思录》稿本的陈澧论朱子部分中,还记录了陈澧关于明人陈献章"静中养出端倪"的一些看法。陈献章(1428—1500),字公甫,号石斋,人称白沙先生,广东新会都会村人,明代著名思想家。陈献章的思想开有明一代风气之先,《明史·儒林传序》云:"原夫明初诸儒,皆朱子门人之支流余裔,师承有自,矩矱秩然。曹端、胡居仁笃践履,谨绳墨,守儒先之正传,无敢改错。学术之分,则自陈献章、王守仁始。"②"端倪说"是陈献章论学的一个重要思想,陈献章云:"为学须从静中坐养出个端倪来,方有商量处。"③对此,陈澧有论朱子所言"端倪"之事:

> 朱子《答林择之》书云:"古人只从幼子常视无诳以上,洒扫应对进退之间,便是做涵养底工夫了。此岂待先识端倪而后加涵养哉?但从此涵养中渐渐体出这端倪来,则一一便为己物,又只如平常地涵养将去,自然纯熟。今日即日所学,便当察此端倪而加涵养之功,似非古人为学之序也。"王白田云:"从涵养中渐渐体出这端倪来,陈、湛之静中养出端倪,则近之矣。"④

---

① (清)陈澧撰:《学思录》,第671页。
② (清)张廷玉等撰:《明史》,中华书局1974年版,第7222页。
③ (明)陈献章:《陈献章集》,中华书局1987年版,第133页。
④ (清)陈澧撰:《学思录》,第745页。

陈澧认为"端倪"之说,宋儒已论。又:

> 《朱子语类》云:"南轩说'端倪'两字极好,此两字却自人欲中生出来,人若无这些个秉彝,如何思量得要做好人。"(一百三)白沙说"静中养出端倪",不知是出自南轩之说否。①
>
> 朱子《答王子合》书云:"学者工夫,则只如《易传》所说,'知其不善则速改以从善',此是要约处,若说须要识得端倪而心体可识,则却是添却一事也。"(《问答》廿)朱子此说,与前说似相反,然可见宋儒说"端倪"者,又有王子合也。②

陈献章的"静中养出端倪"是对自身治学修身精要的总结。陈澧在此指出的宋儒所论"端倪"与陈献章所论"端倪"到底是何种关系,本书不作探讨,但陈澧揭示出来的问题确实颇值得留意。

综上所述,国图藏清陈澧稿本《学思录》虽仅是高隐芩藏本中极小的一部分,但内容已然十分丰富,它对我们更为全面地认识陈澧《学思录》以及陈氏学术思想有着非常重要的意义。特别是因学界对高氏藏本的最终下落一直不甚明了,目前仅能见到中山大学图书馆所藏副本,在此条件下,国图藏稿本《学思录》应得到更多的关注。

第二节　先秦宫室户牖布局猜想

《礼记·曲礼》:"为人子者,居不主奥。"③与父亲同宫,做儿子的起居不敢占据室中"奥"的位置。所谓"奥",郑玄注云:"室中西南隅谓

---

① (清)陈澧撰:《学思录》,第801页。
② (清)陈澧撰:《学思录》,第801页。
③ (汉)郑玄注,(唐)贾公彦疏:《礼记注疏》,第1233页。

之奥。"郑用《雅》训。对于"奥",又《仪礼·士昏礼》曰:"席于庙奥。"①《仪礼·少牢馈食礼》曰:"司宫筵于奥。"②简单来看,"奥"是尊者所居和祭祀的地方。那为何会选择在室的西南隅呢?

孔颖达《礼记疏》云:"室向南,户近东南角,则西南隅隐奥无事,故呼其名为奥。"邢昺《尔雅疏》云:"古者为室,户不当中而近东,则西南隅最为深隐,故谓之奥。而祭祀及尊者常处焉。"按古礼,寝、庙的堂后都有室,天子、诸侯有中室及东西房,大夫、士东房西室。根据孔疏、邢疏的解释,室的户牖布局是户在东,牖在西,见图4-1所示。在此需要补充的是,对大夫、士有无西房的问题后世是有争议的,故各附一图,但这个问题与室的户牖布局无碍。总之,按照这样的户牖布局,室内的西南角确实为深隐之处,尊者宜居处在安逸的空间,所以在西南角便不易受到烦扰。

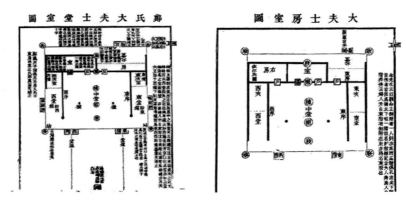

图4-1　张惠言《仪礼图》③

那孔颖达、邢昺的认识正确吗?从《仪礼》经文对室户牖布局的记

①　(汉)郑玄注,(唐)贾公彦疏:《仪礼注疏》,第970页。

②　(汉)郑玄注,(唐)贾公彦疏:《仪礼注疏》,第1198页。

③　图片转引自:张惠言撰:《仪礼图》,载《续修四库全书》第90册,上海古籍出版社2002年影印清嘉庆十年刻本。

述来看,没有问题,所以乡饮、乡射时,宾席布在户牖之间为得正中。在这一点上,注、疏以及历代研究者无异议。从汉代明器屋宇楼房来看,也确有户近东,窗近西,户牖之间为正中的布局形制。该问题在考古发现中又是否能得到印证?想找到线索非常困难。因为户牖布局的问题很难反映在遗址的地基之上,而且"户近东"的尺度也不易把握。

从《河南偃师商城宫城第八号宫殿建筑基址的发掘》考古测绘图纸来看,洛阳偃师商城遗址,第八号建筑基址中略涉及相关问题。它是一座坐北朝南的东西向单体长排形建筑基址,平面形状为长方形,方向约为 190 度,东西全长 71 米,南北宽约 7.7 米,总面积 623.7 平方米。上部建筑已被毁坏,仅残存部分夯土台基和木骨墙槽。夯土台基建筑,共分隔成 8 个相对独立的单间,自东向西依次编为 D8F1—D8F8,房与房之间的隔墙南北长 4.5—4.7 米。其中,D8F1、D8F2、D8F3 的门道被破坏,未能确认;D8F6 门道位于前墙略偏西,D8F7 门道位于前墙中部;D8F4、D8F5、D8F8 门道位于前墙略偏东,见图 4-2 所示。

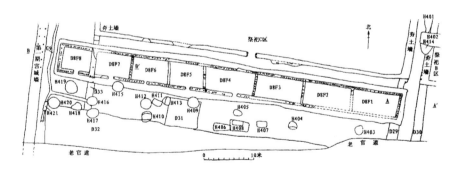

图 4-2　河南偃师商城宫城第八号宫殿建筑基址平面图①

D8F4 东西长 9.5 米,门道距离 D8F4 东南角约 3 米,东西宽 0.9 米。D8F5 东西长 6.8 米,门道距离 D8F5 东南角约 2.6 米,东西宽 0.8

---

① 图片转引自:中国社会科学院考古研究所河南第二工作队:《河南偃师商城宫城第八号宫殿建筑基址的发掘》,《考古》2006 年第 6 期。

米。D8F8 东西长 5.7 米,门道距离 D8F5 东南角约 2.1 米,东西宽 1 米。这三间的门道略偏东,会不会即是室户近东的缘故呢?

杨鸿勋教授在河南二里头"夏墟"主体殿堂复原设想图中,已经考虑到户牖布局的问题,见图 4-3 所示。

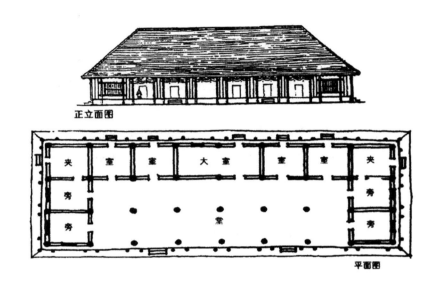

图 4-3 河南二里头"夏墟"主体殿堂复原设想图①

在此幅图中比较明显,大室的门明显偏东。

因为门道不居中,才使得室中西南隅的"奥"成为隐秘安逸之处。这就引出另一问题,某一主体建筑,室的门开在中间,这种形制可能是随着历史的推进而逐渐演变来的。

王国维《明堂庙寝通考》:"室者,宫室之始也。后世弥文,而扩其外而为堂,扩其旁而为房,或更扩堂之左右而为厢、为夹、为个。然堂后及左右房间之正室,必名之曰'室',此名之不可易者也。故通言之,则宫谓之'室',室谓之'宫';析言之,则所谓'室'者,必指堂后之正室。

---

① 图片转引自杨鸿勋:《杨鸿勋建筑考古学论文集(增订版)》,清华大学出版社 2008 年版,第 93 页。

而堂也,房也,箱也,均不得蒙此名也。"①王氏所论切中肯綮。

通过对先秦文献的大致梳理,大约来看,在先秦早期,室和房的空间不是很宽敞,即所谓"迫狭",室、堂、庭的功能是分开的,很多时候在堂中或者庭中处理事情,居中面向南的位置是正位,具体在此不展开。但是由于室的户牖布局问题,在室内,是坐西朝东为尊。随着生产力的发展,宫室格局和形制发生了重大变化,宫殿组合群出现,正室的空间也在逐步扩大,此时室、堂、庭的功能又开始出现合并。比如一些原来在庭中和堂上举行的活动可能逐步演变为在宫室中举行。如此主殿或主室,便兼容堂和庭的意味,所以门道变为居中为正。当然这只是我们的一种猜想。

其实这个问题比较复杂,它涉及诸侯、大夫、士、平民宫室房屋等级不同,以及宫室作用性质不同所带来的相应房屋建制不同,那这样相应的户牖布局就会存在很大差异。此外并非是说门道居正室前墙中央以后,所有房室的门道就都是以此为制,因为房屋建造需要创造更大的空间,所以门道开在哪里很有讲究;反之,在正室门道不居中时,也不是说所有房室的门道都不居中。房屋户牖布局在某一时期也可能存在多种形式,或对称,或不对称,或有户无牖。然而,《礼记》《仪礼》经文透露出来的室的户牖布局问题,还是很有思考的意义和价值。至于户牖布局如此安排的原因,以及它发生重大变化的时间还可以继续探讨。

第三节 《左传》与礼有关的"先"义考释

一、问题由来

《春秋左氏传》中涉及"先"的记载共有四处,它们的共同点在于:

---

① 谢维扬、房新亮主编:《王国维全集》第八卷,浙江教育出版社、广东教育出版社2009年版,第68页。

以"先"的句式来承接前后出现的财物。关于"先"的理解,杜预作注时认为它是一种古礼的献遗方式,对于杜预的说法,目前学界并无异议,但这却未必正确。兹将《左传》相关内容依先后顺序列出,然后加以分析。

> 僖公三十三年:(秦师)及滑,郑商人弦高将市于周,遇之,以乘韦先牛十二犒师。杜预注云:"古者将献遗于人,必有以先之。"①
>
> 襄公十九年:(襄公)贿荀偃束锦加璧、乘马,先吴寿梦之鼎。杜预注云:"古之献物,必有以先,今以璧马为鼎之先。"②
>
> 襄公二十六年:(郑伯)享子展,赐之先路、三命之服,先八邑。赐子产次路,再命之服,先六邑。杜预注云:"以路及命服为邑先。"③
>
> 襄公二十六年:夫人使馈之锦与马,先之以玉,曰:"君之妾弃,使某献。"杜预注云:"以玉为锦马之先。"④

关于"先",杜预的解释是"古者将献遗于人,必有以先之"。显然杜预将"先"理解为一种礼仪例程。对于杜预之说,后世学者观点如下:

> 唐孔颖达:"遗人之物必以轻先重后,故先韦乃入牛。"⑤"皆以轻物先重物,非以贱先贵。"⑥

---

① (晋)杜预注,(唐)孔颖达疏:《春秋左传正义》,第 1833 页。
② (晋)杜预注,(唐)孔颖达疏:《春秋左传正义》,第 1968 页。
③ (晋)杜预注,(唐)孔颖达疏:《春秋左传正义》,第 1987 页。
④ (晋)杜预注,(唐)孔颖达疏:《春秋左传正义》,第 1991 页。
⑤ (晋)杜预注,(唐)孔颖达疏:《春秋左传正义》,第 1833 页。
⑥ (晋)杜预注,(唐)孔颖达疏:《春秋左传正义》,第 1968 页。

清惠栋:"马为庭实,未闻以马为先,且马不上堂,安得先之?先吴鼎亦不辞,'先吴'犹言'先秦''先汉'歟?"①

清沈钦韩:"锦与璧马赠贿之常礼也,故以吴鼎先将其意。惠云:'马为庭实,未闻以马为先,马不先上堂,安得先之。'"②

清俞樾:"惠氏《补注》曰:'马为庭实,未闻以马为先,且马不上堂,安得先之?'其说甚是。至以'先吴'为'先秦''先汉'之比,则亦未得。夫郜鼎不称先郜,纪甗不称先纪,吴鼎何必言先吴邪?先,疑'旡'字之误。'旡'读为'曁',曁,及也,犹言贿荀偃束锦、加璧、乘马及吴寿梦之鼎也。曁从既声,既从旡声,古文以声为主,故即以旡为之,所谓左传多古字古音者此也。旡,先形,似学者多见先,尟见旡,因误为先矣。"③

清皮锡瑞:"今考惠氏之说非是,然亦有本,《释文》:'先吴,悉荐反。又如字。'如字即惠氏之义。先秦、先汉乃后世之说,古无此称。郜鼎不云先郜,吴鼎何云先吴。此当仍以杜解为正。以璧先马,古之正礼,今以有寿梦之鼎,故以璧马为鼎之先。必以异于古礼绳之,则古未有以鼎为贿者,春秋时之变礼,岂得尽与古礼同哉!若以马不在堂为疑,则亦不然,二十六年《传》郑伯赐子展'先路三命之服,先八邑',车服陈于庭,礼有明文,亦非可上堂者,先路可以先邑,安见马不可先鼎乎?"④

杨伯峻:"先者,古代致送礼物,均先以轻物为引,而后致送重物。"⑤

① (清)惠栋撰:《惠氏春秋左传补注》,载文渊阁《四库全书》第175册,上海古籍出版社1987年版,第179页。
② (清)沈钦韩撰:《春秋左氏传补注》,载(清)王先谦编:《清经解续编》第3册,上海书店1988年版,第51页。
③ (清)俞樾撰:《群经平议》,载《续修四库全书》第178册,上海古籍出版社2002年影印清光绪二十五年刻春在堂全书本,第424—425页。
④ (清)皮锡瑞撰:《左传浅说》,湖南思贤书局光绪二十五年刊本,第50页。
⑤ 杨伯峻编著:《春秋左传注》,中华书局1981年版,第485页。

由上可见，孔颖达疏对杜预注进行了拓展，从而提出了先轻物后重物的观点。惠栋、沈钦韩、俞樾三人不信杜说，惠氏认为"先吴梦寿之鼎"中"先吴"二字当属读，同"先秦""先汉"之意。沈氏亦反对杜注，又提出了"先将其意"的观点。俞樾赞同惠氏马不为先，且不上堂的观点，对"先"认为盖"无"字之误，当读为"暨"。清末皮锡瑞对惠栋等人的观点进行了否定，仍以杜注为正。晚近杨伯峻以"前人注此多不明此句法"否定了惠栋等对杜注的纠驳，继续取以杜说。但需要注意的是，杨伯峻在孔颖达以轻先重的基础上，又提出了"先以轻物为引"的"先引"说，即以轻为重引，这一细微的差别实则非同小可。与杨伯峻一样，洪诚也否定了惠氏等人的观点，依从疏说。

以上诸家观点中，有两点是可以肯定的。第一，惠栋、沈钦韩、俞樾三人仅据"先吴寿梦鼎"一条来解释"先"的含义明显不可取。惠氏于此不通文法，沈氏则又增字解经，俞樾亦求之过深，对此，皮锡瑞、杨伯峻、洪诚已言其未通文例，不足辩。第二，孔颖达认为以某先某是指轻物先重物亦有失严谨。因为孔说不符合宋弃人条的锦马先玉。锦、马与玉相比，应该是重物，而不是轻物。所以，孔疏在阐述观点时未提宋弃夫人条。应该说，孔氏观点实质上存有谬误，此待后文展开。

除此之外，对《左传》"先"的理解实则还存在以下几个疑点：1. 经文之"先"是否如历来所认知的一样乃为一种古代礼仪。2. 杨伯峻的"先引"说是否成立。3. 既然大家多赞同杜注"必有以先之"的观点，那经文所记之"先"究竟是如何"先之"的，是一次献遗中礼物进呈先后的不同，还是前后两次不同的奉赠行为？而这一点至关重要。以上三者中，第一点的解决建立在后两者基础之上，所以第二点和第三点的疑问最涉关隘，亟待解决，因为这直接涉及"先"的确切含义。

首先，"先引"说是否成立。在鲁襄公贿赐荀偃、宋君夫人奉赠向戌中，"先"可以试着理解成为了献上后面的礼物，先行奉上一份做引导。因为这属于完全意义上的献遗之礼。然弦高犒师、晋平公赏赐有功则不属于严格意义上的献遗主题。以弦高犒师为例，所谓犒师，服虔云："以师枯槁，故馈之饮食，劳苦谓之劳也。"①即向军队馈赠饮食等资用。此类似于郊劳之礼。对该问题，可以借助《仪礼·聘礼》来理解。《聘礼》记载了诸侯之间大聘的仪节。根据它的记载，来聘使者至所聘国国境，主国君会使士请行；至近郊，国君会再次派下大夫请行，然后命卿来郊劳；随后国君夫人也会派下大夫送来礼物。这一系列的礼仪，虽有渐进的性质，但很难说为了要郊劳馈赠用度，就先行赠送引导的礼物。即使弦高犒师并非是真正的郊劳，然性质与郊劳并无差异，二者都具有慰劳探问的意思。换言之，即使是弦高的牛皮与十二头牛是分次进程，也很难说为了要进献给秦军十二头牛，就先以牛皮为引导。而只能是说先有见面礼，后有劳军主题。这里面固然是有渐进的意思，但前后两个礼物应该不构成隶属，以及先导与正式的关系。

其次，如何"以先之"。经文的"先"到底是一次进呈之中的礼物先后问题，还是两次不同的献赠行为？对于该问题，杜注有含糊的嫌疑，以往的处理也不够具体。一次中的前后和不同的两次都符合"必有以先"的解释，但放置于经文的语境却存在本质的区别。因为弦高犒师和宋君夫人馈赠向戌皆有致命之辞，如果是两次馈赠，那他们的致辞应该出现在哪里？弦高"以乘韦先牛十二犒师"后，接致辞曰："寡君闻吾子将步师出于敝邑，敢犒从者。不腆敝邑，为从者之淹，居则具一日之积，行则备一夕之卫。"宋君夫人"使馈之锦与马，先之以玉"后，接致辞"君之妾弃，使某献"。由此来看，如果"先"是指一次行为中礼物的先后，则致辞不再存在问题，如果是前后两次不同的献赠，那这两处的致辞发生在第一次还是第二次？

就以上两点而论，无论杜预和孔颖达持有观点的原意如何，礼物是怎样分次被进呈的，以及前后礼物间有无序引和正式的关系，这些问题

---

① （晋）杜预注，（唐）孔颖达疏：《春秋左传正义》，第1821页。

在经文"先"的记述之中本身就存在,且直接决定了"先"的确切含义究竟为何。所以,对《左传》"先"的认识,需要做进一步的细化分析,以尝试对其有更为贴切的理解。

二、"先"的确切含义

在以上的两个疑问中,如何"以先之"是该问题解决的突破点。即可以从致辞入手,推测经文的语境是否真的出现了前后两次的致礼行为。以下先按两次不同赠送理解进行分析。

首先,弦高犒师。假设四张熟牛皮和十二头牛是分别不同的两次馈礼,弦高的致辞应该出现在哪里?弦高致辞里有"敢犒从者"四字,说明它发生在犒师之礼中,只呈四张熟牛皮显然不是犒劳之礼,顶多算是先秦的挚见之礼,所以致辞是发生在送十二头牛的时候。既然如此,送四张熟牛皮又是以何种名义,何种形式,为何没有致辞?难道是经文不具?仔细推想,就会发现先后两次不同奉赠的逻辑矛盾:如果弦高在第二次的送牛中对秦军表示出完整的意思,那第一次的送牛皮就会不伦不类,成为了整个事件的累赘。也就是说从弦高致辞所表达意思的完整性来看,这应该是弦高犒劳秦师整个事件,它之前不可能插有一次相见和馈赠。

其次,宋君夫人馈赠向戌。假设送锦、马与送玉并非是在同一次,使者致辞应该出现在哪里?若在第一次之中,那就是向戌已经改口君夫人后,使者又再次来送玉。若是第二次送玉的致辞,就意味着在第一次的馈赠中向戌并未改口称君夫人。毫无疑问,这两种情形都不符合人情常理。如果真有两次馈赠,且前后礼物还有贵重差别的嫌疑,那第一种情况就显得君夫人太过失礼,要等向戌改口之后再送上玉器。第二种情况就是向戌过于傲慢,要君夫人送两次才改口。应该说经文并没有呈现出这样复杂的意思。

《左传》所记人物对话与人物语言,有的出现场合直接明确,如昭公二年（公元前 540 年），叔弓去晋国聘问，晋平公使人郊劳、致馆，叔弓的推辞便是在确切的礼事活动现场出现的。有的则比较模糊，如郑简公赏赐子产六座城邑，子产推辞，因简公坚持，子产才接受了三个城邑。公孙挥曰："子产其将知政矣！让不失礼。'"公孙挥这句话可以是在听闻此事之后说的，也可能是在赏赐现场说的，经文在此重在以他人口吻来揭示子产让而知礼，所以它出现的场合虽模糊而不至影响文意理解。但有一些言语和对话出现语境模糊，却必须分清，因为它涉及事件内容的理解，弦高和宋君夫人使者的致辞即属于这种情况。

从对弦高犒师与宋君夫人馈赠两例的语境分析可得，《左传》经文中所谓的"先"就是一次献馈中礼物呈上的先后，而不是两次呈现。仔细体味经文，也可以看出这些事件的行事俨然是一气呵成的。

在解决如何"先"的问题之后，再来看礼物间关系的问题。笔者认为一次献馈中进呈的先后礼物之间不存在先引、正式的问题。它可细分为两种情况：一次行程中不同主题下的礼物先后和同一主题下的礼物先后。由《仪礼》记载来看，一次行程中若兼有两件事，一件事情完成后，奉赠的人走出门外，待重新进入，再进行另一件事。在这种情况下，第一件事情中的礼和第二件事情中的礼虽同属于一次行程中的进呈，但由于属于不同的范畴，自然没有先引和正式之说。例如，在先秦聘礼中，先进行聘仪，要奉上圭璋等玉器；后行享礼，要设庭实等礼物，先后二者各有分属，不存在以前引后之意。而在一行一件事件中的进呈礼物前后，更无正式序引问题。例如，按《仪礼·士昏礼》男家使者去女家行纳征礼时，使者执束帛在堂上向女父致命，使者的两名从行者各执鹿皮前后相随而入，这里从者所执两张鹿皮即为庭实，使者致辞以后，女父将会接受使者的束帛，此时女父的属吏会从堂的东边走来接收下鹿皮，在这个过程中，束帛以先鹿皮，但束帛鹿皮之间不存在序引、正式的关系。

也就是说，从事件整体性来看，《左传》所记以上礼仪主题程序本身存在渐进性是可以确定的,但这种渐进性不存在正式与引导的关系。而且《左传》其他馈赠事件中并无献遗必有以先的记述。如果确有此说法,那么如弦高犒师、鲁襄公赠贿等类似事件亦应如此,但《左传》所记相关馈赠皆不见有先引、有后续之事。所以在理解该问题时,不应该认为前后间的礼物存在附属关系。

由上可得,"先"的确切含义是指一次赠送行为中礼物进呈先后的问题,以某先某,就是指先呈上某件礼物,然后又呈了某件礼物,先后礼物间没有正式和序引的关系。所以严格来说,孔颖达所谓献遗皆先轻物后重物的说法并不正确。总之,对《左传》"先"的认识不应过度拓展,其仅是描述出一种进呈的顺序。四处进呈之中,具体谁先谁各有情由,不宜做强行统一的解释。而且,从这一意义来看,"先"并不是一种献遗的古礼,只能说是在礼事活动中可能出现的某一仪节。

三、其他佐证

孔颖达为《左传》与杜预注作疏时,援引了《老子》里的"虽有拱璧以先四马,不如坐进此道"来支持杜预的说法。其实这句话恰好能够佐证"先"不是分次献遗,而就是一次进呈中的礼品先后,且礼物间不存在引导与正式之意。《老子》:

> 道者,万物之奥。善,人之宝;不善,人之所不保。美言可以市尊,行可以加人。人之不善,何弃之有? 故立天子,置三公,虽有拱璧以先驷马,不如坐进此道。①

高亨《老子正诂》以"先"为"诜"来解释"虽有拱璧以先驷马",洪诚在《训诂杂议》中援引《左传》四处"先"的句式,指出《老子》该句中

---

① 朱谦之撰:《老子校释》,中华书局 1984 年版,第 252—254 页。

拱璧、驷马皆为聘问之物,词序不可动摇,"先"字不应改读①。《老子》这句话放置于聘问之礼的语境下理解,是非常恰当的,拱璧、驷马皆是聘问之物。若更具体解答,笔者认为"拱璧以先驷马"即是指代聘问之礼中的聘享之礼,而"先"字不过是展示了这一礼仪程序而已。这一点可以根据《仪礼·聘礼》而得。

在《聘礼》中,聘享之礼是最核心的仪节,可视为聘问礼的正礼。按《聘礼》经文,使者行聘的程序是:使者掩好正服,以圭为挚,执圭进见,升堂转述己国国君之辞,亲自把圭授于所聘国之君。对于使者进见所执之玉器,《聘礼·记》曰:"凡四器者,唯其所宝,以聘可也。"郑玄注云:"四器,谓圭、璋、璧、琮。"②圭、璋、璧、琮都可为用,只要是自己最为宝贵的就可以。所以"虽有拱璧以先驷马"中的"拱璧"可能就是行聘中使者所执的玉器。

在主国君接过玉器后,使者下堂出门,上摈出庙门,请问还有何事。使者手捧束帛,束帛上加有璧,请求再行享礼。上摈向国君禀告,又出门传达君命,同意接受。在接下来进行的享礼中,使者方会先设庭实。《聘礼》曰:"皮则摄之,毛在内,内摄之,入设也。"这里庭实是虎豹之皮的话,该以何种方式呈现的问题。经文言"皮"的时候用"则"字,郑注云:"言'则'者,或以马也。"③郑玄的意思是经文说如果是皮怎样处理,那就还意味着有其他情况存在,这种情况就是还有以马为庭实的。于此,《聘礼》记文有明文。《聘礼·记》曰:"凡庭实,随入,左先,皮马相间可也。"④这是说凡是庭实,进庙门时不可并行,应前后相随而入,且由于庭实在堂下面北,以西方为上位,所以入门后将要陈放在左边的庭实先行进入。庭实中的皮马可以相互替换。那如果庭实是马,具体

---

① 洪诚:《洪诚文集》,江苏古籍出版社 2000 年版,第 168—169 页。
② (汉)郑玄注,(唐)贾公彦疏:《仪礼注疏》,第 1073 页。
③ (汉)郑玄注,(唐)贾公彦疏:《仪礼注疏》,第 1056 页。
④ (汉)郑玄注,(唐)贾公彦疏:《仪礼注疏》,第 1074 页。

到底该如何操作呢？在聘礼的私觌中，使者就是以马为庭实，故可以根据这一内容补充享礼中以马为庭实的情况。按《聘礼》经文曰：

> 宾觌，奉束锦，總乘马，二人赞。入门右，北面奠币，再拜稽首。摈者辞，宾出。摈者坐取币，出，有司二人牵马以从，出门，西面于东塾南。摈者请受。宾礼辞，听命。牵马，右之。入设。宾奉币，入门左。[1]

所谓私觌，即使者在聘享之后，以个人名义拜谒主国国君。私觌之礼，宾一手捧着束锦，一手牵着四匹马，还有二人帮助宾牵马。宾先按照臣礼，从庙门右侧进入，面朝北把束锦放在庭中地上，然后行再拜稽首礼。摈者以君命对宾行臣礼表示推辞。宾听命然后出庙。摈者坐下，拿起宾所献的束帛，出庙门。有司二人则牵着马跟从摈者出庙门，在东塾的南边面朝西而立。摈者请宾把礼物收回，重新以客礼相见。宾推辞一下，然后表示听命。于是宾使四人各牵一马，先入庙设在庭中。接着宾捧着束锦从庙门的左门进入。这便是宾以私人名义拜谒国君的礼仪。

根据宾私觌以马为庭实的礼节，可以推知宾享礼时用马为庭实的具体情况。享礼还是以己国之礼进见所聘国国君，所以以客礼入，不似私觌中先谦以臣礼入。即享礼以客礼入，先设庭实，是郑注云："庭实先设，客礼也。"[2]具体仪节即如上文所言，不再重复。对于庭实是四匹马，贾公彦云："皮马以四为礼。"[3]经过上面分析可得，"虽有拱璧以先驷马"中的驷马，应该就是指庭实中的四匹马。

综合《仪礼》所记之情况，《老子》中"虽有拱璧以先驷马"一句中

---

[1] （汉）郑玄注，（唐）贾公彦疏：《仪礼注疏》，第1057—1058页。
[2] （汉）郑玄注，（唐）贾公彦疏：《仪礼注疏》，第1058页。
[3] （汉）郑玄注，（唐）贾公彦疏：《仪礼注疏》，第1074页。

的"拱璧"和"驷马"是指聘礼中使者所执之挚与享礼中的庭实之马,它们合起来代指聘问大礼。而连接它们的"先"字,不过是较为细致地呈现了这个礼仪的先后过程。《老子》这里的意思是指位高权重,受人重礼聘问,不如"道"的高贵,对于《老子》要想阐释的道理暂且不论。单就这句话来看,与《左传》"先"之句式同义的《老子》该句就是一次礼仪中的前后,即先行聘,后行享,是一行而兼二礼。而不是为了献四马,就先以拱璧为先引,亦不是有先后两次独立馈赠的行为。若如此,则可以印证《左传》四处的情况,即所谓"先"应该是一次行程中的前后之别,而不是另有一次举事执礼。而这符合我们在第三节中推测的结论,一次完成,即行致辞。

四、杜注的表达意图

综合上文所论,《左传》经文四处的"先"不过记录了奉赠行为中礼品进呈的先后顺序。从《仪礼》相关篇章来看,一次行礼中确实存在出现分次进呈的行为,虽然这个程序本身存有递进性,但礼物间不一定存在正式与序引的关系。应该说,经文要表达的意思其实非常简单,杜预提出的"古者将献遗于人,必有以先之"明显使其复杂化,且十分容易引起歧义。杜预之所以注出这句话,应有他想要表达的意思。

"六经皆礼",孔颖达云"六经其教虽异,总以礼为本"(《春秋正义序》),《春秋三传》皆论礼之得失,《左传》自在其中,郑玄言"《左传》善于礼"。杜预《左氏注》,也特重礼制的阐述和考辨,常欲揭示礼的存在,或起凡例,或比附时俗。仅就杜预"先礼"此条注文,其最终是想表达出礼有程序渐进的意思,故而才有"古者将献遗于人,必有以先之"这条注文。无论杜预此条注文如何,其背后想要表达的意图本身却是正确的。礼有渐进乃为礼的基本精神。《礼记·礼器》曰:

君子曰:"礼之近人情者,非其至者也。郊血,大飨腥,三献焰,一献孰。"是故君子之于礼也,非作而致其情也,此有由始也。是故七介以相见也,不然则已悫。三辞三让而至,不然则已蹙。故鲁人将有事于上帝,必先有事于頖宫;晋人将有事于河,必先有事于恶池;齐人将有事于泰山,必先有事于配林。三月系,七日戒,三日宿,慎之至也。故礼有摈诏,乐有相步,温之至也。①

《礼记》在此阐述近人情并非是真正至善的礼,君子为礼也并非是直任己情,凡有所行皆要有由以为始。因此诸侯相见要设七位傧相来传达相互之意,主人和宾客相见也要三辞三让才来至庙中,不然就是过于简质和迫切。所以,鲁人郊祭上帝先在頖宫告祭后稷,晋人将祭祀黄河必先祭祀呼池,齐人祭祀泰山先祭祀配林。总之,礼是借助过程而传递情谊的,它讲求渐进性以达到敬慎与温厚之义。

礼有积渐的精神体现在古礼的方方面面。以拜访他人为例,《礼记·少仪》曰:"毋拔来,毋报往。"郑注云:"人来往所之,常有宿渐,不可卒也。"②《仪礼·士相见礼》宾、主首次相见,宾请见时说:"某也愿见,无由达。某子以命命某见。"宾请见主人,宜先有绍介为之引荐,而不是贸然登门造访。贾公彦疏还援引了《论语》中孔子不见孺悲之事,贾疏云:"孺悲欲见孔子,不由绍介,故孔子辞以疾。"③贾公彦说孺悲不由人介绍,而径直来拜访,所以孔子以疾来之由推辞不见。《邴原别传》记载邴原欲远游学,诣安丘孙崧,"崧辞谢焉。又曰:'兖、豫之士,吾多所识,未有若君者;当以书相分。'原重其意,难辞之,持书而别。原心以为求师启学,志高者通,非若交游待分而成也。书何为哉?乃藏

---

① (汉)郑玄注,(唐)孔颖达疏:《礼记正义》,第1439页。

② (汉)郑玄注,(唐)孔颖达疏:《礼记正义》,第1512页。

③ 《论语·阳货》曰:"孺悲欲见孔子,孔子辞以疾。将命者出户,取瑟而歌,使之闻之。"刘宝楠《论语正义》引贾疏,言其意当出郑注。对于孔子拒见孺悲的缘由,历来众说纷纭,主要是郑玄、朱熹两大类观点,我们在此赞同贾公彦的说法,即支持郑玄不由绍介,疾来疾往的原因。

书于家而行"①,这里的"待分而成"之"分"当为"介"之讹。② 孙崧欣
赏邴原,殷勤为其作书为介,邴原认为求学不必凭介绍而成,又李萧远
《命运论》"不介而自亲"③,此是相遇相亲不用介绍,但也可佐证拜谒
仪节存在的渐进精神。

　　礼仪作为一种活动具有程序性,也正是因此,礼仪活动才得以整体
系统地被表现演绎出来,而其中的内在原则就是积渐。所以,杜预借助
《左传》经文的"先"实质想要表达的意思就是礼仪程序的渐进之意。
而孔颖达又做出了先轻物后重物的拓展。对于杜预所言凡奉赠都有礼
物先后,乃至孔颖达的先轻物后重物一定要谨慎对待。因为这涉及的
问题比较复杂,但其想要表达意图的本身还是正确的。

　　除去《左传》4 处以外,有关此类"先"的记述,还见于《说苑》,总计
2 处,分别是:"智伯欲袭卫,故遗乘马,先之一璧"④与"赵简子使人以
明白之乘六,先以一璧,为遗于卫"⑤。智伯袭卫一事也见于《战国策》,
记为:"智伯欲伐卫,遗卫君野马四百,白璧一。"⑥从《战国策》来看,并
未有"以某先某"意图的表述。由此可见,所有此类"先"的记述都指向
刘向、刘歆父子。或许可以做一些大胆的臆测,刘向编撰《说苑》吸收
《战国策》材料时,有意无意地改动了此处的表述,而后刘氏父子校订
《左传》经文,也一道改订了《左传》的行文表述? 当然这只是一点主观
的猜测而已。

　　① （晋）陈寿撰,（宋）裴松之注:《三国志》,中华书局1971年版,第351页。
　　② 《中华再造善本》所收两个宋本《三国志》皆作"分",中华书局版《三国志》也为
"分",且无校记。然《册府元龟》此处作"介",武英殿本《三国志》考证已指出,周一良《魏晋
南北朝史札记》对此有较为细致论述(《周一良集》第2卷《南北朝史札记》,辽宁教育出版社
1998年版,第63页)。
　　③ （梁）萧统编,（唐）李善注:《文选》,上海古籍出版社1986年版,第2295页。
　　④ （汉）刘向撰,向宗鲁校正:《说苑校正》卷十三,中华书局1987年版,第338页。
　　⑤ （汉）刘向撰,向宗鲁校正:《说苑校正》卷十三,第339页。
　　⑥ （汉）刘向辑录:《战国策》,上海古籍出版社1985年版,第1159页。

参 考 文 献

一、古代典籍

（一）经部

《十三经注疏》，中华书局 1980 年影印清阮元校刻本。

黄侃校点：《黄侃手批白文十三经》，上海古籍出版社 2008 年版。

（汉）郑玄注，（唐）贾公彦疏，彭林整理，王文锦审定：《仪礼注疏》，北大标点本《十三经注疏》，北京大学出版社 2000 年版。

（汉）郑玄注，（唐）贾公彦疏，邱德明整理：《仪礼注疏》，分段标点本《十三经注疏》，台湾新文丰出版公司 2001 年版。

（汉）郑玄注，（唐）贾公彦疏，王辉整理：《仪礼注疏》，上海古籍出版社 2011 年版。

（宋）杨复撰：《仪礼图》，载文渊阁《四库全书》第 104 册，上海古籍出版社 1987 年版。

（宋）魏了翁撰：《仪礼要义》，载文渊阁《四库全书》第 104 册，上海古籍出版社 1987 年版。

（元）敖继公撰，曹建墩校点：《仪礼集说》，载《儒藏》精华编第 45 册，北京大学出版社 2012 年版。

（明）郝敬撰：《仪礼节解》，载《续修四库全书》第 85 册，上海古籍出版社 2002 年影印明万历郝千秋郝千石刻九部经解本。

（清）张尔岐撰，郎文行校点：《仪礼郑注句读》，上海古籍出版社2016年版。

（清）李光坡撰：《仪礼述注》，载文渊阁《四库全书》第108册，上海古籍出版社1987年版。

（清）方苞撰：《仪礼析疑》，载文渊阁《四库全书》第109册，上海古籍出版社1987年版。

（清）沈彤撰：《仪礼小疏》，载文渊阁《四库全书》第109册，上海古籍出版社1987年版。

（清）吴廷华撰，徐到稳校点：《仪礼章句》，载《儒藏》精华编第46册，北京大学出版社2014年版。

（清）王士让撰：《仪礼纠解》，载《续修四库全书》第88册，上海古籍出版社2002年影印清乾隆三十五年张源义刻本。

（清）褚寅亮撰：《仪礼管见》，载《续修四库全书》第88册，上海古籍出版社2002年影印清乾隆刻本。

（清）盛世佐撰：《仪礼集编》，载文渊阁《四库全书》第110册，上海古籍出版社1987年版。

（清）姜兆锡撰：《仪礼经传》，载《续修四库全书》第87册，上海古籍出版社2002年影印清乾隆元年寅清楼刻本。

（清）孔广林撰：《仪礼臆测》，载《续修四库全书》第89册，上海古籍出版社2002年影印清光绪十六年山东书局刻孔丛伯说经五稿本。

（清）胡匡衷撰：《仪礼释官》，载《续修四库全书》第89册，上海古籍出版社2002年影印清嘉庆二十一年研六阁刻本。

（清）焦以恕撰：《仪礼汇说》，载《续修四库全书》第89册，上海古籍出版社2002年影印清乾隆三十七年研雨斋刻本。

（清）凌廷堪撰，彭林校点：《礼经释例》，北京大学出版社2012年版。

（清）张惠言撰：《读仪礼记二卷》，载《续修四库全书》第90册，上海古籍出版社 2002 年影印清刻本。

（清）张惠言撰：《仪礼图》，载《续修四库全书》第 90 册，上海古籍出版社 2002 年影印清嘉庆十年刻本。

（清）刘沅撰：《仪礼恒解》，载《续修四库全书》第 91 册，上海古籍出版社 2002 年影印民国十五年致福楼重刊本。

（清）胡培翚撰，段熙仲点校：《仪礼正义》，江苏古籍出版社 1993 年版。

（清）郑珍撰：《仪礼私笺》，载《续修四库全书》第 93 册，上海古籍出版社 2002 年影印清同治五年唐鄂生刻本。

（清）曹元弼撰：《礼经校释》，载《续修四库全书》第 94 册，上海古籍出版社 2002 年影印清光绪十八年刻印本。

（清）曹元弼著，周洪校点：《礼经学》，北京大学出版社 2012 年版。

（清）孙诒让撰，王文锦、陈玉霞点校：《周礼正义》，中华书局 2013 年版。

（清）杭世骏撰：《续礼记集说》，载《续修四库全书》第 102 册，上海古籍出版社 2002 年影印清光绪三十年浙江书局刻本。

（清）孙希旦撰，沈啸寰、王星贤点校：《礼记集解》，中华书局 1989 年版。

（清）刘沅撰：《礼记恒解》，载《续修四库全书》第 105 册，上海古籍出版社 2002 年影印清道光八年豫诚堂刻本。

（清）郭嵩焘撰：《礼记质疑》，载《续修四库全书》第 106 册，上海古籍出版社 2002 年影印清光绪十六年思贤讲舍刻本。

（汉）戴德辑，方向东汇校集解：《大戴礼记汇校集解》，中华书局 2008 年版。

（清）陆陇其撰：《读礼志疑》，载文渊阁《四库全书》第 123 册，上海古籍出版社 1987 年版。

（清）黄以周撰，王文锦点校：《礼书通故》，中华书局 2007 年版。

（唐）李鼎祚撰，王丰先点校：《周易集解》，中华书局 2016 年版。

（清）姚配中撰：《周易姚氏学》，载《续修四库全书》第 30 册，上海古籍出版社 2002 年影印一经庐丛书本。

（清）曹元弼撰：《周易学》，载《易经集成》第 124 册，台湾成文出版社有限公司 1977 年影印民国四年刊本。

（清）曹元弼撰：《周易集解补释》，宣统庚申十二月刊本。

（清）马瑞辰撰，陈金生点校：《毛诗传笺通释》，中华书局 1989 年版。

（清）胡承珙撰，庄大钧等校点：《毛诗后笺》，载《儒藏》精华编第 30 册，北京大学出版社 2009 年版。

（清）陈奂撰，璩略、陈锦春校点：《诗毛氏传疏》，载《儒藏》精华编第 34 册，北京大学出版社 2009 年版。

（清）刘宝楠撰，高流水点校：《论语正义》，中华书局 1990 年版。

（明）湛若水撰：《春秋正传》，广西师范大学出版社 2015 年版。

（清）惠栋撰：《惠氏春秋左传补注》，载文渊阁《四库全书》第 175 册，上海古籍出版社 1987 年版。

（清）洪吉亮撰，李解民点校：《春秋左传诂》，中华书局 1987 年版。

（清）沈钦韩：《春秋左氏传补注》，载《清经解续编》第 3 册，上海书店 1988 年版。

（清）皮锡瑞撰：《左传浅说》，湖南思贤书局光绪二十五年刊本。

（清）皮锡瑞：《经学通论》，中华书局 1954 年版。

（清）俞樾撰：《群经平议》，载《续修四库全书》第 178 册，上海古籍出版社 2002 年影印清光绪二十五年刻春在堂全书本。

（二）史部

（汉）司马迁撰，赵生群等点校：《史记》，中华书局 2013 年版。

（南朝宋）范晔撰：《后汉书》，中华书局 1965 年版。

（晋）陈寿撰，陈乃乾点校：《三国志》，中华书局 1982 年版。

（唐）房玄龄等撰：《晋书》，中华书局 1974 年版。

（梁）沈约撰，丁福林等点校：《宋书》，中华书局 2018 年版。

（唐）魏徵撰，吴玉贵等点校：《隋书》，中华书局 2019 年版。

（清）张廷玉等撰：《明史》，中华书局 1974 年版。

徐元诰撰，王树民、沈长云点校：《国语集解》，中华书局 2002 年版。

（汉）刘向辑录：《战国策》，上海古籍出版社 1985 年版。

（汉）刘向集录，范祥雍笺证，范邦瑾协校：《战国策笺证》，上海古籍出版社 2006 年版。

熊明辑校：《汉魏六朝杂传集》，中华书局 2017 年版。

（唐）杜佑撰，王文锦等点校：《通典》，中华书局 1988 年版。

（唐）长孙无忌等撰，刘俊文笺解：《唐律疏议笺解》，中华书局 1996 年版。

（三）子部

（汉）刘向撰，向宗鲁校正：《说苑校正》，中华书局 1987 年版。

（宋）朱熹撰，朱杰人等主编：《朱子全书》（修订版），上海古籍出版社、安徽教育出版社 2010 年版。

朱谦之撰：《老子校释》，中华书局 1984 年版。

（魏）王弼注，楼宇烈校：《老子道德经注校释》，中华书局 2016 年版。

（清）郭庆藩撰，王孝鱼点校：《庄子集释》，中华书局 2012 年版。

杨伯峻撰：《列子集释》，中华书局 1979 年版。

黎翔凤撰，梁运华整理：《管子校注》，中华书局 2004 年版。

（清）王先慎撰，钟哲点校：《韩非子集解》，中华书局 1998 年版。

（清）王念孙撰：《读书杂志》，江苏古籍出版社 1985 年版。

（清）陈立撰，吴则虞点校：《白虎通疏证》，中华书局 1994 年版。

（清）王懋竑撰：《白田杂著》，载文渊阁《四库全书》第 859 册，上海古籍出版社 1987 年版。

（清）黄以周撰：《儆季杂著》，载《黄以周全集》第十册，上海古籍出版社 2014 年版。

（清）陈澧撰：《学思录》，载《子海珍本编》大陆卷第一辑，凤凰出版社 2013 年版。

（汉）应劭撰，王利器校注：《风俗通义校注》，中华书局 2010 年版。

（宋）苏轼撰：《东坡志林》，载文渊阁《四库全书》第 863 册，上海古籍出版社 1987 年版。

（清）于邑撰：《花烛闲谈》，清刻本。

（宋）李昉等撰：《太平御览》，中华书局 1960 年版。

（宋）王钦若等编纂，周勋初等校订：《册府元龟》，凤凰出版社 2006 年版。

（四）集部

（晋）陶潜撰，龚斌校笺：《陶渊明集校笺》，上海古籍出版社 2017 年版。

（宋）苏轼撰，（清）王文诰辑注，孔凡礼点校：《苏轼诗集》，中华书局 1982 年版。

（宋）苏轼撰，孔凡礼点校：《苏轼文集》，中华书局 1986 年版。

（明）陈献章撰，黎业明整理：《陈献章全集》，上海古籍出版社 2019 年版。

（清）钱大昕撰：《潜研堂文集》，载《续修四库全书》第 1438 册，上海古籍出版社 2002 年影印清嘉庆十一年刻本。

（清）曾国藩撰：《曾国藩全集》，岳麓书社 1994 年版。

（清）陈澧撰，黄国声主编：《陈澧集》，上海古籍出版社 2008 年版。

（梁）萧统编，（唐）李善注：《文选》，上海古籍出版社 1986 年版。

（宋）李昉等编：《文苑英华》，中华书局 1966 年版。

二、现当代专著

（一）经学史与经学专著

杨天宇撰：《仪礼译注》，上海古籍出版社 1994 年版。

彭林译注：《仪礼全译》，贵州人民出版社 1997 年版。

丁鼎：《〈仪礼·丧服〉考论》，社会科学文献出版社 2003 年版。

方向东译注：《大戴礼记》，江苏人民出版社 2019 年版。

钱玄：《三礼名物通释》，江苏古籍出版社 1987 年版。

钱玄：《三礼通论》，南京师范大学出版社 1996 年版。

王锷编著：《三礼研究论著提要》，甘肃教育出版社 2007 年版。

张舜徽：《郑学丛著》，华中师范大学出版社 2005 年版。

杨天宇：《郑玄三礼注研究》，天津人民出版社 2007 年版。

王素编著：《唐写本论语郑氏注及其研究》，文物出版社 1991 年版。

杨伯峻编著：《春秋左传注》，中华书局 1981 年版。

赵生群：《春秋左传新注》，陕西人民出版社 2008 年。

马宗霍：《中国经学史》，上海书店 1984 年版。

叶国良：《礼学研究的诸面向》，台湾清华大学出版社 2010 年版。

［日］乔秀岩：《义疏学衰亡史论》，台湾万卷楼图书股份有限公司 2013 年版。

（二）史学及思想学术史专著

唐长孺：《魏晋南北朝史论拾遗》，中华书局 1983 年版。

周一良：《魏晋南北朝史札记》，辽宁教育出版社 1998 年版。

沈文倬：《宗周礼乐文明考论》（增补本），浙江大学出版社 2006 年版。

梁思成：《中国建筑史》，生活·读书·新知三联书店 2011 年版。

柳诒徵编著：《中国文化史》，东方出版中心 1988 年版。

钱穆:《钱宾四先生全集》,台湾联经出版事业公司 1998 年版。

梁启超:《中国近三百年学术史》,东方出版社 2004 年版。

（三）其他专著

洪诚:《洪诚文集》,江苏古籍出版社 2000 年版。

黄侃:《黄侃国学文集》,中华书局 2006 年版。

杨鸿勋:《杨鸿勋建筑考古学论文集（增订版）》,清华大学出版社 2008 年版。

谢维扬、房新亮主编:《王国维全集》,浙江教育出版社、广东教育出版社 2009 年版。

［英］简·爱伦·哈里森:《古代的艺术与仪式》,吴晓群译,大象出版社 2011 年版。

章太炎:《章太炎全集》（第一辑）,上海人民出版社 2014 年版。

刘师培著,万仕国点校:《仪征刘申叔遗书》,广陵书社 2014 年版。

责任编辑:姜　虹
责任校对:余　佳

图书在版编目(CIP)数据

《仪礼》文献探研录/郭超颖 著. —北京:人民出版社,2020.6
ISBN 978 - 7 - 01 - 022203 - 5

Ⅰ.①仪…　Ⅱ.①郭…　Ⅲ.①礼仪-中国-古代②《仪礼》-文献学-研究
　Ⅳ.①K892.9②G256.1

中国版本图书馆 CIP 数据核字(2020)第 098422 号

《仪礼》文献探研录
YILI WENXIAN TANYANLU

郭超颖　著

人民出版社 出版发行
(100706　北京市东城区隆福寺街99号)

环球东方(北京)印务有限公司印刷　新华书店经销

2020 年 6 月第 1 版　2020 年 6 月北京第 1 次印刷
开本:710 毫米×1000 毫米 1/16　印张:14.25
字数:180 千字

ISBN 978 - 7 - 01 - 022203 - 5　定价:66.00 元

邮购地址 100706　北京市东城区隆福寺街 99 号
人民东方图书销售中心　电话 (010)65250042　65289539